D1721177

Der Autor: Michael Mönninger wurde 1958 in Paderborn geboren. Nach dem Abitur volontierte er in einem wissenschaftlichen Buchverlag in Frankfurt und studierte danach Philosophie, Germanistik, Soziologie und Musik in Frankfurt. Von 1986 – 94 war er Feuilletonredakteur der FAZ, anschließend Architekturkritiker des SPIEGEL. Seit Ende 1996 ist er Politischer Korrespondent der „Berliner Zeitung". 1989 Kritikerpreis der Bundesarchitektenkammer. 1990 Stipendiat des Marshall-Fund in den Vereinigten Staaten. 1995/96 Fellow am Wissenschaftskolleg zu Berlin. Promotion mit einer Arbeit über die Kunsttheorie des Wiener Städtebauers Camillo Sitte. Buchveröffentlichungen: „Das neue Berlin – Zur Baugeschichte der Hauptstadt" (Frankfurt 1991); „Berlin morgen" (Stuttgart 1991); „Japan Design" (Köln 1992); „Light Design" (Köln 1993); „Last Exit Downtown – Städte in Gefahr" (Basel, Boston 1994); „Vom Ornament zum Nationalkunstwerk" (1998).

Michael Mönninger

STADTANSICHTEN

Architekten, Orte, Häuser

Lindinger + Schmid

Umschlag-Foto: Gerhard Koller, Wien

Die Deutsche Bibliothek – CIP-Einheitsaufnahme
Mönninger, Michael:
Stadtansichten:
Architekten, Orte, Häuser/Michael Mönninger
Regensburg, Lindinger + Schmid, 1997
  (Statement-Reihe; S 21)
  ISBN 3-929970-28-7
NE: GT

© 1997 by Lindinger + Schmid Verlag GdbR,
Margaretenstraße 8, D-93047 Regensburg
Erste Auflage 1997
Alle Rechte vorbehalten
Gesamtherstellung:
DONAU DRUCK Regensburg GmbH
Printed in Germany
ISBN 3-929970-28-7

Inhalt

Inhalt

Inhalt

Michael Mönninger und Zaha M. Hadid
in Weil am Rhein, 1993

Das Zeitalter der modernen Architektur, so schrieb der Architekturkritiker Charles Jencks vor zwanzig Jahren, endete am 15. Juli 1972 um 15.32 Uhr im amerikanischen St. Louis. Vandalismus und Mieterflucht hatten die Hochhaus-Siedlung Pruitt-Igoe derart ruiniert, daß sie gesprengt werden mußte. Doch die nachfolgende Ära der internationalen Postmoderne mit ihrer verspielten, ironischen und zitatbeladenen Architektur erlitt nach ihrem kurzen, steilen Aufstieg einen noch jäheren Absturz. Spätestens seit dem Mauerfall 1989 machte sich international eine neue Ernsthaftigkeit im Bauen bemerkbar. Die Abkehr von der bunten, unverbindlichen Vielfalt der Postmoderne läßt sich nicht bloß an den strengen Fassaden und größeren Baumassen ablesen, sondern vor allem an den veränderten Bauaufgaben. Anstelle von Kultur- und Freizeithäusern, Museen und Millionärsvillen, Boutiquenpassagen und Bankpalästen sind im geöffneten Europa wieder mehr Flughäfen und Verkehrsbauten, Bahnhöfe und Büros, Werksanlagen und Wohnungen gefragt.

Noch bevor die jüngste Architektur der Post-Postmoderne ihre Interpreten gefunden hat, kommt aus Frankreich ein unkonventioneller Vorstoß, die neuen Bauformen und ihre Funktionen übergreifend einzuordnen. Der Pariser Ethnologe Marc Augé hat einen brillanten Vorschlag zur Neubewertung der gebauten Welt gemacht. Der Professor von der *École des Hautes Études en Science Sociales* spricht nicht mehr von Häusern, Siedlungen oder Städten, sondern nur noch schlicht von „Orten" und „Nicht-Orten".

„Wir leben in einer Welt, die zu erkunden wir noch nicht gelernt haben", sagt Marc Augé und meint jene räumlichen Gebilde, die jeder kennt, aber kaum jemand versteht und erst recht keiner mag: die Durchgangsstationen der Bahnhöfe, Flughäfen, Autobahnen, Raststätten, Supermärkte, Industriegebiete, Hotelketten oder Feriendörfer. Diese Passagen mit ihren Duty Free Shops, Lounges, Warteräumen und Lobbies dienen im Normalfall als Reisestation für Passagiere oder Konsummeilen für Käufer. Ihre Kehrseite sind die weitaus düstereren transitorischen Räume der Übergangswohnheime und Flüchtlingslager.

Gegenüber der herkömmlichen Bewertung der Architektur und Städte nach technischen, wirtschaftlichen, ästhetischen, literarischen oder philosophischen Maßstäben kann man sie mit Augés anthropologischer Einordnung künftig einfach danach einteilen, ob sie zur „Übermoderne" (Augé) gehören oder nicht, also ob sie „Orte" oder „Nicht-Orte" sind. Mit Übermoderne meint der französische Ethnologe die Welt der Massenmobilität und der Totalinformation, in der Raum und Zeit zusammengestaucht und gewohnte Orte von neutralen Räumen, ja Quarantänestationen ersetzt werden. Sie sind nicht länger, wie Augé den früheren Zustand definiert, durch „Identität, Relation und Geschichte" gekennzeichnet, sondern werden durch Austauschbarkeit, Isolation und Ahistorizität einander immer ähnlicher. An diesen Nicht-Orten machen die Menschen eine merkwürdige Erfahrung: „Kollektivität ohne Fest und Einsamkeit ohne Isolierung".

Die in diesem Band versammelten Porträts von Architekten und Orten sind eine kleine Auswahl aus meinen Arbeiten als Architekturkritiker der Frankfurter Allgemeinen Zeitung und des SPIEGEL zwischen 1987 und 1995. Wenngleich ich die Raumkategorien von Marc Augé erst spät kennenlernte, so geben sie mir nachträglich Aufschluß über meine anfangs nur undeutlich formulierten Vorlieben und Wertmaßstäbe. Denn wenn man die „Orte" und „Nicht-Orte" nicht allein in den exzeptionellen Bauten des Hochleistungsverkehrs oder in ostasiatischen Millionenstädten, sondern in der Alltagsarchitektur heutiger Städte sucht, bekommt das Schema erst seine wahre Brisanz.

Wo entstehen in den weltweit einander immer ähnlicher werdenden Metropolen heute noch Gebäude, die nur für ihren konkreten Standort komponiert sind und die nirgends sonst existieren könnten? Oder wenn diese Frage zu sehr nach altmodischer Liebe zum *genius loci* klingt: Welche Architekten entwerfen ihre Gebäude wirklich noch als unverwechselbare Unikate, die auf ihre Bauherren oder Bewohner zugeschnitten sind und auf ihren Ort reagieren?

Das hat nichts mit bloßer formalistischer Expressivität oder angestrengtem Individualismus zu tun. Vielmehr geht es um die

Sorgfalt und das Selbstbewußtsein des Entwerfers, für eine exakt analysierte Bauaufgabe eine möglichst präzise Lösung zu finden. Das Wunschziel hieße gebaute Authentizität, die aber nicht nur das Schöne, sondern auch das Groteske umfassen kann. Damit meine ich eine Architektur, die eine subtile Eigenheit besitzt, wie man sie sonst nur dem menschlichen Gesicht zuschreibt: eine charakteristische Physiognomie, die trotz ihrer tiefen Bindung an allgemeingültige Gestaltqualitäten in ihrem individuellen Ausdruck niemals restlos auf allgemeine Regeln reduzierbar ist. Wo dagegen diese Generalisierung möglich ist, handelt es sich nur um gebaute Karikaturen. Die Schwierigkeit ist nur, daß die Architektur eine Zwitterstellung zwischen Praxis, Wissenschaft, Kunst und Utopie einnimmt. Virtuos balancieren die Entwerfer zwischen alltäglichen Baustellenfragen und der heimlichen demiurgischen Hoffnung, daß ihre Werke einen kleinen Beitrag zur Verbesserung des Menschengeschlechtes darstellen mögen. Leider klafft zwischen beiden Polen ein riesiges Loch: Auf der mittleren Ebene als Wissenschaft und Kunst hat die Architektur nur eine schwankende Grundlage. Je nach Zeitgeist versteht sie sich entweder als Sozialtechnologie oder aber als reine ästhetische Theorie. So bastelt sich heute jeder Baumeister, der auf sich hält, sein theoretisches Privatsystemchen und breitet bei Diavorträgen seinen persönlichen Horizont zwischen antiker Anthropometrie und nachmoderner Dekonstrukion aus. Aber mit kritischer Selbstbefragung hat diese Salon-Gelehrsamkeit nichts zu tun. Um eine Ahnung zu vermitteln, wie anders der Architekturdiskurs früher geführt wurde, habe ich auch einige historische Porträts in diesen Band aufgenommen.

Aber vor allem heute gibt es wieder Entwerfer, die ihr Metier mit exakter Phantasie reflektieren und die Erforschung ihrer Tätigkeit bis zu jenem Punkt treiben, an dem hinter den wechselnden Baumoden ihr eigenes fundamentales Welt- und Menschenbild sichtbar wird. Sie wehren sich dagegen, das zwitterhafte Wesen der Architektur, das man etwas umständlich als gesellschaftspraktische Kunstwissenschaft bezeichnen könnte, immer mehr auf seinen kruden Objektcharakter zu reduzieren. Denn längst dient das viel zitierte Ende der großen Utopien als Vorwand dafür, auch das Bauen restlos als Planungs- und Investorenpraxis zu verstehen. Schon interpretieren viele Planer und Politiker die Forderung nach der „Neuen Einfachheit" als radikale Absage an alles Gedankenhaltige in der Architektur. Diese banausische Ahnungslosigkeit gegenüber der Architektur als angewandter Kunst- und Geisteswissenschaft nimmt allmählich katastrophale Ausmaße an. Dies nicht widerspruchslos hinzunehmen, ist die Gemeinsamkeit jener Architekten, die in diesem Band porträtiert werden. Ihre Arbeit läßt sich kaum der „neuen Einfachheit" zurechnen. Ihr gemeinsames Signum hieße besser „neue Ernsthaftigkeit".

Berlin, Frühjahr 1997

Plankton der Vorstädte

Der holländische Architekt Rem Koolhaas

Auf Europas größter Baustelle wurden gerade die Fundamente gegossen, da bekam es der Architekt mit der Angst zu tun: „Warum haben Sie zu unseren größenwahnsinnigen Vorschlägen niemals Nein gesagt?" fragte der Holländer Rem Koolhaas seinen Auftraggeber. Der Bauherr Jean-Paul Baietto, Chef des französischen Baukonzerns Euralille, überraschte den nervösen Planer mit einem dicken Lob: „Wer am Ende des 20. Jahrhunderts noch etwas Nennenswertes bauen will, der muß möglichst viele Interessenten durch eine extrem höllische Dynamik zusammenschweißen."

Was der Konzernchef meinte: Der Holländer hatte alle Beteiligten – ein Dutzend Investoren und ihre Architekten, dazu Staat, Stadt, Politiker und Bürger – durch die extreme Komplexität des Großprojektes in einen Teufelskreis der Abhängigkeit gebracht. „Herr Koolhaas," fügt er hinzu, „Sie haben uns aneinandergekettet wie Gefangene, die sich nur gemeinsam befreien können."

Das Ergebnis dieser urbanistischen Strafexpedition ist nach nur fünf Jahren Planungs- und Bauzeit jetzt in der nordfranzösischen Zitadellenstadt Lille – de Gaulles Geburtsort – zu besichtigen. Auf siebzig Hektar hat sich ein komplettes Bahnhofs-, Büro-, Hotel-, Einkaufs-, Kongreß-, Messe- und Wohnzentrum mir dreihunderttausend Quadratmetern Nutzfläche in den Erdboden gebohrt.

Seitdem im Herbst 1994 der Eisenbahntunnel unter dem Ärmelkanal für Passagierzüge freigegeben wurde, liegt Lille im Schnittpunkt des europäischen Schnellbahnnetzes. Dadurch rückt die flämische Stadt in Vorortnähe an die westeuropäischen Metropolen heran. Die Reisedauer von Lille nach London schrumpft von sieben auf zwei Stunden, nach Paris von zweieinhalb auf eine Stunde und nach Brüssel von einer Stunde auf dreißig Minuten.

„Wir erleben den Übergang vom Urbanismus des Raumes zu einem der Zeit und der Geschwindigkeit," sagt Chefarchitekt Koolhaas. Die Tempo-Maßstäbe des Luftverkehrs gelten jetzt auch auf dem Erdboden. Anstelle des bisherigen Einzugsbereiches von 1,5 Millionen Menschen im ausgebluteten nordfranzösischen Textil- und Kohlerevier wird Lille künftig im Umkreis von zwei Schnellbahn-Fahrtstunden für siebzig Millionen Menschen erreichbar sein. Mit täglich hundert Expreßzügen steigt Lille dann nach Paris und Lyon zum drittgrößten Verkehrs- und Geschäftszentrum Frankreichs auf.

Was Katastrophenphilosophen und Simulationsideologen über die „Virtualisierung" der Realität munkeln, ist hier eingetreten: Durch die bloße Erreichbarkeit ist Lille zur Phantom-Stadt geworden, eine Metropole im Konjunktiv, die für Masseninvasionen gerüstet sein muß. „Wenn ein amerikanischer Rockstar in Europa ein Konzert gibt oder ein japanischer Autokonzern einen Neuwagen vorstellt," meint Koolhaas, „dann brauchen sie künftig nicht mehr nach London, Brüssel oder Paris zu gehen, sondern können es auf halben Wege in Lille tun."

Ausgerechnet Koolhaas, der Bau-Intellektuelle aus Rotterdam, berüchtigt für seinen gnadenlosen Modernismus, wurde mit dem 5,3 Milliarden Franc teuren Projekt beauftragt. Das erscheint so sagenhaft, als hätte Metro Goldwyn Mayer den Avantgarde-Filmer Jean-Luc Godard zum Direktor berufen. „Als wir 1989 den städtebaulichen Wettbewerb für dieses Mega-Projekt gewonnen hatten, waren wir völlig überrascht und schockiert," erinnert sich Koolhaas. „Uns blieb nichts anderes übrig als zu sagen, O. K., laßt uns super-überrascht und hyper-schockiert sein und die Komplexität der Bauaufgabe so weit steigern, bis das Projekt entweder abgeblasen wird oder man uns feuert."

Den Gefallen wollte ihm der Bürgermeister von Lille aber nicht tun. Pierre Mauroy, ehemals französischer Premierminister, setzte durch, daß der neue Kreuzungsbahnhof nicht, wie geplant, außerhalb der Stadt, sondern direkt am Zentrum gebaut wurde. Und er wählte Koolhaas für die Aufgabe, erstmals in direkter Citylage eine typische Peripherie-Nutzung zu pla-

Rem Koolhaas

nen, die anders aussehen sollte als jene desaströsen Krebsgeschwüre aus Verkehrsknoten, Gewerbeparks und Hypermar-
kets, wie sie die Stadtränder weltweit verunstalten.

Koolhaas holte den Tunnelbahnhof auf ganzer Länge ans Tageslicht, damit die Franzosen ihr Prestigeobjekt Train à Gran-
de Vitesse (TGV) feiern können. Zudem bündelte er die gesamte Verkehrsinfrastrukur auf engstem Raum. So ist unter
dem Bahnhof das größte Parkhaus der Welt mit sechstausend
Plätzen entstanden, dazu der zentrale U-Bahnknoten von
Lille, darüber die Stadtautobahn und hoch über dem Bahn-
damm eine Perlenkette von Hochhäusern auf Stelzen. Zwar
laufen die Menschen in diesem unter- und oberirdischen Labyrinth wie Flöhe auf dem Fell eines riesigen Hundes herum,
aber immerhin hat der Bau nichts mehr mit herkömmlichen
Kellerbahnhöfen und Metroknoten gemein, wo die Fahrgäste
wie Ratten in der Kanalisation verschwinden. Die Anlage mit
ihren Türmen, Brücken und Schluchten sieht aus wie eine ab-
gestürzte Weltraumstation – ein architektonischer Alptraum
wie aus den Phantasien des holländischen Grafikers M. C.
Escher und des römischen Bauvisionärs Piranesi.

Der größte gedankliche Quantensprung von Lille: Erstmals
wurde ein Bahnhof wie ein Flughafen mit allen dazugehörigen
Serviceeinrichtungen geplant. Koolhaas beauftragte den Franzosen Jean Nouvel – bekannt geworden durch sein „Institut
der Arabischen Welt" in Paris – mit dem Bau einer metallisch
glänzenden Shopping-Meile mit 130 Läden, 45.000 Quadratmetern Bürofläche und 570 Wohnungen. Den Höhepunkt
der Mischung und Verdichtung entwarf der Holländer selbst:
das Veranstaltungszentrum Kongrexpo, ein elegantes Groß-
oval mit 60.000 Quadratmetern, in dem er eine Arena für
Rockkonzerte, ein Kongreßzentrum und eine Messehalle un-
terbrachte. Während herkömmliche Mehrzweckgebäude die
Ästhetik und Gebrauchsqualität einer Kombizange haben und
immer nur notdürftig funktionieren, zerschnitt Koolhaas sein
schwungvolles Riesenstadion in drei selbständige Teile. Aber
weil sie durch gemeinsame Foyers und große Schiebewände
verbunden sind, ergeben sie ein Stück gebaute Synergie.

Der planerische Gewaltakt in Lille hat den großgewachsenen, hageren und asketischen Langstreckenläufer und Maserati-Fahrer Koolhaas noch hagerer und asketischer gemacht. Die Ehrung durch eine Ausstellung im New Yorker Museum of Modern Art Ende 1995 nahm er nur beiläufig zur Kenntnis. New York feierte acht seiner neuen Projekte und Bauten – außer Lille auch die kürzlich eingeweihte Kunsthalle in Rotterdam, Villen in Frankreich, aber auch gescheiterte Entwürfe wie die neue Pariser Nationalbibliothek und das Medienzentrum in Karlsruhe. Koolhaas' Museumsunlust mag auch davon herrühren, daß er mit dem Bahnhofsviertel von Lille seine Unschuld als „intellektuelles Genie der Gegenwartsarchitektur" (Philip Johnson) verloren hat. Bislang war jeder Baustar – gleichgültig, ob als Radikal- oder Postmoderner –, zu prinzipiellem Widerstand gegen die Logik der Immobilienkonzerne und deren Stadtzerstörung durch Riesenprojekte verpflichtet. Berühmtheit erlangte man in den achtziger Jahren mit preziösem Kunsthandwerk und steilen Theorien.

Das galt besonders für den Obertheoretiker und Hochschullehrer Koolhaas. Er war das Idol einer ganzen Generation von progressiven Künstlerarchitekten, die den heruntergekommenen Funktionalismus mit modernem Zeitgeist und exakter Phantasie bekämpfen wollen. Doch der Meisterdenker, meinen jetzt viele, hat sich mit der Bauorgie von Lille die Finger schmutzig gemacht. Koolhaas revanchiert sich für diese Kritik seiner Standeskollegen mit purem Mitleid: „Architekten sind in der ähnlichen Lage wie Geiseln bei einer Entführung, die unter einem Pistolenlauf an der Schläfe zu Hause anrufen und sagen müssen, daß alles in Ordnung ist." Für Koolhaas ist nichts in Ordnung, und deshalb lacht er auch so selten.

Der 1944 in Rotterdam geborene und in der ehemaligen holländischen Kolonie Indonesien aufgewachsene Kosmopolit begann seine Laufbahn als Journalist und Drehbuchautor – unter anderem für den amerikanischen Sex-Maniac Russ Meyer und seine „Supervixen"-Serie. Als er während der Mai-Unruhen 1968 Korrespondent für holländische Zeitungen in Paris war, entschloß er sich, nicht mehr nur zuzuschauen, sondern als Architekt die Gesellschaft mit aufzumischen. Er studierte an der Londoner Architectural Association School, der berüchtigsten Brutstätte der Bauavantgarde.

„Architekturstudenten wollten damals nur Fertigteil-Krankenhäuser für den Vietcong bauen," erinnert er sich. Sein erstes Studienprojekt ließ ahnen, daß da ein außergewöhnlich gefährlicher Architekturdenker heranwuchs. Es hieß „Die Berliner Mauer als Architektur" und interpretierte die Grenze mit ihren Panzersperren und geharkten Sandstreifen als gespenstischen „Meditationsgarten mit Zen-Skulpturen", als eine „Architektur der Verzweiflung", die allein durch ihre Leere und Unüberwindlichkeit ungeheure Sehnsüchte mobilisierte – eine zynische These, aber auch eine leise Vorahnung des deutschen Vereinigungsfrustes nach dem Mauerfall.

Ähnlichen Hardcore-Realismus zeigte Koolhaas später, als er zum Abriß vorgesehene Schandflecke wie ein altes Gefängnis in Arnheim oder die heruntergekommene Trabantenstadt Bijlmermer bei Amsterdam – Koolhaas nannte die Siedlung „das Las Vegas des Wohlfahrtsstaates" – mit einem „Bombardement an neuen Nutzungen" retten wollte.

Er sah den Makel dieser Schlafsilos nicht allein in der trostlosen Architektur, sondern in der monotonen Nutzung. Deshalb plante er zwischen den grauen Betonscheiben neue Theater-, Sport-, Erholungs- und Einkaufsstätten. Doch das „Bombardement" kam anders als gedacht: 1992 stürzte ein israelischer Jumbo auf die Sozialbauwüste und besiegelte die Abriß-Pläne. „Die andere Seite hatte gesiegt", bedauert der Architekt.

Berühmt wurde Koolhaas 1978 durch seinen wissenschaftlich-poetischen Architekturroman „Delirious New York". Darin spürte er den amerikanischen Hochhaus-Pionieren und Metropolen-Phantasten zu Beginn dieses Jahrhunderts nach, die keine bloße Stadt, sondern ein steinernes Naturschauspiel geschaffen hatten. Koolhaas untersuchte die ungeheure Verdichtung, Überlagerung und Mischung der Lebensformen in dieser „einzigartigen Fabrikationsstätte menschlicher Begierden".

Seitdem er immer mehr Aufträge bekommt, möchte der Besserwisser zum Bessermacher werden. Die hochabstrakten Gedankenflüge seiner Schüler und Adepten mit ihren „dekonstruktivistischen" Zertrümmerungs-Architekturen lehnt er mittlerweile als „dekorative Verherrlichung des Unvermeidlichen" ab.

Anstelle der Chaostheorie der Naturwissenschaften studiert der Holländer lieber das wildwuchernde „Plankton der Vorstädte" oder die „künstliche Geologie" von Bürovierteln. Mit Vorliebe stellt er heutige Modephilosophen vom Kopf auf die Füße: „Derrida sagt, daß die Dinge nicht mehr ganz sein können, Baudrillard sagt, daß die Dinge nicht mehr echt sein können, und Virilio meint, daß sie nicht mehr da sein können." Aber für solche Erkenntnisse liest Koolhaas keine Bücher, sondern durchstreift die ausufernden Stadtränder. Dort entdeckt er immer mehr kommerzielle Spiegelglastürme, die wie Hubschrauber abgesetzt werden und so simuliert, fragmentiert, unecht und abwesend aussehen, als seien sie von den Philosophen entworfen worden.

1975 gründete er sein „Office for Metropolitan Architecture" in einem häßlichen Hochhaus am Hafen von Rotterdam. Die weitläufige, schmucklose Großraumetage könnte genau so gut in einem Industriebau bei Nowa Huta angesiedelt sein. Deutlicher vermag der Holländer seine Verachtung für Architekturdesign und Geschmacksfragen nicht auszudrücken. Sein Credo lautet: „Die Architektur ist nichts, das Programm alles." Seine neusachliche Architektur ist von Mondrian, Mies van der Rohe und den russischen Konstruktivisten geprägt – kräftige Primärfarben, aber radikale Formenabstraktion und Askese in der Materialwahl. Doch vor allem will er jedes Gebäude durch riskante funktionelle Überkomplexität zu einem „gebauten Supraleiter" machen.

Seine heißkalten Träume vom „umbauten Nichts", von „Ereignisorten" und „psychologischen Räumen" könnten bald an einem historischen Ort verwirklicht werden. An der Pariser Sorbonne, wo die Mai-Unruhen 1968 ausbrachen und Koolhaas den Plan faßte, Architekt zu werden, soll er jetzt eine Bibliothek bauen, die auf die dunklen, horizontalen und steifen Institutsgebäude mit vertikaler Transparenz antwortet. Der

Bücherturm soll keine Schichttorte mit isolierten Etagen werden. Der Architekt plant eine mäandrierende 1,5 Kilometer lange Promenade durch alle Stockwerke, die sich abwechselnd zu mehrgeschossigen Hallen öffnet und wieder zu intimen Studienbereichen schließt. Anders als in Lille hätte Koolhaas sein Raumideal damit auch ohne Autoabgase und Eisenbahnlärm verwirklicht: die Verbindung der grenzenlosen Raumkontinua der Moderne mit der Dramatik barocker Labyrinthe.

Was Koolhaas zum interessantesten Architekturdenker der Gegenwart macht, ist seine Hingabe an die realen Schrecken des heutigen Städtebaus. „Riesige Gebiete der Erde werden heute längst ohne jede Architekturhilfe gebaut," sagte er. Damit meint er nicht die Dritte Welt, sondern beispielsweise Paris. Dort leben nur noch zwei Millionen Menschen im Glanz der historischen Mitte, während acht Millionen in den amorphen Siedlungsbrei der Banlieue verbannt sind, um den sich die vornehmen Baumeister nie gekümmert haben.

Diese Landschaftsverschandelung führt er nicht allein auf den Zerfall der Bauformen zurück, sondern auf die völlige Fragmentierung und Isolierung der Lebensbereiche. Diese Stadtauflösung hatte einst die Architekturmoderne erfunden, um gegen den Wildwuchs der historischen Zentren das Ideal einer hygienischen und moralisch gesäuberten Zuchthaus-Ordnung zu setzen.

Erst die Wohnungsbaugesellschaften, Immobiliendeveloper und Bodenspekulanten nach dem Zweiten Weltkrieg, meint Koolhaas, haben diese Zerstückelung ins Extrem getrieben – hier ein Büroviertel La Défense, dort eine Schlafstadt Bijlmermer, dazwischen abgeschottete Shopping-Cities, Verkehrsknoten und gelegentlich ein Vergnügungspark. Gegen diese ökonomisch und politisch motivierte „Taylorisierung" der Städte in einzelne Aufgabenbereiche weiß der Holländer nur ein Gegengift: die Montagetechnik der Frühmoderne, die Collage, der Mut zum überraschenden Schnitt, die schockartige Kollision. Er schwärmt von „hybriden Gebäuden", von „Kontamination" durch Überlagerung und von der „Alchemie" der Mischnutzungen. Gegen den Verfall des öffentlichen Raumes möchte er „neue Gemeinschaftseinrichtungen" schaffen. So versteht er die Bauexplosion von Lille nicht als Gewaltschlag gegen eine wehrlose Altstadt, sondern als realistische Antwort auf die Dynamik des neuen Massenverkehrs: „Wäre das Bahnhofsviertel an der Peripherie entstanden, hätte es dem alten Zentrum vollends das Publikum entzogen."

Verzweiflung angesichts der Invasion neuer Produktions-, Verkehr- und Kommunikationstechniken, die die Stabilität der Geographie und der Architektur untergraben, kennt der Holländer nicht. „Architekten haben auf diese Modernisierungsdynamik kaum noch Einfluß," resümiert er. „Unsere Arbeit ist lediglich am sichtbarsten." Um auch weiterhin eine sichtlich gute Figur zu machen, hat er eine Überlebenstaktik entwickelt: „Der Architekt muß auf die Kräfte der Stadtentwicklung reagieren wie ein Surfer auf die Wellen."

Zu wahr, um schön zu sein

Der amerikanische Architekt Peter Eisenman

Es kostet Peter Eisenman Mühe, der Architektur ähnlichen Reiz abzugewinnen wie der modernen Literatur oder dem Film. Materialfragen sind ihm so gleichgültig, daß er auch mit Pappe oder Kaugummi bauen würde. Seine Bauherren hassen ihn dafür, daß seine unpraktischen bis häßlichen Entwürfe internationales Aufsehen erregen. Und statt seinen Studenten in New York oder Chicago das Entwerfen beizubringen, doziert er über Friedrich Nietzsche, Thomas Pynchon und David Lynch. Eigentlich verachtet er Architekten und wäre lieber Regisseur oder Romancier. Aber seitdem er erkannt hat, daß die Architektur seit fünfhundert Jahren auf der Stelle tritt, entwirft er ein Bauprogramm für das einundzwanzigste Jahrhundert.

Der Amerikaner Peter Eisenman, Jahrgang 1932, ist der wichtigste theoretische Entwicklungshelfer der Gegenwartsarchitektur. Missionarisch ist nicht nur sein Hochmut gegenüber

Kollegen und Klienten, sondern auch die Besessenheit, mit der er Konventionen bekämpft. Eisenman hat einem Berufsstand das Lesen und Schreiben beigebracht, der zuvor sprachlos den Aberglauben von technischen Systemzwängen und objektiven Problemlösungen anhing. Bevor er in den sechziger Jahren die Szene betrat, war es unüblich, daß Architekten intellektuelle Debatten führten.

Am Anfang seiner Laufbahn tat Eisenman etwas, das andere erst am Ende wagen. Er gründete 1967 seine eigene Schule, das New Yorker „Institute of Architecture and Urban Studies". Fast alles, was heute Rang und Namen in der Bauwelt besitzt, hat diese Kaderschmiede durchlaufen. Hier dozierte Leon Krier, Hofarchitekt von Prince Charles, vor brüllenden Zuhörern über NS-Architektur, hier zerschoß der Aktionskünstler Gordon Matta-Clarke mit einem Revolver die Ausstellungsvitrinen, um gegen das mangelnde gesellschaftliche Engagement der Architektur zu protestieren. Hier lehrten Theoretiker wie Kenneth Frampton, Colin Rowe oder Mario Gandelsonas, hier war das Hauptquartier der „New York Five", jener von Bauhaus und Internationalem Stil inspirierten Gruppe, die der Postmoderne den Kampf angesagt hatte. Und fast alle Stars des heutigen Architektur-Jet-sets – Bernard Tschumi, Rem Koolhaas, Zaha Hadid, Jean Nouvel – hatten in Eisenmans Institut die Seminarbank gedrückt.

Heute regiert Eisenman in seinem Großraumbüro in Manhattan nicht mehr Studenten, sondern dreißig Mitarbeiter, die derzeit rund um die Uhr an einer Flut von Großprojekten, unter anderem auch für Deutschland, arbeiten. Vor Eisenmans Studierzimmer hängen an einer Trophäenwand Dutzende von akademischen Titeln, Auszeichnungen und Preisen. Das sind die Früchte von nahezu zwanzig Jahren reiner Theorieproduktion und akademischer Lehre. „Mein Kopf war damals mit mir durchgegangen", sagt der Architekt, der bis vor zehn Jahren statt Häusern stets nur abstrakte Theorien entworfen hatte.

Der behütete Sohn einer jüdischen Mittelschichtsfamilie aus New Jersey hatte bis zu seinem neunzehnten Lebensjahr nicht die geringste Ahnung, was er werden sollte. Sein einziges

Peter Eisenman

Interesse war und ist bis heute Football. Er hat in seinem Studio ein eigenes Team aufgebaut, das regelmäßig gegen andere Architekturbüros in New York antritt. Gelegentlich verfaßt er auch Sportberichte für die „New York Times" und hat während der Fußballweltmeisterschaft 1994 in Amerika für die Mailänder „Gazzetta dello Sport" geschrieben.

Bis heute kann er nicht genau beschreiben, wie er zum Architekturstudium kam. Daß es mit seinem Cousin, Richard Meier, zusammenhängt, mit dem er dieselbe Schule und dasselbe College besuchte, weist er zurück. Seinen ersten Bau errichtete er während seiner Stationierung als Soldat eines Friedenscorps in Korea. Es war ein Offiziersclub, dessen Dach jedoch während der Eröffnungsfeier einstürzte. 1960 wechselte Eisenman nach Cambridge, wo er seinen wichtigsten Lehrer, den Historiker und Kritiker Colin Rowe, traf, der ihn in Bau- und Geistesgeschichte unterrichtete. Den Dreisprung der Philosophiegeschichte – die Ableitung aller Erkenntnisse vom Sein in der Antike, vom Bewußtsein in der idealistischen Philosophie des achtzehnten Jahrhunderts und von der Sprache in der Moderne – hatte Eisenman in Windeseile vollzogen und sich jahrelang in den linguistischen Tiefenstrukturen des amerikanischen Sprachforschers Noam Chomsky festgebissen.

Aus Chomskys Theorie entwickelte er in den siebziger Jahren Formprinzipien, um mit denselben Transformationsprozessen wie in der Sprachgrammatik eine autonom kommunizierende Architektur zu schaffen. Herausgekommen sind dabei zehn kristalline Villen zwischen De Stijl und Le Corbusier, von denen aber nur vier gebaut wurden. Danach entdeckte er die französischen Strukturalisten von Claude Lévi-Strauss bis Roland Barthes, von denen er die Brüchigkeit von kulturellen Konventionen wie auch den Zweifel an der Beeinflußbarkeit von sprachlichen und sozialen Organisationsprozessen lernte. Seine Freundschaft mit dem französischen Philosophen Jacques Derrida schließlich infizierte ihn mit dem stärksten philosophischen Gift, dem „Post-Strukturalismus" oder „Dekonstruktivismus", der ihm jede Hoffnung auf den Menschen als Mittelpunkt der Schöpfung zunichte machte. Dieser philoso-

phische Diskurs besagt, daß es weder eindeutige Interpreta-
tionen noch unverbrüchliche Ursprungswerte in der Ästhetik
gibt. Die Abkehr vom subjektzentrierten Weltbild, die anti-hu-
manistische Auslieferung an sich selbst erzeugende Strukturen, war für Eisenman paradoxerweise der Befreiungsschlag,
um sich von seinem durchgedrehten Theoriegespinsten zu befreien. 1978 ließ er sich scheiden, begann bei einem Jung-
Schüler eine Psychoanalyse, schloß wenig später sein Archi-
tekturinstitut und gründete ein eigenes Architekturbüro, „um
endlich wieder Boden unter die Füße zu bekommen".
Waren schon Eisenmans spekulative Ideen alles andere als
graue Theorie, so geht es in seiner Baupraxis heute erst recht
bunt zu. Seitdem sein erstes Großobjekt, das Wexner-Kunst-
zentrum im verschlafenen Städtchen Ohio, 1989 fertiggestellt
wurde, rennen ihm Auftraggeber und Journalisten die Tür ein.
Gleich darauf bekam er den zweiten Auftrag für ein Kongreßzentrum in Columbus, das in diesem Frühjahr eröffnet wird.
Bei anderen Projekten wie der Architekturfakultät in Cincin-
nati, dem Emory-Kunstzentrum in Atlanta und dem Rebstock-
Büro- und Wohnpark in Frankfurt ist bald Baubeginn.
Bevor man mit Eisenman in seinem New Yorker Büro sprechen kann, drückt einem seine Pressereferentin ein dickes
Verzeichnis sämtlicher Schriften ihres Chefs in die Hand. Deren Lektüre hat der Meister zur Vorbedingung für jedes Inter-
view gemacht. Es wird einem schon beim flüchtigen Studium
schwindlig vor soviel Gelehrsamkeit. Allein Eisenmans archi-
tekturtheoretisches Œuvre reicht von Grundrißfragen in Renaissancekirchen über Le Corbusiers Domino-Haussystem bis
zu Aldo Rossis Stadtuntersuchungen. Daß er dabei stets das
Feuerwerk der dekonstruktivistischen Begrifflichkeit entzün-
det, läßt seine Schriften an versuchten geistigen Totschlag
grenzen: Sie machen den Leser mundtot.
Es gehört heute zum guten Ton in der Architektur-Schickeria,
statt über Bauphysik und Formfragen über Metaphysik und
globale Netzwerke, statt über Wegeführung und Haustechnik
über Beschleunigungsstrategien und urbane Kraftfelder zu
sprechen. Peter Eisenman ist der Urheber dieser modischen

Diskurse, aber er ist einer der wenigen, die es ernst meinen. „Architektur ist heute deshalb eine so langweilige Disziplin, weil der gesamte künstlerische und philosophische Fortschritt spurlos an ihr vorübergegangen ist", sagt der Architekt, dessen Markenzeichen Rundbrille, breite Hosenträger, helle Anzüge, Fliege und dichtes Silberhaar sind. Den Quantensprung zum neuen Bauen sieht er nicht im Übergang vom Historismus zur Moderne, sondern im Wechsel von mechanischen zum elektronischen Zeitalter nach 1945.

Die moderne Konzeption von Raum-Zeit-Architektur, wie sie der Historiker Sigfried Giedion angesichts der offenen, kubistischen Hausstrukturen seit den zwanziger Jahren entwickelt hatte, sieht Eisenman nur in der Tradition der Renaissance. „Das ist bloß die Erweiterung des subjektiven Erlebens durch wechselnde Simultanperspektiven." Das ist für ihn genauso anthropozentrisch wie der Kanon der Baustile, der sich seit der Renaissance an körperlichen Maßstäben orientiert und die Ideologie menschlicher Allmacht verewigt. Mit ihrem klassizistisch orientierten Ordnungsdenken, meint Eisenman, führen heutige Architekten, gleichgültig ob post- oder neomodern, einen aussichtslosen Kampf gegen die Kräfte von Stadt, Verkehr, Markt, Technik und Natur, die sich längst selbst regulieren.

Eisenman meint, unsere Gegenwart sei durch die Entfesselung der Informations- und Transporttechniken völlig unsteuerbar geworden. „Es ist unmöglich, gegen diesen Strom zu schwimmen; wir können nur versuchen, ihn in bestimmte Bahnen zu lenken." Den entscheidenden Einschnitt sieht er in der Aufhebung des Gegensatzes von Wirklichkeit und Fiktion durch Medien und Computer: „Frühere Darstellungstechniken ahmten die Wirklichkeit nach; heute sind Simulationen und Fiktionen so übermächtig, daß die Wirklichkeit sie verzweifelt nachzuahmen versucht."

Auch Sprache und ästhetische Ordnung sind fiktive, künstliche Gebilde, die sich den Anschein von Natürlichkeit geben, aber nur auf Übereinkunft beruhen. In dieser Konventionalität aber sieht Eisenman „das Unterdrückte, Unbewußte, andere der Vernunft", die in ihrer Selbstherrlichkeit zu Holocaust, Atombombe und Öko-Katastrophe geführt hat.

Eisenmans Denken ist deshalb so kompliziert, weil es sich auch zur übermächtigen, regellosen Realität bekennt, aber zugleich das Destruktive und Böse in der Realität als Wiederkehr des Verdrängten aufdecken will. Was für ihn gut oder böse, richtig oder falsch ist, läßt er im unklaren. Eisenman liebt die Zwischenzustände. Seine Lieblingsmetapher für diese Unentschiedenheit ist die Fotografie eines fliegenden Pfeiles: „Das einzige, was das Bild des fliegenden Pfeiles von dem des ruhenden Pfeiles unterscheidet, ist, daß in ihm seine Herkunft und sein Ziel wie in einem Gedächtnis erhalten ist. Aber dieses Hauptmerkmal ist für den Betrachter nicht sichtbar, sondern abwesend."

„Abwesenheit" – Derridas „absence" – ist auch Eisenmans Lieblingsbegriff. Er läßt sich leicht auf einen Bauplatz, ein Haus oder eine Stadt übertragen, deren Natürlichkeit, Festigkeit und Dauer sich im großen historischen Maßstab als trügerisch erweisen. Allen diesen Objekten ist eigen, was Eisenman „Präsenz, Ursprung und Repräsentation" nennt. Diese drei metaphysischen Lügen will er durch „Diskontinuität, Rekursivität und Selbstähnlichkeit" überwinden.

Glücklicherweise erklärt der Architekt diese Hieroglyphen. Die „Präsenz" von Bauwerken mit traditioneller Ästhetik ist für ihn sehr viel mehr eine Absenz, da ihre geschichtlichen Entstehungsbedingungen und damit ihr Sinn unwiederbringlich verflossen sind und der heutige nostalgische Hunger nach Authentizität nur Reproduktionen hervorbringen kann. Einzig „Diskontinuität" könne das falsche Universum der abgestorbenen Überlieferungen und der ungeklärten Traditionsreste aufbrechen, um vom Trugbild einer heilen, aber in Wahrheit längst zertrümmerten Wirklichkeit loszukommen.

Auch der „Ursprung" von Formen und Werten beim Bauen, beispielsweise die scheinbare Natürlichkeit von Säulenordnungen oder klassischen Proportionen, beruhe auf willkürlichen Setzungen und müsse durch wahrhaft künstliche, nämlich rekursive, auf sich selbst bezogene Werte ersetzt werden.

Und drittens stellt Eisenman die Frage, warum Objekte noch die Fähigkeit zur „Repräsentation", zur Darstellung besitzen und ihre Funktion ausdrücklich bebildern müssen, während Gesellschaft und Technik längst unanschaulich und darstellungslos geworden sind. Einziger Ausweg ist für Eisenman die Gestaltfindung auf der Basis von selbstähnlichen geometrischen Formen.

Das Verführerische an diesen Theorien ist, daß man so mitgerissen wird von dem intellektuellen Gipfelsturm und sie bereitwillig auf alle Bauten dieses Architekten anwendet, um den Höhenflug weiterzutreiben. Die Tatsache, daß sich Bauwerke vor allem über intellektuelle Konzepte erschließen lassen, gilt heute als skandalöses architektonisches Showgewerbe.

Das war früher anders. Im Mittelalter gehörte zum Verständnis von Kathedralen noch die genaue Kenntnis der Liturgie. Italienische Renaissancekirchen bleiben unbegreifbar, wenn man nicht die ihnen zugrundeliegende Pythagoreische Mathematik und Musiktheorie kennt, die alle Proportionen in hochkomplexen Ableitungen durchziehen. Das Wunder des barocken Schloß- und Städtebaus läßt sich nicht erschließen ohne Kenntnis der höfischen und ständischen Gesellschaftsordnung. Daß die Architekturgeschichte kontinuierlich gewachsen sei, hält Eisenman für ein postmodernes Märchen: „Große Neuerungen waren immer revolutionäre Brüche, etwa als Alberti mit dem Einbau von Triumphbögen in seine Kirchenfassaden zum erstenmal das Sakrale und Profane vereinte, oder als Palladio erstmals klassische Elemente in Privathäusern verwendete." Der Reichtum der historischen Baukunst rührte immer von etwas her, das Eisenman einen „zweiten Text", einen „Schatten" nennt. Erst seit der historistischen Beaux-Arts-Schule im neunzehnten Jahrhundert sei dieser Sekundärtext entfallen und Architektur zur oberflächlichen Augenweide geworden. Und erst recht hat heute jeder den Anspruch, Architektur ohne jedes interpretatorische Beiwerk zu verstehen. Kein Wunder, daß im Privaten der gebaute Kitsch und im Städtebau der blanke Primitivismus herrschen.

Peter Eisenmans Flucht vor Tradition und Konvention, seine Suche nach neuen, überkomplexen Strukturen, ist noch radikaler als der Bruch der Moderne mit der Geschichte. Um den metaphysischen Fußangeln von Präsenz, Repräsentation und schöpferischer Originalität zu entgehen, hat er das Maschinendesign der Moderne auf die Spitze getrieben. Seine Villenentwürfe setzte er noch wie bei einem Sprach- oder Schachspiel aus abstrakten Regeln zusammen und erzielte brillante Ergebnisse: Sein an das Utrechter Rietveld-Schroeder-Haus erinnerndes „Haus VI" in Connecticut ist ein schwebendes Volumen, in dem keine zwei Wandscheiben zusammentreffen und das so eine durchgehend diskontinuierliche Boden-, Wand- und Geschoßgliederung hat, daß man es auch bewohnen könnte, wenn es auf dem Kopf stünde.

Heute steht nicht mehr die logische Abstraktion, sondern der Computer im Zentrum seines Entwerfens. Je willkürlicher seine Splittergebilde aussehen, desto rigider hat er Ausgangsformen durch alle möglichen Dimensionen hindurch gedreht und gewendet, mit Überlagerungen, Gittern, Verschiebungen angereichert und transformiert. Standortspezifische Einflüsse wie geologische Strukturen, Bodenwellen oder Windrichtungen nimmt er auf und läßt sie im Computer potenzieren, bis der Rechner heißläuft. Beim Entwurf des Max-Reinhardt-Hauses für Berlin mußte er sich einen stärkeren CAD-Computer zulegen, weil das alte Gerät die tausend Facetten des monströsen Riesenkristalls nicht mehr berechnen konnte.

Eisenmans jüngste Entwürfe sehen sehr expressionistisch und zerklüftet aus. Sie entstehen dennoch nicht aus Intuition, sonder aus Kalkül. „Ich will von den Versuchungen einer individuellen Handschrift wegkommen", sagt er und setzt dabei diesen bohrenden Blick hinter halbgeschlossenen Augenlidern auf, der ihm etwas Manisches, fast Irres gibt. Daß man ihn in Amerika auch den „David Lynch der Architektur" nennt, rührt von seiner Vorliebe für gebaute Spannungssequenzen und Katastrophen, für das Groteske und Schauerliche her. Eisenman leitet dieses Streben nach architektonischen Schocks gern von Kants Naturbegriff des Erhabenen ab. Er möchte so etwas wie eine artifizielle Natürlichkeit von Formen schaffen, die in der durchrationalisierten Technikkultur noch Reste von Unbeherrschbarkeit und Fremdheit in sich tragen. Das empfindet er sogar als neue, gesteigerte Form von Sinnlichkeit, Leidenschaft und Affekt.

Unvorhergesehene Spalten im Boden, schwebende Säulen, hervorstehende Querträger, versinkende Bodenlinien, aperspektivische Verdrehungen setzt er nicht willkürlich als frivoles Schmuckwerk in seine Objekte. Sie ergeben sich immanent aus dem Transformationsprozeß einer arbiträr gewählten Ausgangsform, die er auf ein arbiträres Ziel hin bewegt und von allen Zufälligkeiten des Alltagslebens reinigt. Wenn in einer seiner Villen dabei einmal eine Säule mitten durch das Ehebett verläuft, hat der Besitzer Pech gehabt.

Mit Hochspannung sieht man nach soviel theoretischen Unterweisungen dem Besuch des vielgelobten Wexner-Kunstzentrums auf dem Campus der Universität von Columbus entgegen. Doch das Prachtstück ist von der Hauptstraße aus gar nicht zu sehen. Es liegt halb eingegraben zwischen zwei älteren Theater- und Hörsaalbauten und quetscht sich durch die Baulücken geradezu schamhaft hindurch. Eisenman liebt solche „Nicht-Standorte, von denen die Welt heute so übervoll ist und die den Architekten zwingen, den *genius loci* neu zu erfinden.

Weil das Museum an der Schnittstelle liegt, wo das Raster der City sich gegen das des Universitätscampus aus unerfindlichen Gründen um zwölf Grad verschiebt, durchzieht den gesamten Bau die Überlagerung zweier Strukturgitter, die kaum einen rechten Winkel übriglassen. Die Ausstellungs- und Vorführungssäle sind entlang einer hundertachtzig Meter langen Erschließungsachse aufgereiht, die keinen definierbaren Anfangs- und Endpunkt und erst recht kein Zentrum hat. Das Gebäude ist nur halb vorhanden, die virtuelle, ausgesparte Hälfte wird draußen von weißen Gerüsten angedeutet. Den Turm eines im vergangenen Jahrhundert zerstörten Arsenals am Museumseingang hat Eisenman archäologisch rekonstruiert, aber pop-artistisch wie eine Zwiebel zerschnitten.

Der relativ kleine Bau läßt sich auch nach mehrmaligen Besichtigen nicht ganz erschließen, weil divergierende Perspektiven und verschobene Wände, gegenläufige Rampen und geteilte Wege das gewohnte Raum-Zeit-Kontinuum irritieren. Ob eines Tages Architekturstudenten den „Sekundär-Text" der vertrackten Eisenman-Geometrien genauso aufmerksam studieren wie die Bodenmosaike mittelalterlicher Kathedralen, steht dahin. Der Architekt versucht, mehrere Zeitebenen wie im Zeitraffer einzubauen. Er will Instant-Geschichte aus der Retorte produzieren, die früher, als die Welt noch heil war, sich im Verlauf von Jahrhunderten durch Gebrauchsspuren und Patina absetzen konnte. Dafür bleibt in der heutigen Posthistorie anscheinend keine Zeit mehr.

Das gilt ebenso für das benachbarte Kongreßzentrum in Columbus-City, einen dreitausend Quadratmeter großen Wellblech-Koloß in sanften kalifornischen Pastellfarben, dessen ondulierte Dachlandschaft an die Gleise des unter dem Gebäude begrabenen alten Bahnhofes von Columbus erinnert. Die Straßenfront ist in verwackelte Einzelfassaden aufgelöst, die den Maßstab der umherstehenden Wildwest-Holzhäuser aufgreifen. Trotz ihrer Mächtigkeit ist die lineare Großlobby, die Zehntausende von Besuchern auf die Hallen verteilen muß, zerklüftet wie eine Mischung aus Schwitters' Merzbau und Scharouns Philharmonie.

Ähnliche Prinzipien wendet Eisenman beim Entwurf des Frankfurter Rebstock-Park an, wo auf zweiundzwanzig Hektar ein Zwitterstadtteil aus traditioneller Block- und moderner Zeilenbauweise entsteht. Geographie, Bodenbeschaffenheit und Stadtrandlage hat Eisenman in endlose Computerberechnungen transformiert; die Figur-Grund-Beziehungen zwischen bebauter und freier Fläche geraten dabei ins Wanken, werden „gefaltet" und ergeben eine neue dreidimensionale städtebauliche Figur, die überkomplex, mehrdeutig und in jedem Fall die Probe aufs Exempel wert ist. Für einen Siedlungsentwurf in Düsseldorf griff Eisenman sogar die Radarwellen des nahegelegenen Flugplatzes auf. Weil sie die Bauhöhe beschränken, baute er sie wie ein materialisiertes Echo in die wellenförmige Grundrißkonfiguration ein. Das klingt spleenig, ist aber nur halb so verrückt wie manche historischen „Sekundärtexte", etwa der Plan mittelalterlicher Kathedralbaumeister in Frankreich, die die Standorte ihrer Gotteshäuser auf der Landkarte so bestimmten, daß sie im Grundriß das Sternbild der Jungfrau als Apotheose der Gottesmutter ergeben.

Für das hundertfünfzig Meter hohe Max-Reinhardt-Haus in Berlin, das die Erben des großen Regisseurs und ein deutscher Developer auf ihrem angestammten Grundstück nahe dem Bahnhof Friedrichstraße errichten wollen, entwarf Eisenman ein geradezu terroristisches „Monument für das einundzwanzigste Jahrhundert": einen kristallinen Torbogen in Form eines scharfkantigen Moebiusbandes. Eisenman sagt, er wollte die Ortsspezifik – Bruno Tauts Berliner Idee der expressionistischen Stadtkrone, die Knotenpunktfunktion von Spree und Friedrichstraße – mit der Computerästhetik verbinden. Man kann das Gebilde häßlich und störend empfinden, weil es das durch Bomben und Wiederaufbau zweifach zerstörte Berlin noch mehr von sich entfremdet – eine Sorge, von der amerikanische Städte frei sind. Aber der Entwurf thematisiert in seiner absoluten skulpturalen Neuartigkeit zumindest den wundesten Punkt des gegenwärtigen Berliner Stadtumbaus: daß die Stadt ohne die Risikobereitschaft, auch im Zentrum in der Vertikale zu gehen, nie den Sprung zur Haupt- und Weltstadt schaffen wird.

Die Entwürfe von Peter Eisenman sind Aggregatzustände heutiger Lebensformen. Sie träumen nicht mehr von einer narrativen, chronologisch darstellbaren Weltordnung, sondern spitzen die Fragmentarisierung der Raum- und die Diskontinuität der Zeiterfahrung extrem zu. Eisenman will Spannung, Verdichtung, Gleichzeitigkeit und Intensität in seine Entwürfe einbauen. Deshalb fällt es schwer, ihnen bedingungsloses Wohlgefallen entgegenzubringen: Sie sind zu wahr, um schön zu sein. Wenn es sich eines Tages herausstellen sollte, daß von Eisenmans Atelier in Manhattan wirklich eine neue Epoche der Baugeschichte ausgegangen ist, dann können wir wenigstens rückblickend sagen, wir seien dabeigewesen.

Bauen auf Biegen und Brechen

Die Wiener Architekten Coop Himmelblau

Feierstunde im ehrwürdigen Wappensaal des Rathauses zu Wien: Ein Streichquartett spielt Atonales von Anton Webern, Bürgermeister Helmut Zilk gratuliert, Festredner Hans Hollein lobt und tadelt. Doch als der Saaldiener auf ein Zeichen hin die Preisträger ans Pult geleiten soll, steht er ratlos vor den Reihen und fragt leise herum: „Sind Sie Coop Himmelblau?" Auswärtige Gäste recken die Hälse. Sie hatten wohl einen kleinen Reisebus voll Buntgekleideter erwartet, irgendwelche Paradiesvögel mit Indianerfeder hinterm Ohr. Statt dessen schlendern zwei etwas übernächtigte Herren in Leder und schwarzem Tuch nach vorn, zwei richtige *b-boys*, böse Buben, die die Ratsurkunde nicht entgegennehmen, sondern mitgehen lassen. Beim anschließenden Umtrunk scherzen die Gelehrten: „Wir sind die dienstältesten Newcomer der Republik, der ewige Geheimtip."

Gegensätze ziehen sich an. Wohl deshalb ging auch der Große Preis der Stadt Wien 1989 an das Architektenteam Coop Himmelblau. Die beiden Planer Wolf D. Prix, 46, und Helmut Swiczinsky, 44, fügen sich ihrer Heimatstadt so harmonisch ein wie Rhythmusgitarristen in ein Kammerorchester. Abgesehen davon, daß die Auszeichnung ungefähr fünfzehn Jahre zu spät kommt und nicht mit allzu viel Geld (zehntausend Mark), sondern mit vielen Worten dotiert ist, empfinden sich die Preisträger selbstverständlich höchst geehrt. Zwar konnten sie in Wien bislang immer noch nichts bauen außer ein paar kleinen Läden und Bars. Doch auf Vortragsreisen und Ausstellungen zwischen London und Los Angeles dienen sie ihrer Stadt als willkommenes avantgardistisches Aushängeschild. Coop Himmelblaus Arbeiten sind esoterisch, ein Sprungbrett für neue Raumvisionen. Solche Zukunftsmusik stößt in Wien gewöhnlich auf besonderes Gehör. „Wer Visionen hat", urteilte einmal der österreichische Bundeskanzler Vranitzky pauschal, „der sollte zum Nervenarzt gehen."

Was Nervenärzte angeht, hat Wien eine große Tradition, denn es gibt hier genug Verrückte. Coop Himmelblau sind ein Teil davon. „Himmelblau" ist keine Farbe, sondern ein Zustand. Und „Coop" bedeutet, daß dieser Zustand stets paarweise auftritt. „Coop Himmelblau" sind ein seelischer Ausnahmezustand, der seit zwanzig Jahren andauert. Es ist der Versuch, sich den Boden unter den Füßen wegzuziehen, um wenigstens mit dem Kopf durch die Wand zu kommen. Wenn beim Zusammenstoß eines Kopfes und einer Wand ein hohles Geräusch ertönt, dann liegt das bei Coop Himmelblau stets an der Wand. Kein Wunder, daß sie ihre Häuser wie überdimensionale Resonanzkörper entwerfen, mit stürzenden Linien, die stets auf dem Sprung sind und Echo geben.

Diese Häuser wirken auf normale Augen so anmutig wie Ultraschall auf Hundeohren. Es ist dreidimensionale Grenzbereichsmusik, die das Unfaßliche wahrnehmbar macht. Es ist die Architektur von verhinderten Musikern, die zwanzig Jahre lang alle Gitarrengriffe von Keith Richards und Eric Clapton

Helmut Swiczinsky (links) und Wolf D. Prix

buchstabiert haben, aber nie eine eigene Rockband auf die Beine brachten. So blieb Coop Himmelblau nichts anderes übrig, als eine Art „Rolling Stones" der Architektur zu werden. Als sich Prix und Swiczinsky 1968 nach ihrem abgebrochenen Architekturstudium zusammentaten, gab es in Wien eine Vielzahl gleichgesinnter Architekturteams. Sie nannten sich wie Rockgruppen: Salz der Erde, Zünd-up, Missing Link, Haus-Rucker & Co, Gruppe „GUM". Und Coop Himmelblau. In den sechziger Jahren war es noch leichter, in die Opposition zu gehen. Der Gegensatz zwischen Establishment und Studenten war klar, das Märkische Viertel galt europaweit als Symbol des schlechthin Schlechten, Weltraumfahrt und Woodstock waren gemeinschaftsstiftend.

Damals wußte fast jeder, was mit Begriffen wie „pneumatischer" oder „sensomobiler" Architektur gemeint war. Coop Himmelblau machten als Aktionskünstler von sich reden. Sie wollten das Vokabular der menschlichen Körpersprache um unbekannte Phantasieworte und herbe Dialekte erweitern. Ihre Arbeit war eine Synthese aus Psychologie und Kommunikationswissenschaft. Sie veranstalteten Performances, bei denen sie Muskelbewegungen über große Entfernungen übertrugen oder mimische Impulse in Klang- und Lichtsignale verwandelten.

So hüllte das Duo 1970 die Passanten auf der Wiener Universitätsstraße in zwölftausend Kubikmeter Schaum ein. Das war das Projekt „Weicher Raum". Wenig später begannen sie das Unternehmen „Harter Raum": Ausgelöst durch ihre Herzschläge, explodierten auf einer zwei Kilometer langen Strecke in Schwechat sechzig Sprengsätze, wodurch einige Sekunden lang ein scharf konturierter Illusionsraum entstand. Was andere Künstler damals psychedelisch und mit Drogen versuchten, praktizierten Coop Himmelblau als reale Erweiterung ihrer Sinnesorgane. 1971 ließen sie sich in einem Plastikballon einschweißen und liefen als Projekt „Unruhige Kugel" tagelang durch Basel. In Wien entwickelten sie einen Dachgarten als „Frischzelle", der wie ein Glaskolben über dem Haus schweben sollte. Und ein Jahr später hoben sie mit einem Heißluftballon in London tatsächlich das Dach einer Abbruchruine kurzzeitig in die Luft.

Solche Projekte wirken heute wie Endmoränen einer avantgardistischen Lawine, die deshalb restlos zu Tale fuhr, weil sie der Herausforderung der Computersimulation und Werbeästhetik nicht standhalten konnte. Eine solche Steigerung des Nervenlebens, wie sie sich vielleicht einst der Wiener Peter Altenberg erträumte, ist für heutige Kinogänger und Disco-Besucher längst Alltag geworden. Mitte der siebziger Jahre und damit rechtzeitig zum Anbruch der Postmoderne nahmen Coop Himmelblau erstmals handfeste Bauaufträge in Angriff. Das waren zwar nur kleine Inneneinrichtungen – Läden, Bars, Büroetagen oder Dachmaisonettes in Wien. Doch die Überwinterungsstrategie des geistesverwandten Stararchitekten Hans Hollein hatte ihnen gezeigt, daß man in Wien notfalls auch aus kleinen Interieurs große Architektur machen muß, bis Anerkennung kommt.

Doch die ließ noch einmal zehn Jahre auf sich warten. „Wir haben während mancher Flauten oft mehr Zeit am Billardtisch im Kaffeehaus als am Zeichenbrett zugebracht", erinnert sich Prix. Anfang 1988 kam gleich der doppelte Durchbruch: Sie erhielten ihren ersten Großauftrag, ausgerechnet eine sechstausend Quadratmeter messende Spanplattenfabrik in Kärnten. Und mit ihrer Einladung zu Philip Johnsons Ausstellung „Deconstructivist Architecture" im Museum of Modern Art in New York konnten die notorischen Spätzünder den paradoxen Erfolg einheimsen, eigentlich von Anfang an Spitzenreiter gewesen zu sein. Jetzt sprach sich endlich auch in Wien herum, daß Coop Himmelblau schon immer dort waren, wo die neue wilde Bau-Avantgarde erst gerade angelangt ist: im Himmelbereich der kristallklaren Abstraktion, im zweiten Paradies der abendländischen Bauvernunft, worin alle Sünden der Tradition vergessen und vergeben sind. Aus Coops einstiger Provokationsästhetik ist heute eine international anerkannte Modellarchitektur geworden.

So viel frühreife Weltsicht macht reichlich altklug. „Es gibt nichts Langweiligeres als griechische Tempel", höhnt Wolf

Prix. Sein alter ego Helmut Swiczinsky geht weiter: „Wenn wir auf Reisen sind, schauen wir uns historische Bauwerke nur zu allerletzt an." In Rom oder New York besuchen sie nicht markante Häuser, sondern sitzen lieber in Bars und Absteigen – „um den Wechsel des Tageslichts draußen zu studieren". Nicht nur gedanklich, sondern auch physiognomisch ergänzen sich die beiden Planer wie Hand und Handschuh. Der lange, hagere, blonde Prix schießt Argumente meist blitzschnell aus Hüfthöhe ab, während der untersetzte schwarze Swiczinsky erst einmal die Augen zusammenkneift und mit ruhig focussierten Volltreffern nachsetzt.

Mit derart doppelter Optik bekommen sie selbst abseitige Standpunkte deutlich ins Visier. Viele Menschen, sagen sie, lieben italienische Stadtplätze, ohne zu wissen, daß es meist militärische Aufmarschparcours sind. Coop Himmelblaus Lieblingsschauplätze sind dagegen Verkehrsschneisen wie der Freeway Nr. 10 in Santa Monica. Und grundsätzlich: Architekten würden heute wandelnden Nachschlagewerken der Kunstgeschichte gleichen und den kompletten Zierrat von zweitausend Jahren Bauhistorie parat haben, wofür das Duo natürlich den wahren Grund kennt: Architektur sei niemals wissenschaftlich fundierbar gewesen – „deshalb greifen die Planer stets zum Bildungsballast als Argumentationshilfe."

Auf diese unverhohlene Barbarei sind Coop Himmelblau auch noch stolz. Ihre Bauwut hat Ähnlichkeit mit den Tagträumen eines Abbruchunternehmers. Als sie vor wenigen Monaten ihr allererstes Heimspiel gewannen, den spektakulären Wettbewerb zum Umbau des alten Varietétheaters „Ronacher", hätten sie die ehrwürdige Jahrhundertwende-Ruine am liebsten dem Erdboden gleichgemacht. Glücklicherweise stand das reich verzierte Marzipan-Schloß mitten in der Wiener Altstadt und damit unter Denkmalschutz. „Dieser Denkmalschutz ist die größte architektonische Kapitulationserklärung aller Zeiten", ärgert sich Prix. „Es ist die Angst, daß nichts Gutes mehr nachkommt." Da ist etwas Wahres dran, wenn man sich vorstellt, daß einem Michelangelo der Bau des römischen Capitol verwehrt worden wäre, bloß aus der Furcht, er könne das Kaiserforum verschandeln.

Das Beispiel Michelangelos ist allerdings nicht nur viel zu hoch, sondern auch meilenweit daneben gegriffen. Coop Himmelblaus architektonische Wunderwelt ist keine Renaissance, keine Wiedergeburt ferner Ideale. Sie ist, frei nach Paul Frankls Unterscheidung, eine echte Naissance, ein neuer Stil ohne rückwärtige Adaptionsgelüste. Die beiden Planer verehren zwar Meilensteine wie Corbusiers Kloster La Tourette („raffinierte Lichtführung") oder Mies van der Rohes Berliner Nationalgalerie („umwerfende Klarheit der Idee"). Doch Coop Himmelblau betreiben eher ein atonales, besser gesagt: freitonales Bauen. Sie reißen Wände und Dächer ein, öffnen den Grundriß, spielen tausend Variationen ohne Thema. Ihre Räume verschieben sich ineinander, ihre Volumen sind scharf konturiert und dennoch übergangslos verwoben. Es ist, als würden Schwitters Merzbau und Tatlins Türme auf Jimmy Hendrix treffen.

Manche Entwürfe wecken gar kriegerische Assoziationen. Eine Wohnanlage für Wien von 1983 soll als Abschußrampe in die Luft ragen. Das „Skyline"-Hochhaus für Hamburg von 1985 wollen Coop wie ein Bündel Pfeile in die Erde rammen. Was für die Moderne einst Collage war, spitzt Coop zur Karambolage zu. Ihre Ästhetik des Unfalls bildet gebaute Schrecksekunden ab; den Schock des Aufpralls kultivieren sie bis ins Detail. Deshalb lassen sich die Häuser von Coop Himmelblau ganz unmetaphorisch als urbane Resonanzkörper bezeichnen. Sie reflektieren und verstärken die gewaltigen Überlagerungseffekte der großen Städte. „Unsere Architektur ist nicht domestiziert. Sie bewegt sich im städtischen Raum wie ein schwarzer Panther im Dschungel." Natürlich bewegen sich diese Häuser nie aus eigener Kraft, wenngleich sie zuweilen wie gewaltige landwirtschaftliche Nutzmaschinen aussehen. Die Bewegung entsteht durch die Vielzahl von dezentralen Blick- und Fluchtpunkten, durch kontrastreiche Lichtführung und Wegebeziehungen, die den Benutzer das Gebäude nicht statisch, sondern szenisch erleben lassen.

Bei aller Emphase ist Coops Blick auf die Stadt unromantisch, ja fast hyperrealistisch. Sie sehen Metropolen als Naturereignisse, deren Entwicklungsdynamik nicht mehr mit Stadtplanungskonzepten des neunzehnten Jahrhunderts beizukommen ist. „Die gesamte Postmoderne, von der Berliner IBA bis hin zu New York, spricht wieder von der ‚Schließung‘ freier Flächen", ärgern sich Prix und Swiczinsky. Dabei sehen sie gerade im Mangel an Offenheit und Transparenz heutiger Bau- und Stadtstrukturen den Grund für die Unwirtlichkeit der Städte. Nicht die Verkehrsfluten oder die Kommunikationsströme sind schuld am Chaos, sondern Bauten, die die Bewegung und Vermischung blockieren. Und wenn der städtische Fluß ins Stocken gerät – Beispiele dafür liefern gleichermaßen der historisch-monumentale wie modern-monofunktionale Städtebau –, dann folgt der räumlichen schnell die soziale Segregation, an deren Ende die Idealstadt der Wenigen dem Slum der Vielen gegenübersteht.

„Architektur muß brennen" – „Architektur ist Knochen im Fleisch der Stadt" – „Je härter die Zeiten, um so härter die Architektur". Coop Himmelblaus bissige Kurzmanifeste kursieren schon lange als Flaschenpost durch die Architekturseminare. Oft taucht darin das Wort „Trostlosigkeit" auf. 1978 schrieben sie: „Architektur gewinnt Bedeutung durch den Grad der Verwahrlosung, der durch Besitzergreifung entsteht. Und Kraft aus der umgebenden Trostlosigkeit. Alles, was gefällt, ist schlecht. Gut ist, was akzeptiert werden muß." Und ein Jahr später gab es noch eine Steigerung, die fast das Format expressionistischer Lyrik von Heym oder Benn hat: „Wenn es eine Poesie der Trostlosigkeit gibt, so ist es die Ästhetik der Architektur. Die Architektur des plötzlichen Sterbens auf Beton, des von der Lenksäule durchbrochenen Brustkorbes, des Schußkanals im Kopf des Dealers in der 42. Straße."

Die Hexenküche dieser Baubrutalos liegt zentral im 1. Wiener Bezirk, direkt gegenüber dem „Ronacher"-Theater, für dessen Umbau Coop Himmelblau zwar ausgelobt, aber noch lange nicht beauftragt wurden. Große, hohe Räume voller Chaos. Die Fensterscheiben sind blind vor Schmutz. Es wird gebaut.

Ein Durchbruch in die Nachbarwohnung soll das Atelier erweitern. Zudem eröffnete das Team kürzlich ein zweites Büro in Los Angeles; am dortigen South California Institute of Architecture hat Prix auch einen Lehrauftrag. Im Wiener Büro hängen winzige Entwurfsmodelle an den Wänden. Sie sind wie Insekten in Glaskästen aufgespießt und haben tatsächlich Beine und Fühler wie Heuschrecken. Manche Häuser wirken sehr formalistisch und zufällig, richtige „Mikado-Architektur", wie der Architekt Gustav Peichl meinte – ein Vorwurf, den Prix und Swiczinsky um keinen Preis auf sich sitzen lassen wollen. Ihre Entwürfe entstehen als blitzschnelle Würfe. Es sind intuitive Freihandzeichnungen, die sie bisweilen sogar mit geschlossenen Augen anfertigen – Baupläne als miniaturisierte Körpersprache, als Psychophysiogramm. Das ist bei Coop Himmelblau allerdings kein höherer Dilettantismus, sondern besitzt eine eigene Logik mit gleich doppeltem Vorteil. Denn durch das halbbewußte Skizzieren gelingt es den Architekten, die eigene Vernunft zu überlisten. „Wir wollen damit alle Sachzwänge der Bauaufgabe ausschließen und gleichzeitig Elemente einfließen lassen, die mehr sind als bloß Architektur." Ihre Raumplanungen sollen ein authentischer „Schnitt durchs Leben" sein – Vivisektion statt Leichenschau. Das schlimmste Vergehen ihrer Berufskollegen sehen Coop Himmelblau im „vorauseilenden Gehorsam". Architekten würden zu vieles unversucht lassen, weil es angeblich nicht konstruierbar ist oder dem Geschmack des Auftraggebers zuwiderläuft.

„Unsere Arbeiten sollen so autonom bleiben wie Musik". Vielleicht sogar mit Recht fordern sie, das Publikum dürfe dem Planer genausowenig hereinreden wie einem Instrumentalisten auf der Bühne. Mit surrealistischem Urvertrauen setzen sie auf die Logik des Zufalls, der oft den Schrecken einer Unfalls- oder Katastrophenästhetik ausstrahlt. Kein Wunder: Als künstlerische Freiheit, wie so oft in Österreich, gilt bekanntlich radikaler Freudianismus. Zur Avantgarde zählt, wer, wie die Happening-Veteranen Nitsch und Mühl, auch ästhetisch gleichsam die Sau rausläßt.

Coops architektonische Traumdeutung hat allerdings auch einen nüchternen Grund. Der englische Architekt und Coop-Förderer Peter Cook beschrieb einmal die kreative Wiener Weltfremdheit als „Gedankenimplosion". Wien sei vom Bauboom und den planerischen Banalitäten der Nachkriegszeit weitgehend verschont geblieben: „Deshalb konnten die Architekten völlig von der Realität abstrahieren und über Himmel und Hölle diskutieren", so Cook.

Der Raum-Aleatorik von Prix und Swiczinsky liegt allerdings ein klares gestalterisches Konzept zugrunde: Grundriß gleich Aufriß gleich Schnitt gleich Perspektive gleich Detail. Das heißt, daß sich die horizontale Gliederung des Baus in seiner Vertikalen spiegelt, und, fast wie Rubiks Zauberwürfel, von oben, von unten, und von der Seite gleichermaßen zusammenhängende Strukturen aufweist. Das Ergebnis ist reine Überkomplexität, eine „Polyvalenz der Motive" (Prix), die jüngst beim Ausbau eines alten Dachstuhls für eine Wiener Anwaltskanzlei bizarre Gestalt annahm.

Mitten in der Wiener Dachlandschaft haben sie eine Zone der Verwüstung angerichtet. Die Dachhaut eines mächtigen Eckgebäudes ist aufgeplatzt, Stahlträger stoßen weit in die Straßenschlucht herunter, Glasschotten quellen aus der Öffnung. Die Architekten vergleichen ihr Explosionsgebilde mit einem Formel-I-Rennwagen, der mit Höchstgeschwindigkeit in der Kurve liegt. „Wir haben die Statik so ausgereizt, daß der Dachstuhl aus der Bahn flöge, wenn wir nur noch ein einziges Zusatzelement hineinkonstruiert hätten."

Der Anblick wäre tatsächlich nervenaufreibend, wenn man in der luftigen Höhe nicht genauestens die Kräfte ablesen könnte, die diese zeltartig abgedeckte Öffnung in Spannung und damit im Gleichgewicht halten. Der Augenschein eines willkürlich zerfetzten Gestänges trügt. Die fragmentarisierte zweite Haut über dem Wohnhaus ist reinster Konstruktivismus: Vektorenbündel sichtbar gewordener Zug- und Druck-Verhältnisse.

Kein normaler Auftraggeber würde sich so etwas freiwillig hinstellen. Zuweilen scheinen Coop Himmelblau tatsächlich ihre Bauherren auszutricksen. „Wenn jemand von uns etwas gebaut haben will, muß er uns völlig freie Hand lassen, sonst nehmen wir den Auftrag nicht an." Der Wiener Werbegrafiker Erich Baumann beispielsweise durfte wochenlang sein Ladengeschäft nicht betreten, bis die Architekten ihr Werk vollendet hatten. Sein Atelier hat seitdem Züge einer Folterkammer. Einen der drei Eingänge verbarrikadierten Coop Himmelblau mit Eisenplatten, die wie ein herunterstürzendes Dach aussehen. Als zweite Ebene zogen sie eine eiserne Hängebrücke ein, die bei jedem Schritt wie ein Spinnennetz vibriert und dennoch stabil ist. Und um nach oben zu kommen, muß der Besitzer neuerdings erst einmal auf die Straße treten. Denn die Treppe, eine mobile Zugbrücke, liegt derart verquer im Atelier, daß sie nur vom Nebeneingang zugänglich ist.

Das größte Wunder ist jedoch, daß der Besitzer schwärmt: „Die extreme Differenzierung macht das Büro scheinbar doppelt so groß. Die Himmelblaus wollten mich anfangs mit diesem Entwurf dafür strafen, daß ich ihre Pläne so häßlich fand." Er könne sich jetzt kein Ambiente mehr vorstellen, das ähnlich „stimulierend und aufregend" wäre. Um seine Lust an nervöser Reizung vollends zu stillen, haben ihn Coop für das nächste Projekt prophezeit: „Der bekommt dann direkt über seinen Arbeitsplatz eine Eisentraverse eingebaut, damit er sich das Hirn stößt." Bauherr und Planer sind übrigens seit dem Umbau des Ateliers enge Freunde. Der Run auf Coop-Bauten setzt jetzt erst richtig ein. Kürzlich bestellte ein in New York lebender Psychiater, ein Wiener Emigrant von 1938, sogar ein Projekt aus dem Katalog: das viel publizierte „offene Haus". Er will es jetzt in Kalifornien errichten. Diesen architektonischen Torpedokäfer aus kollabierenden Wänden und schiefen Ebenen bezeichnen die Architekten als Essenz ihres Denkens: „Wir hoffen, daß selbstbewußte Formen und freie Nutzungen auch Auswirkungen auf die Kreativität der Bewohner haben." Mit dem Bauherrn haben sie vereinbart, daß er zunächst einmal dort einzieht und dann erst genauer angibt, in welchem Teil des Hauses er das Wohn- oder Schlafzimmer haben möchte.

Prix und Swiczinsky wollen die Bewegung, die im Haus stattfindet, auch am Gebäude selbst darstellen. Für den Umbau
des „Ronacher"-Theaters fanden sie eine schlagende Lösung.
„Während bei herkömmlichen Theatern nur etwa ein Sechstel
des Raumes öffentlich zugänglich ist, haben wir das Verhältnis
umgedreht: Bei uns stehen fünf Sechstel dem Publikum offen." Das Haus soll sechzehn verschiedene Spielstätten bekommen, von der herkömmlichen Guckkasten-Bühne bis
zum Open-Air-Theater auf dem Dach. Statt den Bau mit
einem herkömmlichen Deckel zu schließen, entwarfen sie
eine dynamische Dachlandschaft, die ebenso an einen Vogel
wie einen Doppeldecker erinnert. Der Entwurf, falls die Stadt
ihn realisiert, hat beste Voraussetzungen, zu einem Wiener
Centre Pompidou zu werden.
Coop Himmelblau bauen auf Biegen und Brechen. Anders als
viele ihrer „dekonstruktivistischen" Mitstreiter sind sie Praktiker
ohne theoretisches Konzept. Grundlegende Analysen wie etwa
Jacques Derridas Aufsatz „Am Nullpunkt der Verrücktheit –
Jetzt die Architektur", den der französische Philosoph 1986
über den Pariser Stadtpark La Villette des „dekonstruktivistischen" Architekten Bernard Tschumi geschrieben hat, kennen
Prix und Swiczinsky nur vom Hörensagen. Nur auf einer Stufe
der Entwurfsarbeit sind die beiden Wiener Aktivisten noch auf
fremde Hilfe angewiesen. Weil ihnen als Studienabbrechern
der Amtstitel „Architekt" verwehrt ist, müssen sie jeden Bau
erst einem staatlich anerkannten Kollegen vorlegen.

Revolution auf dem Zeichenbrett
Die irakische Architektin Zaha M. Hadid

Ein Wirbelwind in schwarzer Seide. Zaha Hadid rauscht in ihr
Londoner Atelier wie eine Schauspielerin zwischen den Pro-
ben. Mit ihren wehenden Umhängen und ihren Funkelblicken
könnte sie fast eine orientalische Prinzessin abgeben. Doch

Prinzessinnen greifen nicht frühmorgens zum Telefon und beleidigen erst recht keine Beamten.

„Diese Idioten!" schimpft der Wirbelwind und knallt den Hörer auf die Gabel. Morgen muß sie nach Wien, doch die Österreicher haben ihr immer noch kein Visum erteilt. „Die sind schlimmer als die Deutschen", zürnt die schwarzäugige Diva. Denn auch bei jedem Berlinbesuch muß sie Verhöre über sich ergehen lassen: „Man glaubt mir nicht, daß ich Architektin bin und bloß zu meinem Bauplatz fahre."

Die Phantasie eines Grenzbeamten mag tatsächlich überfordert sein, wenn Zaha Hadid anreist. Ihr Paß weist sie als 1950 in Bagdad geborene Irakerin aus, die libanesischen Stempel rühren von ihrem Mathematikstudium in Beirut her, und ihr Wohnsitz ist London. Vollends für Mißtrauen müssen die Zeichnungen in ihrem Gepäck sorgen, die scheinbar Szenen eines Bürgerkriegs festhalten: zerstörte Häuser, explodierende Städte, Sprengstoff-Studien wie unter Zeitlupe. Obwohl Zaha Hadid vor sechzehn Jahren ihrer Heimat den Rücken gekehrt hat, erfährt sie bei jedem Grenzübertritt die Krise im Nahen Osten hautnah.

Solch alltägliche Hindernisse nimmt die Architektin längst gelassen hin. Die größten Schwierigkeiten bereiten ihr immer noch die Standeskollegen. Ihr internationaler Durchbruch beim Wettbewerb zur Bebauung des Hongkong Peak 1982, dem Felsmassiv hoch über der Kronkolonie, hing an einem seidenen Faden. Als die Außenseiterin Zaha Hadid ihren Beitrag einreichte, drohten einige Jury-Mitglieder mit Ausstieg, falls solche Projekte überhaupt zur Kenntnis genommen würden. Nur das massive Plädoyer des Japaners Arata Isozaki konnte die streikenden Juroren von der „einzigartigen Ausdruckskraft und strengen Logik" (Isozaki) des Hadid-Entwurfs überzeugen.

Die Planung war allerdings selbst für die fortschrittliche Kronkolonie eine Zumutung. Man stelle sich vor, jemand hätte in einem ähnlichen Wettbewerb für die Neugestaltung des Eiffelturms vorgeschlagen, dessen Spitze abzuschneiden und schräg wieder aufzusetzen. Hongkongs Wahrzeichen, das

Zaha M. Hadid

Bergmassiv des Peak, wäre durch Zaha Hadids Eingriff nicht minder verfremdet worden. Sie schuf ein Gebäude wie einen Weltraumsatelliten. Als Gegensatz zur vertikalen Bebauung der Downtown schnitt die irakische Architektin horizontale Kerben hoch oben in den Fels und setzte weitgespannte Wohndecks hinein.

Die Mischung aus künstlicher Geologie und Raketendesign versetzte nicht nur die Preisrichter in Schrecken: „Ich konnte es erst gar nicht glauben", erinnert sich Zaha Hadid, „daß aus meiner Hinterhaus-Spielerei ein richtiges Bauwerk werden sollte." Doch dann machte ihr die Politik einen Strich durch die Rechnung: Margaret Thatcher fuhr kurze Zeit später nach Hongkong, um über die Rückgabe des Stadtstaates an China 1997 zu verhandeln. Der gesamte Immobilienmarkt stagniert seitdem, das Peak-Projekt wird wohl nie mehr gebaut.

Vor drei Jahren hat sich Zaha Hadid mit dem Preisgeld aus Hongkong ein Büro im etwas verwahrlosten Londoner Stadtteil Clerkenwell eingerichtet. Sie residiert an der Bowling Green Lane in einem viktorianischen Ziegelbau, der von außen kaum erkennen läßt, daß hinter dem robusten Gemäuer eine kleine architektonische Revolution stattfindet.

In der ehemaligen Turnhalle im ersten Stock hat Zaha Hadid ihre Zeichenbretter aufgestellt. Dort arbeitet sie rund um die Uhr mit einer Handvoll frisch diplomierter Architekturstudenten aus aller Welt, die aus Begeisterung für die Projekte der Irakerin für einige Monate nach London gekommen sind. Einer von ihnen, der Amerikaner Michael Wolfson, hat sich bereits fest in London niedergelassen: „Es gibt nirgendwo ein Büro, das so neu und radikal denkt."

In dem schmucklosen Oberlichtsaal mit Bahnhofsatmosphäre stapeln sich Modelle und großformatige Wandgemälde, die wie eine Mischung aus Kandinsky und Satellitenfotos aussehen und auf das ungeübte Auge wie Rauschdrogen wirken. Normalerweise beginnen Architekten ihre Laufbahn mit dem Entwerfen von Küchenfenstern oder Garagen. Zaha Hadid dagegen hat von Anfang an eine vollständige neue Welt geschaffen – wenn auch, bislang, nur auf dem Papier. Ihr Eigensinn

geht bis zur Dickköpfigkeit, nicht gerade eine gute Voraussetzung, um Bauherren anzulocken: „Ich warte, bis jemand kommt, der ohne Kompromisse meine Häuser bauen will."
Das lange Warten zahlt sich allmählich aus: Im Jahr 1986 gaben kurz nacheinander Geschäftsleute aus Berlin und Tokio bei Zaha Hadid Häuser in Auftrag. Auch für die Internationale Bauausstellung in Berlin soll die Irakerin bauen – einen Wohnblock in Form eines liegenden Beils, dessen siebenstöckige „Klinge" eines der wenigen Hochhäuser der gesamten Bauausstellung ist.

Mit dem Kopf ist die Tochter eines wohlhabenden irakischen Managers, der ehemals auch Führer der Demokratischen Partei im Irak war, bereits ins dritte Jahrtausend vorgestoßen, mit den Füßen steht sie auf der russischen Tradition der Frühmoderne von 1910. Kein Wunder, daß sie für die achtziger Jahre nur wenig schmeichelhafte Worte findet. Unter einer Wolke von Zigarettenqualm legt die Kettenraucherin die gegenwärtige Architektur in Schutt und Asche: „In Europa herrscht kulturell eine völlige Flaute; wir glorifizieren nur noch die Vergangenheit; unsere Städte werden immer provinzieller; die gesamte Postmoderne ist intellektuell eine Katastrophe."
Die füllige Planerin raucht so hastig, wie sie spricht, und wirft dabei die Haare umher, als sei sie zu lange Kettenkarussell gefahren. Auch für die internationale Bauprominenz kennt sie kein Pardon: „Richard Meiers Häuser sehen immer wie riesige Badezimmer aus." Dem Spanier Ricardo Bofill bescheinigt sie einen „sozialistischen Realismus wie unter Stalin". Die Aushängeschilder der neueren britischen Architektur, Norman Foster und Richard Rogers, nennt sie schlicht „High-Tech-Romantiker".
Beim High-Tech-Thema zeigt Zaha Hadid auch politisch die Zähne. Die neue Mode der Gitter- und Röhren-Ästhetik hält sie bloß für eine Renaissance des sich zeitlos gebenden Technik-Überschwangs der sechziger Jahre. Daß solcher Glitzerschmuck heute weltweit als Ausweg aus der bunten Bilderbuchwelt der „Postmoderne" gepriesen wird, nennt die Planerin „verlogen". Die neuen Schaltzentralen der dritten industri-

ellen Revolution – Elektronik- und Nuklearkonzerne, Banken und Versicherungen – kleiden sich mit Vorliebe in das romantisierende Glitzergewand von Raffinerien und Stahlwerken, obwohl diese alten Industrien in der Wirklichkeit allmählich aussterben. Von solcherart versöhnlichem Bildervorrat beim Bauen will Zaha Hadid nichts wissen: „Das sind doch nur Ablenkungsmanöver."

Nach solchen Ausbrüchen verfällt Zaha Hadid in Schweigen, bei dem sie durch ihre Gesprächspartner wie durch Glas hindurchschaut. Dann bleibt ihr Blick zwischen Himmel und Erde hängen, als ob etwas in der Luft läge – die Rettung vielleicht? „Es ist höchste Zeit, daß wir wieder etwas riskieren."

Das Risiko, das Zaha Hadid meint, ist unabschätzbar. Ihre Pläne sind hochtrabend, ihre Weltsicht gleicht dem Blickwinkel der Sonde „Lunar orbiter II", die im August 1966 zum ersten Mal die Erde vom Mond aus fotografierte. Diese außerirdische Vogelperspektive hat sich Zaha Hadid zu ihrem imaginären Feldherrnhügel gemacht. Von dort entwirft sie Szenen wie ein Kartograph. Die Erdoberfläche gerät ihr dabei stets in derart bedenkliche Schräglagen, als wolle sie die natürliche Neigung der Erdachse körperlich nachempfinden. Ihre kunstvoll kolorierten Tableaus sind deutlich von islamischer Kalligraphie und Ornamentik geprägt, jener historischer Formensprache, deren religiös motivierte Bilder- und Symbolfeindlichkeit wahre Wunderwerke an geometrisch-abstrahierenden Emblemen erzeugt hat. Zaha Hadids Arbeiten haben mehr Ähnlichkeit mit Weltraumfotos oder Landkarten, die keine Perspektivik, sondern nur Oberfläche besitzen. Doch gleichzeitig erheben sich darauf Baukörper, die lange Schatten wie unter Neonlicht werfen. Flachdächer schweben über den Häusern, als würden sie von einer Druckwelle emporgeschleudert; Wandschotten fliegen umher wie interstellares Treibgut. Die Tiefe dieser Landschaften ist bodenlos; die dritte Dimension hat keinen zentralen Fluchtpunkt mehr; Parallelen schneiden sich hier tatsächlich erst im Unendlichen.

Das ist die zu Beginn der Moderne wiederentdeckte Darstellungsweise der Doppelperspektive, der Axonometrie, die den

Raum nicht mit perspektivischen Verzerrungen begrenzt – was
ja nur eine Illusion des sphärisch konstruierten Sehapparates
ist – sondern endlos öffnet. Chinesische und japanische Maler
des Mittelalters, die ihre Landschaften wie von einem hohen
Berg herunter betrachteten, frönten ebenfalls diesem über-
menschlichen Blick: Sie stellten nicht dar, was ihnen der bloße
Augenschein der äußeren Anschauung lieferte, sondern das,
was sie intellektuell wußten.

Auf ähnliche Weise hatte Kandinsky 1910 gefordert, „die Natur nicht als äußerliche Erscheinung darzustellen, sondern als
innere Impression", die er auch „Expression" nannte. Obwohl
radikal individualistisch bis destruktiv, haben Zaha Hadids
Arbeiten ihren festen Bezugspunkt in der Geschichte der Moderne.

Die Architektin kann zwar stundenlang über die drei großen
Kunstetappen dieses Jahrhunderts fachsimpeln, die sie in- und
auswendig kennt: Befreiung vom Realismus der Farbe durch
die Expressionisten und die Fauves; dann die Loslösung vom
Realismus der Naturformen durch die Kubisten und schließlich der Übergang vom Gegenstands- zum Gestaltlosen durch
die „art informel" nach dem Zweiten Weltkrieg. Doch für sich
selber hat Zaha Hadid die geometrisch-konstruktivistische
Kunst und den Futurismus zum Ideal erkoren. Solche Entwürfe
machen schwindelig. Sie ziehen dem Betrachter den Boden
unter den Füßen weg. Darin gleichen sie den Kugelkinos auf
Jahrmärkten mit ihren Riesenleinwänden, die jeden äußern
Orientierungspunkt aus dem Blickfeld drängen. Verblüffen-
derweise haben Zaha Hadids Architekturzeichnungen tatsächlich mit Kinofilmen etwas gemeinsam: die vierte Dimension von Zeit und Bewegung.

Ungestüm fliegen ganze Meteoritenschauer aus Bauteilen
durch ihre Bilder, daß man meinen könnte, die Befreiung der
Menschheit hänge vom Sieg über die Schwerkraft ab. Um die
Gravitation visuell zu überlisten, nutzt die Planerin gleich
zweierlei Kräfte: die Explosionsenergie der Bauteile, die ins
nachtschwarze All herausgeschleudert werden; gleichzeitig
völlig exzentrische Schrägperspektiven, so daß der sich bewe-

gende Beobachter – Einstein sei dank – die Landschaften wie im Sturzflug an sich vorbeirasen sieht.

„Natürlich weiß ich, daß meine Häuser nicht fliegen können", räumt Zaha Hadid ein. „Doch ich glaube fest daran – bis ich meine Ingenieure treffe." Die stammen bei ihr immerhin aus dem Büro des jüngst verstorbenen Ove Arup und zählen zu den einflußreichsten Bautechnikern der Gegenwart. Konstruktive Hindernisse sieht die Architektin nicht.: „Meine Häuser sind einfacher zu bauen als jede Autobahnbrücke." Doch praktische Ingenieursvernunft ist bei den großflächigen Raumstudien fehl am Platz. Hier geht es – zunächst – ausschließlich um Theorie.

Seitdem sie 1977 ihr zweites Studium an der renommierten Architectural Association School in London abschloß, der größten und einflußreichsten britischen Bauschule, hat Zaha Hadid vor allem gezeichnet. Dennoch sieht sie sich keinesfalls als Kunstmalerin. „Ich will nicht bloß hübsche Bildchen machen, sondern bauen." Die Arbeit am Zeichentisch ist für sie reine Forschung: „Wir müssen die Moderne wiederentdecken".

Das unterscheidet die ungestüme Irakerin von der Mehrzahl ihrer Kollegen. Längst vorbei sind die Zeiten, als Architekten noch sozial-utopisch dachten und mit neuen Häusern neue Lebensformen schaffen wollten. Nicht einmal mehr an die Wohlfahrtsideologie der Nachkriegszeit wollen sich die Planer heute erinnern; die meisten von ihnen interessieren sich nur noch für Einzelentwürfe. In Wettbewerben für schöne Hochhäuser oder Museen erfinden sie elegante Miniaturen. Doch Raumplanung und Stadtgestaltung im großen Maßstab sind eine vergessene Kunst.

In Zaha Hadids Londoner Büro steht eine Regalwand voller Pionierliteratur: Malewitsch, Leonidov, Wesnin, El Lissitzky – der ganze Suprematismus und Konstruktivismus der russischen Avantgarde. Diese explosiven Weltentwürfe aus der Revolutionszeit in Rußland hat sich Zaha Hadid wie wenige andere Architekten zu eigen gemacht. „All diese Experimente wurden abgebrochen. Man muß sie in wirklich gebaute Architektur umsetzen."

Der Plan klänge gut, wenn er nicht völlig verrückt wäre. Der Versuch, die „Prounen" von El Lissitzky oder die „Architektons" von Malewitsch in Bauwerke umzusetzen, scheint heute genauso unausführbar wie damals. Dieser letzte große „Stil" der Moderne schuf Bilder und Plastiken als architektonische Vorstudien, die die technischen Umwälzungen der Jahrhundertwende künstlerisch zu fassen versuchten. Die imaginären Planetensysteme dieser Zeichnungen sollten anschauliche Gegenwerte zu Erfahrungen darstellen, die sich der Sinneswahrnehmung entziehen: elektrische Spannung, radioaktive Strahlung, magnetische Kraftfelder.

Solche Grundlagen des technisierten Lebens waren zu Beginn dieses Jahrhunderts noch faszinierend genug, daß Künstler sie erforschen wollten. So schwärmte Kandinsky 1910 von der „Theorie der Elektronen, das heißt der bewegten Elektrizität": mit ihr könne die Wissenschaft „kühn an den von dem Menschen gestellten Pfeilern rütteln und die Materie, auf welcher noch gestern alles ruhte und das Weltall gestützt wurde, in Zweifel stellen". Der Preis dieser Neugierde, die sich in Bildstudien niederschlug, war die völlige Gegenstandslosigkeit der Bilder: Das neuentdeckte Phänomen der Bewegungsenergie ließ sich bildlich nur in völlig hypothetischen Entwürfen darstellen. Lange vor der ersten Kernspaltung ließen die Russen stellvertretend geometrische Körper auf dem Papier zerspringen.

Zaha Hadid teilt diese Sucht nach dem simulierten Urknall: „Man muß die Dinge in ihrem Kraftzentrum packen, dann explodieren sie von allein." Ihr Entwurf für das Haus des irischen Premierministers in Dublin von 1979 wirkt denn auch wie eine Kollision zweier Häuser auf der Überholspur: ein rechteckiger ummauerter Gartenhof, in dem sich der spitze Winkel der Empfangshalle bohrt und in Nebengebäude zersplittert. Doch kein Schock-Szenario ist heute verwegen genug, daß es die frühen Russen nicht längst schon übertroffen hätten. So forderte der russische Dichter Welimir Chlebnikow schon 1914 ein Haus, das wie ein Spacelab um den Erdball reisen sollte. Der Bildhauer Alexander Rodschenko predigte seit

1920, die Welt nur noch von oben, von der „Aufsicht" zu betrachten. Seine Gebäude sollten wie umgekehrte Pyramiden auf Zehenspitzen im Raum stehen, damit man sich „der Häuser von oben und innen, nicht von unten, wie früher, erfreuen kann".

Die Lösung für diesen kühnen Griff nach den Sternen hatte der Suprematist Kasimir Malewitsch ausgegeben: „Den Raum können wir nur dann empfinden, wenn wir uns von der Erde losreißen, wenn der Stützpunkt verschwindet".

Häuser ohne Stützpunkte gibt es freilich nur auf dem Papier. In Stahl, Glas oder Beton werden diese Satelliten reichlich flügellahm. So muß sich auch Zaha Hadid immer wieder den Vorwurf gefallen lassen, ihre Entwürfe seien allenfalls Wandschmuck für Galeristen. Spötter vergleichen den Tiefensog ihrer aeronautischen Entwürfe gar mit dem Illusionismus von Videospielen auf dem Computerschirm. Zaha Hadid rechtfertigt diese Phantastik: „Ich denke in Extremen, um die Last der traditionellen Bauästhetik abzulegen".

Damit steht sie nicht allein. Einer von Zaha Hadids engagiertesten Fürsprechern ist Alvin Boyarski. Der Leiter der Architectural Association School in London gibt sich gern unkonventionell und schockt seine Besucher zuweilen durch brüske Gesten. Mitten im Gespräch setzt er sich rittlings auf seinen Stuhl und redet an die Wand, um zu demonstrieren, daß die abendländischen Konventionen von Form und Verhalten nicht der Gipfel der Schöpfung sind.

Über seine ehemalige Studentin Zaha Hadid gerät er stets ins Schwärmen, nicht zuletzt, weil sie seit 1979 in seinem Institut selber lehrt. „Zaha hat sich jahrelang mit allen erdenklichen Raumkonzeptionen der Moderne auseinandergesetzt", sagt Boyarski. „Ihre Zeichnungen sind wissenschaftliche Experimente, Grundlagenforschung für eine neue Architektur."

Für Neues hat Boyarskis Institut ein besonders Gespür: Von der Archigram-Gruppe in den sechziger Jahren bis hin zu Rem Koolhaas' Stadtvisionen entstanden hier zahlreiche radikale Strömungen der neueren europäischen Architektur. Zaha Hadid, die dort bei so gegensätzlichen Lehrern wie dem

Historisten Leon Krier und dem „Futuristen" Rem Koolhaas studiert hat, tritt dieses Erbe jetzt an.

Alvin Boyarski formuliert dazu ein zweischneidiges Lob: „Zaha hat eine unglaubliche Chance, weil sie durch ihre Auswanderung heimatlos und völlig entwurzelt ist. Nur deshalb kann sie ihre Baukörper derart messerscharf planen. Ihre Architektur ist anti-klassizistisch, fragmentiert und ohne Zentrum – der radikale Gegenpol zur Sehnsucht der Postmoderne nach Kontext, Einbindung und Tradition."

Für Zaha Hadids Studenten ist diese Art von Radikalität äußerst mühsam. In jedem Semester müssen sie praktische Studienarbeiten vorlegen: nicht bloß Einzelbauten, sondern komplette Raumplanungen. Im vergangenen Jahr sanierten sie übungshalber die Londoner „Docklands", ein heruntergekommenes Hafengebiet, das zu den großen englischen Bauaufgaben der kommenden Jahrzehnte zählt.

Die Bewertung der Studienarbeiten wird jedesmal zu einem kleinen Tribunal. Vor den Augen der Jury – diesmal Alvin Boyarski, Zaha Hadid, Rem Koolhaas und der Australier Peter Wilson – absolvieren die Jungarchitekten nicht nur eine Kreativitäts-, sondern auch eine Streßprobe. Jeder der Probanden muß binnen zwanzig Minuten sein Projekt darstellen und analysieren. Schwer beladen mit riesigen Entwurfszeichnungen und Arbeitsmodellen ziehen die Kandidaten in den Prüfungsraum. Eine amerikanische Studentin legt atemlos ihre Vision dar: Sie will die Uferstreifen wie den nächtlichen Sternenhimmel über London gestalten; die in den Boden versenkten Lichtquellen sollen wie ein miniaturisiertes Spiegelbild der Tierkreiszeichen leuchten.

Für solche Spielereien zeigt Zaha Hadid jedoch wenig Sinn: „Ich will nicht wissen, was am Himmel passiert, ich will wissen, was du auf dem Boden machst." Mit rotem Kopf verläßt die Studentin den Saal. Ähnlich schlechte Karten hat ein junger Holländer, der die Docklands ganz in der Manier von Zaha Hadid mit dynamisch-geometrischen Baukörpern überzieht. Doch die Rechenschaft, warum er an bestimmten Punkten spitzwinklige und an anderen elliptische Gebäude baut, bleibt der Student schuldig. Die Jury schüttelt einmütig den Kopf.

Solcher Manierismus grassiert nicht nur im Kreis der progressiven Londoner Bauschüler. Ob an der Frankfurter Städelschule oder im Wiener Planungsbüro der „Coop Himmelblau" – die neue Welle im Architekturdesign hinterläßt überall auf den Zeichenbrettern eine Zone der Verwüstung. Diese Glasbruch-Architektur schafft babylonische Türme, fragile Hängekonstruktionen, aus dem Lot geratene Städte voller Karambolagen.

Doch Zaha Hadid will ihre Arbeit nur ungern mit diesen umgekippten Puzzlebrettern vergleichen: „Es geht nicht darum, Aufgeregtheiten um jeden Preis zu erzeugen." Das Wichtigste sei nicht der grotesk verzerrte Baukörper, sondern „die Leere und Offenheit zwischen den Fragmenten". Darin zeigt sie sich ganz in der Tradition ihres großen Vorbildes Mies van der Rohe, der sich in seiner Frühphase stark an den durchsichtigen Raumkompositionen der russischen Suprematisten und deren Sehnsucht nach Unendlichkeit orientierte.

Dieses unmoderne Motiv der Entgrenzung und Dynamisierung des Raumes findet immer mehr Mitstreiter. Das angesehene englische Fachblatt „Architectural Review" rief kürzlich sogar eine neue Epoche aus: „Es passiert etwas. Etwas Neues. Nach der unerbittlichen Verknöcherung der Postmoderne kommt Aufruhr in die Szene. Es ist wie ein erster Frühlingshauch nach langer Winternacht, ein Zeichen der Hoffnung." Dem neuen Klima der Post-Punk- und New-Wave-Ära in der Architektur verpaßte die Zeitschrift gleich den wohlklingenden Namen: „New Spirit".

Eine Aufzählung dieser „New Spirit"-Newcomer wird nur deshalb nicht zum name-dropping, weil bislang kaum jemand die neuen Heroen kennt: der Südafrikaner Stanley Saitowitz, der Engländer William Alsop, der Pole Daniel Libeskind, die beiden Wiener Prix und Swiczinsky alias „Coop Himmelblau", der Schweizer Bernard Tschumi und daneben geläufigere Namen wie Frank Gehry, Rem Koolhaas, Peter Cook oder Günther Domenig.

Diese neuen Radikalen eint zweierlei. Sie haben meist einen engen Bezug zur Kulturachse London-Wien; und sie werfen allesamt die symbolischen Sinnvorräte über Bord, jenen Bedeutungskanon an Bauformen, durch den die Architektur seit der Antike zur obersten Verkörperung gesellschaftlicher Ordnungsvorstellungen werden konnte. Die Kultur der Moderne, die große humanistische Aufbruchsstimmung der Aufklärung und Technisierung, scheint diesen Vertretern der radikalen Architekturcollage genauso gefährdet wie die vorangegangenen traditionellen Lebensformen, denen die Moderne den Garaus gemacht hatte. Angesichts einer destabilisierten Technik und inmitten von Stadtstrukturen ohne Zentrum wollen sie neue Raumerlebnisse schaffen, die ähnlich fließend, grenzenlos und disparat sind wie die neue Computerkultur. Doch viele dieser „New Spirits" konnten bislang nur im kleinen Maßstab arbeiten und Interieurs entwerfen, weil die Bauherren noch das Risiko scheuen.

Doch auch auf kleinsten Raum läßt sich die Ahnung von Unendlichkeit erzeugen, wie Zaha Hadid es mit ihren Möbelentwürfen und Inneneinrichtungen zeigt: schräge Schiebewände, schlangenförmige Sofas, asymmetrische Möbel, die den Blick in keiner Zentralperspektive fangen, sondern ihn wie einen Billardball herumschleudern.

Im Außenraum verleitet sie ihr Credo der Offenheit und Leere sogar dazu, die Natur zu degradieren: „Ich mag keine Natur, ich versuche sie aus meinen Entwürfen herauszudrängen." Daß Städter aus Liebe zum Grün aufs Land fahren, hält sie für ein Gerücht: „Die wollen einfach ihren Blick über grenzenlose Flächen streifen lassen."

Im großen Maßstab hat Zaha Hadid fragmentarisierte Stadträume entworfen, etwa 1982 für den Technikpark La Villette in Paris, 1985 für den Londoner Trafalgar Square. Deren Gebäude und Wege sind wie ballistische Flugbahnen konzipiert, ihre unübersehbare Folge von Leer- und Zwischenräumen gibt das Bild einer haltlosen, aber selbstbewußten städtischen Zivilisation ab, die sich in keine Bauzellen mehr einkerkern lassen will.

Eine Gesellschaft, die es Mies van der Rohes „Curtain Wall"-Glasfassaden zu verdanken hat, daß nachts in den Städten tausend künstliche Sonnen scheinen, braucht auch tagsüber neue Erlebnisräume. Allen Interpreten, die ihrer vermeintlichen Katastrophen-Architektur technikkritische Züge abgewinnen, zeigt Zaha Hadid die kalte Schulter: „Wir müssen vorbereitet sein, so etwas zu bauen, wenn der heutige Konservativismus endlich von der Bildfläche verschwunden ist.

Sonnenschein im Nebelland
Der kalifornische Architekt Frank Gehry

Das große Erdbeben in Los Angeles vom Januar 1994 sorgte sogar noch auf der Berliner Museumsinsel für Verwirrung. Dort ging gerade der Jahrhundert-Bauwettbewerb zur Neuordnung der weltweit einzigartigen Sammlungen antiker Monumente seinem Ende entgegen. Da kam ein Hilferuf aus Kalifornien. Der Wettbewerbsteilnehmer Frank Gehry bat darum, seinen Neubauvorschlag ein paar Tage später einreichen zu dürfen, weil sein Atelier in Santa Monica verwüstet worden war.

Statt Mitgefühl erntete Gehry in Berliner Architektenkreisen nur Gelächter. Seine Entwürfe, so ging der Spott, sähen auch ohne Erdbeben so aus, als seien sie vom Tisch gerutscht und notdürftig wieder zusammengeklebt worden. Weil eigentlich niemand dem kalifornischen Außenseiter Bauchancen für den deutschen Louvre in Berlin einräumte, gewährte die Jury gnädig Fristverlängerung. Sie hätte es wohl nicht getan, wenn sie die Konsequenzen geahnt hätte. Denn plötzlich meldeten sich die Museumsdirektoren in der Jury zu Wort. Hartnäckig schoben sie Gehrys Umbauvorschlag ganz in die vordere Reihe. Nur knapp unterlagen sie dem Juryvotum, das einen strengen, unauffälligen Bauriegel des Italieners Giorgio Grassi zum Siegerentwurf kürte.

Daß ein Vertreter der kalifornischen Pop-Moderne bei Museumsleuten Anklang findet, deren Bauvorlieben sonst weit ins alte Mesopotamien zurückreichen, war für Gehry schon ein unerwarteter Achtungserfolg. Doch mit der bloß symbolischen Anerkennung ihres Favoriten sind die Konservatoren noch längst nicht zufrieden. Deshalb haben Wolf-Dieter Dube, Generaldirektor der Staatlichen Museen, und Dietrich Wildung, Leiter des Ägyptischen Museums, im Sommer 1995 eine umfangreiche Liste mit Änderungswünschen an den Siegerentwurf erstellt. Sie fordern, den Eingangsbereich, die Wegeführung und die Neuordnung der archäologischen Bestände so stark an Gehrys publikumswirksame Vorschläge anzugleichen, daß vom 1. Preis, wie der Ägyptologe Wildung hofft, „nichts mehr übrig bleibt". Wenn Grassi nicht Folge leistet, könnte die radikal zeitgenössische Bauskulptur des Kaliforniers – ein Baugebirge aus verrutschten Tonnen, Kuben und Brücken, bei dem Körper und Bewegung eins werden – doch noch siegen.

Nicht nur Museumsleute zeigen neuerdings eine auffällige Vorliebe für die Bauspektakel von Frank Gehry. Im Frankfurter Stadtteil Goldstein beginnt die Baugesellschaft Nassauische Heimstätte, die sonst weder Geld noch Sinn für Experimente hat, im nächsten Jahr mit dem Bau von 160 buntgewürfelten Sozialwohnungen aus dem Atelier von Gehry. In Prag sorgt gerade die größte holländische Versicherungsgesellschaft Nationale-Nederlanden für den ersten post-kommunistischen Bauskandal. An der Moldau, direkt neben dem Wohnhaus von Staatspräsident Vaclav Havel, zieht sie ein verrutschtes Büro- und Einkaufszentrum hoch, das wegen seines tanzenden Doppelturms im Volksmund bereits „Ginger und Fred" genannt wird und selbst Vaclav Havel begeistert.

In Bad Oeynhausen errichten die Elektrizitätswerke Minden-Ravensberg ein Kommunikations- und Technologie-Zentrum ganz im Stil der kalifornischen Pop-Moderne. In Birsfelden bei Basel weihte kürzlich die Möbelfabrik Vitra mit ihrer neuen Firmenzentrale bereits ihr zweites Gehry-Objekt ein. Auch Bielefeld will seine Kunsthalle von Gehry erweitern lassen. Und in Düsseldorf ist ein ganzes Hafengebiet für das wilde kalifornische Architektur-Rodeo freigeräumt worden.

Dort hat Gehry sogar eine prominente Stararchitektin ausgestochen. Bereits viereinhalb Jahre hatte die irakische Dekonstruktivistin Zaha Hadid an dem Entwurf des Düsseldorfer „Kunst- und Medienzentrum Rheinhafen" (KMR) gearbeitet, als ihr der Auftrag plötzlich entrissen und an Gehry erteilt wurde. Der Düsseldorfer Investor und Werbefachmann Thomas Rempen beteuert: „Wir haben uns alle Mühe gegeben und zehn Millionen in die Vorplanung investiert, aber der Entwurf von Zaha Hadid war einfach nicht zu halten." Erst fiel der Hauptmieter, eine große Werbeagentur aus, dann kam die Rezession. Jetzt hat er Gehry angeheuert, der als Spezialist für Bauherrenwünsche und Billigbauten das auf hundert Millionen Mark veranschlagt KMR für achtzig Millionen bauen soll. Das Projekt ist Bestandteil einer wichtigen Stadtreparatur, um die Altstadt wieder an den Rhein anzubinden. Dort entsteht neben dem Landtag von Nordrhein-Westfalen und dem neuen WDR-Funkhaus die sogenannte „Meile der Kreativen" mit dem KMR als Kernstück: zahlreiche neue Fernseh-, Radio-, Mode-, Design- und Künstlerstudios, die der Düsseldorfer Angestelltenszene zu kulturellem Glanz verhelfen sollen.

Der Streit zwischen Gehry und Hadid ist in dem sonst so solidarischen Kampfbund der internationalen Architektur-Jet-Sets ein Novum. Die „Dekonstruktivismus"-Ausstellung im Museum of Modern Art in New York 1988 hatte den Vertretern dieses neuen, wilden Baustils nachträglich Programm und Namen gegeben. Seitdem haben sich Gehry, Hadid und andere Entwerfer – etwa der Pole Daniel Libeskind, der Amerikaner Peter Eisenman oder die Österreicher Coop Himmelblau – dem gemeinsamen Vorstoß in neue architektonische Dimensionen verschworen. Jetzt kämpfen zwei der Prominentesten von ihnen erstmals untereinander um Auftrag und Geld.

„Gehry hat kein Wort mit uns geredet und diesen Auftrag einfach gekidnappt", schimpft die in London lebende Irakerin. Dem Beschuldigten ist dieser Vorgang so peinlich, daß er sich nicht weiter dazu äußern will. Klar ist nur, daß Gehry trotz seiner Erfolgswelle hierzulande im fernen Los Angeles ein Problem hat.

Dort verwirklicht er gerade seinen bisher größten Entwurf, die Walt-Disney-Concert-Hall. Es ist ein einzigartiges Architekturdrama, das einem riesigen Dreimaster mit vollen Segeln gleicht und mit Sicherheit eines Tages denselben Rang wie Jörn Utzons Sidney-Oper einnehmen wird. Aber weil der Geldfluß für das von den Disney-Erben gestiftete Musikhaus stockt, wurde jüngst die Baustelle stillgelegt. Das könnte für Gehry ähnliche Existenznöte bedeuten wie für Hadid die Düsseldorf-Pleite.

Der Düsseldorfer Streitfall zeigt überdeutlich, was Gehry bei Nutzern und Bauherren so beliebt macht: Seine Architektur ist preiswert, manchmal sogar billig und immer bedingungslos an den Wünschen der Kunden orientiert. Der Ägyptologe Dietrich Wildung von der Berliner Museumsinsel hat bei Gehrys Entwürfen dasselbe Gefühl wie bei einem idealen Kleidungsstück: „Es paßt wie angegossen." Die Elektrizitätswerker in Bad Oeynhausen, die Wohnungsbauer in Frankfurt und der Vitra-Chef in Basel finden allesamt auffallend ähnliche Lobesworte: Gehrys Architektur sei „wunderbar", „unprätentiös", „stimulierend", „wandlungsfähig". Und vor allem glauben sie, daß jeder Bau einzigartig ist und vom Architekten immer neu erfunden wird.

Das aber ist weder möglich noch wünschenswert. Der Originalitäts-Nimbus der konsequenten architektonische Regelverletzung ist bei näherer Betrachtung von Gehrys europäischen Bauplätzen unhaltbar. Der typische Gehry-Stil überzieht mittlerweile halb Europa: von Bilbao, wo derzeit eine Dependance des Guggenheim-Museums geplant wird, über das jüngst eröffnete amerikanische Kulturzentrum in Paris bis zum Bauskandal in der Prager Altstadt.

Seine Entwürfe bestehen zumeist aus der völligen Verwirbelung von Grundriß und Aufriß; die Pläne lassen nie erkennen, ob man das Gebäude von oben, von der Seite oder im Querschnitt sieht. Diesen Spuk von Simultanperspektiven und Raumdurchdringungen haben bereits die Kubisten seit Braque und Picasso ins Werk gesetzt, aber erst Architekten wie Gehry haben diese Phantasien begehbar gemacht. Gehry trennt nicht zwischen Baukonstruktion und visueller Verpackung, sondern knetet seine Baukörper wie Teigwaren durch. Auf kleinster Fläche erschafft er labyrinthische Räume, die, wie sein Pariser Kulturinstitut, den Abwechslungsreichtum eines ganzen Stadtteils entfalten. Zur Inspiration arbeitet der Selfmade-Architekt gern mit Künstlern wie Robert Rauschenberg, Jasper Johns, Claes Oldenburg und Richard Serra zusammen: „Der einzige Unterschied zwischen mir und einem Bildhauer ist, daß ich in meine Skulpturen auch ein funktionierendes Wasserklosett einbaue."

Der in Toronto geborene Sohn armer jüdisch-polnischer Immigranten begann seine Laufbahn wie sein Vater als Möbelbauer. Während seines Architekturstudiums lernte er japanische Bauideen kennen, von denen die Leichtbautradition der amerikanischen Westküste durchsetzt ist: leichte, vorgefertigte Holzkonstruktionen ohne jede Symmetrie und Axialität.

Seinen ersten Entwurf realisierte er freilich erst 1978 im Alter von fünfzig Jahren. Es war sein eigenes Wohnhaus in Los Angeles, das er mit Billigmaterialien wie Wellblech, Maschendraht und Sperrholz zu einer avantgardistischen Bruchbude aufmöbelte. Gehrys baldiger Ruhm in Amerika zeigte, daß die kulturelle Dominanz der Ostküste auch in der Architektur zu Ende ging. Seit dem Weltruhm des Pritzker-Preises 1989, der als Nobelpreis der Architektur gilt, und dem ersten europäischen Bauwerk, dem Vitra-Stuhlmuseum in Weil am Rhein, grassiert ein merkwürdiges Gehry-Fieber, das weniger die Architekten als die Klienten befällt. Seine Anpassungsfähigkeit an Nutzerwünsche ist allerdings weit entfernt von der Konfektionsware industrieller Großbaubüros.

Erst recht setzt sich Gehry vom Dünkel der europäischen Baumeister ab, die ihre Formen direkt aus dem Ideenhimmel der reinen Geometrie oder den Nachschlagwerken der Baugeschichte beziehen. Die Postmoderne und ihre Stilzitate sind ihm verhaßt. „Die Vergangenheit zu kopieren", sagt er, „wäre so, als erzählte ich meinen Kindern, daß es keine Zukunft mehr gibt." Gehry baut unmittelbar wahrnehmungsbezogen. Die nur auf dem Papier erlebbaren Abstraktionen von rechten

Winkeln und Spiegelsymmetrien setzt er erst gar nicht in Holz, Blech und Stein um. Seine Bauherren betört er mit einer Art architektonischer Seelenkunde. Er lockt aus ihnen in langen Gesprächen verborgene Wünsche heraus und schneidert ihnen Baukörper auf den Leib, die gleichermaßen Bewegungsfreiheit, Individualität und Körperwärme versprechen. Daß gerade nüchterne und strenge Leute wie Altertumswissenschaftler, Versicherungsmanager oder Unternehmer von solchen gebauten Strampelanzügen begeistert sind, zeigt nur, wie sehr sie von der Marmor-, Messing- und Modepracht heutiger Kultur- und Kommerzarchitektur erschöpft sind. Selbst Feinde solcher Improvisationsarchitektur müssen zugeben, daß Gehrys Häuser sogar in den nordeuropäischen Nebelländern einen Hauch von kalifornischer Sonne und Happiness ausstrahlen. Auch wer meint, daß soviel naiver Frohsinn weder auf die sumpfige Berliner Museumsinsel noch in die regnerische Prager Altstadt paßt, kann es zumindest mit dem Schweizer Kunsthistoriker Kurt Forster halten. Der formulierte das schönste Lob für Gehrys schwerelos fließenden Interieurs: „Wäre der Mensch in seinem Raum so zuhause wie der Fisch im Wasser, er wohnte in einem Haus von Gehry."

Bauen wie Boxen

Der japanische Architekt Tadao Ando

Wer bellt denn da so laut? Nein, es ist nicht Le Corbusier, es ist der Meister selbst. Er knurrt und schimpft im breitesten Osaka-Slang, als wäre das Atelier ein Kasernenhof. Die Morgenkonferenzen im Büro von Tadao Ando sind ein seltsames Schauspiel. Während „Le Corbusier" noch unter dem Tisch schläft und auch die zwanzig müden Jünger einige Mühe haben, den Worten des Herrn zu folgen, ist Tadao Ando schon in Hochform. Er bellt und brüllt in einem fort, aber die Ehrfurcht, mit der die Mitarbeiter in leichter Bückhaltung jedes Wort mitschreiben, läßt vermuten, daß sie nicht abgestraft, sondern erleuchtet werden. Es herrscht die Atmosphäre eines Zuchthauses in diesem schmalen Büroturm am Nordrand der City von Osaka. Andos Atelier sieht von außen tatsächlich so einladend aus wie ein Gefängnis, so daß man dreimal an dieser kalten Ecke vorbeiläuft, bis man das Erkennungszeichen neben der Eingangstür entdeckt: ein Schlupfloch in der Fassade, das der Meister eigens für „Le Corbusier", seinem kleinen Collie-Mischling, offengelassen hat.

Es gibt unter den großen Architekten dieser Welt die Hollein-Primadonnen, die menschenverachtend wie auf Wolken einherschreiten, oder die kumpelhaften wie Frank Gehry, die genauso schlampig aussehen wie ihre Häuser, oder aber die übernervösen intellektuellen Rennpferde, die wie Rem Koolhaas keine drei Sätze lang ruhig auf einem Stuhl sitzen können. Aber auf den Typus des breitnasigen Boxers, dem man lieber nicht auf Armeslänge nahekommen möchte, weil er immer so bedrohlich knurrt und so unberechenbare Ausfallbewegungen macht, trifft man nur bei Tadao Ando. Der ehemalige Berufsboxer, der sich bis hin zu einem internationalen Länderkampf in Bangkok durchgeboxt hatte, ist der Außenseiter der Architekturschickeria. Wie Adolf Loos und Mies van der Rohe hat der 1941 in Osaka geborene Autodidakt nicht auf Hochschulen, sondern im Handwerkermilieu das Bauen gelernt. Nie war er Mitarbeiter in einem fremden Büro, sondern hat gleich seine eigene Firma gegründet. Für sein kleinstes Objekt, das Azuma-Reihenhaus in Osaka, bekam Tadao Ando 1979 den größten japanischen Architekturpreis, der ihn über Nacht berühmt machte. Und obwohl er bis vor kurzem nie außerhalb Japans gebaut hat, eilt ihm weltweit der Ruf eines Zauberers voraus, der nur mit Beton und Licht die abgestorbene Architekturmoderne zu neuem Leben erweckt hat.

Vor seinem Elternhaus, so erzählt der kleine bullige Mann mit der Pilzkopf-Frisur, stand eine Holzfabrik, in der Modelle für den Metallguß hergestellt wurden. Der Fabrikdirektor zeigte ihm nach Feierabend, wie man Holzsorten unterscheidet und bearbeitet. Nach dem Schulabschluß ging Ando in eine Lehre

als Maschinentechniker. Daneben eiferte er seinem Zwillings-
bruder Takao nach, der Profi-Boxer werden wollte, und Tadao
Ando brachte es ebenfalls zur Lizenz eines Berufssportlers. In
einem Antiquariat entdeckte er eine Gesamtausgabe der
Werke von Le Corbusier. Die Kraftlinien und Bewegungsener-
gien in Le Corbusiers Zeichnungen machten so viel Eindruck
auf ihn, daß er seinen Lebensplan umschmiß. Noch heute erinnert sich Ando an diesen Schock, wie er mehrere Tage um
den Laden herumstreifte und immer wieder die Baufibel ganz
hinten ins Regal schob, damit sie ihm keiner wegkaufte, bis er
das Geld zusammenhatte.

Von der Brutalität des Kampfsportes brachte ihn der „Béton
brut" des großen Schweizers ab. Das Boxen, das Ando noch
heute als Hobby betreibt, ist für ihn unverändert der Inbegriff
von Einsamkeit, Kraft und Geistesgegenwart. Doch die wahre
Energieentfaltung findet er im großartigen Kräftespiel der Bauformen unter dem Licht. 1969 gründete er sein Büro und
brachte es in wenigen Jahren mit kleinen Einfamilienhäusern
zu Weltruhm. Hochschulen hat er erst von innen kennengelernt, seitdem er Gastprofessor an internationalen Eliteuniver-
sitäten ist.

So rauh der Umgangston und so bedingungslos der Gehorsam
in Andos Büro ist, so willig lassen sich die Mitarbeiter von
ihrem Chef führen. Er ist nicht bloß ihr Boß, er ist ihr Lehrer
und Meister. Ein Zwölf-Stunden-Tag ist für sie die Regel. Und
oft kehren die Angestellten sogar nach dem Abendessen ins
Atelier zurück, um weiterzuarbeiten, nur damit Ando am
nächsten Morgen zufrieden ist. Das harte Arbeitsklima ist ein
kleiner Spiegel der Welt, die der Meister in bislang hundert
Gebäuden geschaffen hat.

Andos Häuser sprechen von einer traditionellen, vorindustri-
ellen Welt, die weder Knopfdruck-Komfort noch Reizüberflutung kennt. Nicht nur seine Kirchen, sondern auch die Wohnhäuser sind fast sakrale Meditationsräume. Ihre Introversion
geht so weit, daß sie in der Stadt stets anti-urbane Fremdkörper bilden, die das Chaos ausgrenzen und mit fast autistischer
Abgeschlossenheit eine umbaute, heilige Leere schaffen.

Das erzkonservative Credo des Architekten ist: „Wir brauchen Ordnung, um den Leben Würde zu geben." Das haben schon vor ihm viele Modernisten gesagt und getan. Doch Ando wirft ihnen vor, daß sie vom Wirtschaftswachstumsglauben korrumpiert wurden und mit dem menschlichen Maß auch den Bezug zur Natur verloren haben. Als ebenso bedrohlich empfindet er, daß Architekten heute zu sehr auf Selbstverwirklichung bedacht seien und ihrer Phantasie freien Lauf ließen. Das hat ihm schon heftige Schelte von der neuen Generation der neo- und dekonstruktivistischen Entwerfer eingetragen, die dem Japaner reaktionäre Ordnungsvorstellungen vorwerfen.

Das ist so abwegig wicht, weil Ando keinen Wert darauf legt, die heutigen Lebensformen in den hypermodernen Städten aufzugreifen und weiterzuentwickeln. Er wendet sich brüsk ab von dem Schreckbild der fraktalen japanischen Stadtgebilde und reduziert die elementare Entwurfslogik von Vorbildern wie Le Corbusier oder Louis Kahn auf archaische Grundmuster. Ando hat kaum soziologisches oder politisches Interesse und kümmert sich daher auch nicht um urbanistische Entwicklungen und Modelle. Ihn interessiert die reine, überzeitliche Raumerfahrung, wie er sie zum ersten Mal im römischen Pantheon erlebte. Er erzählt von seiner großen Europareise, die er als junger Mann ganz allein ohne jede Sprachkenntnisse unternommen hatte. Die runde Halbkugel des römischen Tempels mit ihrem großen Lichtauge war für ihn eine Offenbarung: „Dort herrscht ein Zustand von Materie und Licht, der in der Natur nicht erlebt werden kann." Genauso beeindruckte ihn eine entgegengesetzte Raumerfahrung: die vertikalen Labyrinthe und Kerker in Piranesis römischen Phantasiezeichnungen. Als Tadao Ando gegen Ende seiner Reise sich ein Marseille einschiffen wollte, hatte der Frachter drei Wochen Verspätung. In dieser Zeit pilgerte er jeden Tag zu Le Corbusiers nahegelegenem Wohnhochhaus Unite d'Habitation und studierte die Idealmaße im Detail.

Le Corbusier ist für Tadao Ando das Bindeglied zwischen Europa und Japan, zwischen der abendländischen Geometrie und Vertikalität und der japanischen Formlosigkeit und Horizontalität. Die Ästhetik beider Kulturen ist so grundverschieden, daß niemand sie bislang vereinen konnte – bis auf den neuen „Le Corbusier" Tadao Ando. Wenn man sich vorstellt, daß im Abendland alle hundert Jahre völlig neue Baustile entstanden sind, während die traditionelle japanische Architektur seit tausend Jahren fast unverändert ist, wird dieser Brückenschlag um so imponierender. Die Polarität bedarf der Erklärung. So gegensätzlich der von Ando in Rom bewunderte antike und barocke Raum ist – gegenüber der japanischen Raumauffassung haben diese abendländischen Konzepte einheitliche geometrische Grundformen und eine Symmetrie, die in einem zentralperspektischen Fluchtpunkt kulminiert. Das für Europäer kaum zu verstehende japanische Konzept des Zwischenraumes – genannt „Ma" – dagegen meint ein gleichzeitig räumliches und zeitliches Intervall in der Wahrnehmung von Gegenständen. Dazwischen herrscht nicht bloß Leere, sondern etwas Eigenständiges, ein objektives Spannungsverhältnis – vergleichbar mit einer musikalischen Pause. Und weil Spannung nie aus Symmetrie, sondern nur aus heterogenen Elementen entstehen kann, gibt es in der traditionellen Ästhetik auch weder Zentralität noch Spiegelbildlichkeit. Selbst der sagenumwobene Katsura-Palast in Kyoto, eine Kultstätte für die Architekturmoderne, weist trotz seiner strengen Form keine Symmetrie auf.

Andos erste Entwürfe zeigen ein paradoxes, weil symmetrisches „Ma": streng spiegelbildliche Hausstrukturen, in denen eigentlich die Spannung des Zwischenraumes fehlt. Doch bei den bekanntesten Gebäuden – das Yamaguchi-Haus 1975 in Hyogo, das Azuma-Haus in Osaka 1976 und das ganz aus Glassteinen bestehende Ishihara-Haus in Osaka 1978 – tritt ein anderes Element der traditionellen japanischen Architektur hinzu, das viel tiefgreifender als formale Geometrie wirkt. Es heißt „Roji" und stammt aus dem alten japanischen Städtebau, der keine Plätze und Versammlungsorte, sondern nur Wege und halböffentliche „Roji"-Pufferzonen zwischen den Häusern kennt. Solche Verbindungen und Atrien finden sich in fast allen Schöpfungen Andos. Im berühmten Azuma-Haus

führt der Weg vom Wohn- zum Schlafraum über eine kleine
Freiluft-Brücke, die die Bewohner sommers wie winters durch
das Atrium – ein Stück gerahmter Himmel – überqueren müssen. Die intensiven Naturandeutungen in Andos Häusern erinnern an die Kunst der Haiku-Dichter, ganze Landschaften in
eine Verszeile zu fassen.

Den Wechsel von offenen und geschlossenen Räumen insze-
niert Ando selbst auf minimaler Fläche und verkleinert lieber
die Wohnzellen, als auf die Rhythmisierung durch Wege und
Innenplätze zu verzichten. Drei Elemente bestimmen Andos
Architektur: die reine Geometrie, authentische Materialien
und der Einbezug der Natur in den Baukörper. Damit sind
nicht Hausbepflanzungen oder liebliches Ikebana gemeint,
sondern Himmel, Wasser, Licht und Regen. In einem Brief an
Peter Eisenman schrieb er: „Ich will mich nicht mit der Natur
versöhnen, sondern ihre Bedeutung durch Architektur än-
dern, sie durch Architektur abstrakter machen. Erst wenn das
gelingt, können die Menschen in ein neues Verhältnis zur Natur treten."

Durch Entfremdung will er zu einer neuen Umweltsensibilität
gelangen. Nicht die klimatisierte Komfortarchitektur und das
transparente Raumfluidum der Moderne schaffen diese Kon-
trastwahrnehmungen, sondern die Abgrenzung, die Schwelle,
die Diskontinuität.

So eingängig und elementar Andos Häuser auf den ersten
Blick erscheinen, so kalkuliert ist die Komposition dieser
Mikrokosmen. Das wichtigste Mittel der Abgrenzung, die für
den strengen Meister Ando immer auch Disziplin und Kontrolle bedeutet, ist die Wand. Die moderne Skelettbauweise
hat die Wand völlig entwertet, weil sie nur noch flexible Weg-
werf-Füllung innerhalb des Tragrahmens ist. Ando arbeitet mit
massiven Betonwänden, die zwangsläufig immer stärker sind
als statisch notwendig, weil sie nicht in Stützen aufgelöst werden. Bei ihm lassen sich tragende und füllende Elemente, Um-
fassungs- und Trennmauern nicht unterscheiden.

Und wo er die Konstruktion in Pfosten und Balken in der Tradition der japanischen Holzbauweise zergliedert, entstehen fast

antikische, steife Rahmenkonstruktionen, deren Regelmäßigkeit nicht von den Erfordernissen der Baustatik, sondern vom Rhythmus des Säulengebälks bestimmt ist. Konstruktive Ehrlichkeit und physische Ablesbarkeit interessieren Ando nicht. Was er erschafft, ist nichts Geringeres als etwas Metaphysisches im Raum mit fast animistischen, beseelenden Kräften.

Über seine ersten symmetrisch angelegten Entwürfe sagt Ando, daß sie noch von der Vorstellung einer Spiegelung des Baukörpers auf einer Wasseroberfläche geprägt waren. Damals schob er auch seine meist einachsigen Häuser noch wie Schubladen oder Schließfächer in die winzigen Baulücken und gestaltete ihre Fronten wie Tresore, damit sie alle Kraft nach innen richten können. Ende der siebziger Jahre erweitert Ando seine bild- und wortlose Architektursprache allmählich um konstruktivistische Durchdringungen und Überlagerungen.

Seine Häuser werden dynamischer und erstaunlicherweise zugleich noch abstrakter. Hier ahnt man den Einfluß von Piranesis verwirrenden Raumphantasien. Zur Statik der reinen Geometrie tritt die Bewegungsenergie des Labyrinths hinzu. Kreise werden von Rechtecken durchstoßen, Winkel umfassen Halbschalen. Die geschichteten Wände sind Filter gegen die Außenwelt. Das hat allerdings auch Folgen für die Klarheit der Lichtführung. Die früher spiritualistische Konzentration der Beleuchtung auf einzelne Fassadenspalten, Oberlichter oder Binnenfenster erweitert sich zu einem Feuerwerk einander überlagernder Strahlen und Schlagschatten. Bei allem sinnlichen Reiz wird die Klosteratmosphäre von Andos Inselbauten zuweilen profanisiert. Seine berühmte „Kapelle mit dem Licht" von 1989 in einem Vorort von Osaka läßt die Sonne durch zwei gekreuzte Schlitze in der Altarwand als Kruzifix ins Kirchenschiff einfallen. Das ist keine metaphysische Raumkunst mehr, sondern nur noch ein metaphorischer Kunstgriff. Andos sonst so glänzende Verbindung zwischen der Wortlosigkeit von Shintoismus und Zen-Buddhismus und dem Logozentrismus des Christentums ist hier nur oberflächlich gelungen.

Ando beim Zeichnen zuzusehen ist eine halb rituelle, halb sportliche Erfahrung. Mit seinen drei Lieblingsstiften in Schwarz, Preußisch-Blau und Rot wirft er kraftvolle Kalligraphien auf das Papier. Eine Schlangenlinie, von der Tangenten absplittern, die sich aber dennoch zu einem Pfeil bündeln: Das ist das Bodenrelief und der Baukörper des grandiosen Kindermuseums in Himeji, das an einem Bergsee ein dramatisches Zeremoniell der Landschaft entfaltet. Dann zeichnet Ando kompakte Kuben dreidimensional neben- und übereinander, deren Stoßrichtung auf einen einzigen Punkt zielt: Da entsteht mit wenigen Strichen die „Kapelle auf dem Wasser" in Tomamu mit ihrem vorgelagerten Kreuz im See. Halbkreis und durchstoßende Diagonale: Mit zwei Linien imaginiert er das geplante „Theater auf dem Wasser" nahe der Tomamu-Kapelle.

Andos Entwurfsmethode geht nicht deduktiv vom Raumprogramm aus und analysiert schrittweise die Unterbringung der Funktionsabläufe. Er entwirft induktiv vom Raumgefühl die Baukörper, die erst danach funktionell differenziert werden. Ando arbeitet wie ein Bildhauer, der aus einem Block allmählich die Teile herausschält. Benutzerfreundlich und pflegeleicht im Sinne des westlichen Funktionalismus sind Andos Entwürfe nicht – zumal im feuchten Klima Japans ständig das Kondenswasser an den nicht isolierten Wänden herunterläuft. Obwohl die Häuser Meisterwerke der Leere, der Schaffung von Nichts sind, haben sie eine überwältigende Präsenz, der sich der Benutzer unterordnen muß. Ando erklärt: „Ich möchte neue Lebensformen entwickeln, die aus Härte und Kargheit bestehen. Jede Beschränkung setzt in den Menschen große Energien frei. Ich versuche zwar, meine Entwürfe zunächst den funktionalen Ansprüchen anzupassen, aber dann überlege ich, wie weit ich die Architektur wieder von der Funktion lösen kann. Der Wert von Architektur bemißt sich immer nur daran, wie weit sie über die Funktion hinausgeht."

Das Lieblingsmaterial des Asketen Ando ist nackter Beton. Er verwandelt den banalen Baustoff in einen Edelstein. Man streicht mit der Hand über diese Mauern mit derselben Ehrfurcht wie über Marmor. Ando behandelt das schäbige Allerweltsmaterial mit größter handwerklicher Sorgfalt. Die Mischung und Flüssigkeit des Beton unterliegt strenger Kontrolle, so daß keine Blasen und Risse auftreten. Die Armierungseisen innerhalb der Schalungen sind als exakte Gitter mit Zwischenräumen von höchstens 3,8 Zentimetern ausgebildet. Die Holzverschalungen werden in der Tradition der japanischen Schreinerkunst mit größter Genauigkeit gefertigt, so daß vorgefertigte Türrahmen stets millimetergenau in die Betonöffnungen passen. Die neunzig mal hundertachtzig Zentimeter großen Schalungsbretter haben das Modular-Maß der japanischen Tatami-Fußbodenmatten. Und anstelle der vier Verschraubungspunkte der Bretter hat Ando sechs gewählt, die später die Wände wie ein serielles Strukturgitter perforieren. Das ist das einzige benutzerfreundliche Detail: Weil die Löcher nicht zugeschmiert werden, können die Bewohner die versenkten Schraubenköpfe als Aufhänger benutzen.

Das tellurische Material des Beton bekommt durch Andos Sorgfalt eine ganz neue Qualität. Die leicht gewellte Oberfläche wirkt wie gepolstert. Sie wirft im Licht samtige Schatten und scheint sich zu entmaterialisieren. Die harten Steinmauern wirken wie japanische Shoji Papierwände. Kein Wunder, daß andere Architekten Ando stets überschwenglich loben. Der Italiener Renzo Piano sagt: „ Ando baut Häuser voll von Poesie, die wegen ihrer Klarheit und Einfachheit ewig bestehen." Der Argentinier Emilio Ambasz meint, Ando habe den Modernismus von seiner Scholastik befreit: „Er baut zwar auch moderne Glashäuser, aber mit undurchsichtigen Wänden, die nach innen strahlen."

Der Japaner Fumihiko Maki bewundert bei Tadao Ando die „Idee der Schwelle", die die Häuser stets ästhetisch und räumlich von ihrer Nachbarschaft zurücktreten lassen und ganz auf Blickfangqualitäten verzichten; vor allem imponiert Maki die Detailgenauigkeit: „Jeder Entwurf von Ando ist wie ein winziges Detail, das auf den Maßstab eines ausgewachsenen Hauses vergrößert wird." Der Franzose Paul Andreu schätzt Andos moralische Kraft, weil er von aktuellen Strömungen unbeeinflußt ist: „Er gleicht den verehrten altorientalischen Säulenheiligen, die ihr Eremitenleben auf einer Säule zubrachten und sich für das gesellschaftliche Treiben nicht interessierten." Und der amerikanische Bauphilosoph Peter Eisenman schätzt die Leere von Tadao Andos Räumen: „Er schafft eine abwesende Architektur, deren Räume in unendlicher Trägheit verharren. Sie erscheint wie etwas, das einst lebendig war und jetzt wie unter Schockeinwirkung erstarrt ist. Er reinigt den Raum bis zur Unsagbarkeit."

Andos architektonische Handschrift ist so markant, daß man ihm schon Monomanie nachsagt. Die Vorhersehbarkeit seiner Entwürfe rührt daher, daß er intellektuelle Spielereien bislang ebenso ablehnte wie Architekturmoden. Doch eine minimalistische Ästhetik, die die Reduktion immer weiter treiben will, steht eines Tages vor dem Nichts. Immer mehr erweitert er seine Architektur um konstruktivistische Kombinationen und Durchdringungen. Dadurch kann er von einer höheren Komplexitätsebene wieder neue Rückführungen und Vereinfachungen unternehmen. Doch dabei bekommt seine asketische Linearität eine Zug ins Malerische und Barocke. Ando setzt nicht mehr Form vor Form, sondern schafft Konfigurationen, die sich aus Überschneidungen ergeben. Indem er mehr an barocken Bildwirkungen denn an plastischer Tastbarkeit interessiert ist, verunklart er seine Entwürfe.

Seitdem der Meister immer größere Aufträge bekommt, ist seine Disziplin stärksten Belastungen ausgesetzt. Dem ersten Großprojekt, die Terrassensiedlung in Rokko von 1983, gelingt noch die asketische Reduktion trotz des großen Maßstabes. Wie in Le Corbusiers Wohnhaus-Entwurf „Roc et Rob" von 1949 in St. Martin eröffnet er jeder Wohnung einen Panoramablick auf das Meer und gliedert den kargen, scharfkantigen Baukörper mit Gassen, Plätzen und Freitreppen. Auch das große Kindermuseum in Himeji vermag Ando gerade noch zu bändigen. Die Anlage ist eine überwältigende Architekturpromenade, die vom Museumskopfbau über eine Wasserfalltreppe und einem langen offenen Kreuzgang zu einem Säulengarten führt, der schließlich in eine villenartige Dependance tief im Wald mündet. Die Architektur macht die Natur abstrakter, indem sie das Bodenrelief geometrisch überformt, einen Hang mit Stützmauern faßt und mit dem Säulengarten einen steinernen Wald imitiert.

Doch neue Großbauten wie das Literaturmuseum in Himeji, das Einkaufszentrum „La Collezione" in Tokyo oder die Verwaltungszentrale des Raika-Konzerns in Osaka leiden an Überkomplexität. Es sind eigentlich mehrere Häuser unter einem Dach. Kollidierende Geometrien, überdimensionierte Hallen und unüberschaubare Erschließungssysteme strahlen keine übergeordnete Harmonie mehr aus. Meditative Stille kann sich allenfalls in den vielen toten Winkeln und Resträumen ausbreiten. Der internationale Starrummel um Tadao Ando scheint allmählich seinen Preis zu fordern. Jeder neue Entwurf wird weltweit publiziert und von der Architektenschaft auf Innovationen abgeklopft. Jede ruhige Wiederholung früherer Elementarordnungen gerät plötzlich unter den Verdacht des Selbstplagiats. Dem Zwang zu immer phantastischeren Eingebungen kann sich auch Ando nicht entziehen. Für das „Nakanoshima-Projekt" eines neuen Stadtparks auf einer Flußinsel in Osaka entwarf er eine futuristisch-monumentale Parkanlage, die teils an D'Annunzios „Vittoriale"-Märchengarten am Gardasee, teils an antikische Tempelhaine erinnert. Zentrum der Anlage ist ein entkerntes historisches Konzerthaus von 1918, in das Ando ein riesiges Auditorium ausgerechnet in Form eines Hühnereis einbauen will.

Vorläufiger Höhepunkt sowohl in Andos Karriere als auch in der Entfremdung von seinen asketischen Ursprüngen ist seine große Ausstellung im New Yorker Museum of Modern Art im Oktober 1991 gewesen. Dort präsentiert zu werden, ist der Traum eines jeden Architekten; Ando durfte die Schau sogar selber einrichten. Aber er hatte sie mit derartigem Design-, Video- und Technikaufwand überladen, daß die Stärke und Stille seiner Häuser hoffnungslos übertönt wurde. Es gab sogar eine echte Ando-Betonwand – aus gefärbtem Gips. Da konnte selbst der verwöhnte Chefkritiker der New York Times Andos Geltungssucht nichts mehr abgewinnen: „Mit dieser überreichen Präsentation unterminiert Ando seine eigene Arbeit und zerstört seine spirituelle Essenz." Ob Tadao Ando dasselbe Schicksal wie alle Modernisten seit Le Corbusier erleiden wird, die nach ihren puristischen Anfängen durch Erfolgswellen zu immer ausladenderen und willkürlicheren Arbeiten getrieben wurden? Die unvergleichliche Verbindung von körperlicher und spiritueller Kraft kann sich nicht mehr entfalten, wenn die Dimensionen zu groß und die Massenproduktion zu hektisch wird. Ando wäre nicht der erste, der die Katastrophe der Moderne nachvollzieht, die von der Villa zum Städtebau, von der Preziose zum mißlungenen Gesamtkunstwerk führt. Doch sein erstes Projekt auf deutschem Boden verspricht eine Rückkehr zu alten Prinzipien zu werden. Für die Vitra-Fabrik in Weil am Rhein baut er gerade ein kleines Meditations- und Gästehaus, das ganz die klösterliche Härte des wahren Ando atmet.

Der gebaute Urschrei
Der Schweizer Sakralarchitekt Mario Botta

Man braucht kein Gotteshaus, um vor dem Anblick der südalpinen Bergwelt niederzuknien. Aber neuerdings hat das Panorama der Tessiner Schneegipfel noch an Vollkommenheit gewonnen. Auf 1567 Metern Höhe über dem Luganer See hat der Schweizer Architekt Mario Botta eine Kapelle wie einen Nagel in den Fels geschlagen. Ohne Architektur wirkt der Ausblick über die Südschweiz bis zu den Ausläufern der Lombardei einfach nur erschlagend. Aber wer die Landschaft vom Dach der Bergkirche Santa Maria degli Angeli aus betrachtet, kann sich wie die Krone der Schöpfung fühlen.
Aus schweren Bruchsteinen hat Botta eine Art Prozessionsweg zusammengefügt, eine Mischung aus Brücke, Burg und Belvedere. Ein 65 Meter langer Viadukt führt wie eine Sprungschanze auf das Dach der kreisrunden Kapelle; von der Frei-

treppe auf dem Dach fließt der Weg über mehrere Stufenkaskaden in den dunkeln Gebetsraum darunter. Bottas Grundsatz lautet: „Architektur ist Gewalt gegen die Natur." Auf dem Monte Tamaro hat seine Architektur das Naturerlebnis noch gesteigert: Die Horizontale der Brücke dramatisiert den Abhang; die Kreisgeometrie der Kapelle läßt die fraktale Felsenlandschaft in ganzer Wildheit hervortreten.

Botta ist weltberühmt für seine Villen im Tessin. Rund um Lugano hat er seit Beginn der siebziger Jahre, als die internationale Postmoderne noch mit bunten Phantasiezeichnungen experimentierte, Dutzende von einprägsamen Höhlenbauten errichtet: Wohnzylinder und Büroquader mit maskenhaften Fassadenschlitzen, Erkernasen und Augenlöchern. Sie besitzen die Massivität und Wehrhaftigkeit der romanischen Burgen im Tessin. In der katastrophal zersiedelten Luganer Seenlandschaft wirken Bottas totemistische Skulpturen wie gebaute Urschreie.

Als Vertreter der regionalistischen „Tessiner Schule" haben Botta und seine Mitstreiter Aurelio Galfetti, Luigi Snozzi und Livio Vacchini mindere Bauaufgaben wie Scheunen, Wohnhäuser und Handwerksbetriebe revolutionär neu interpretiert: mit den Proportionen, Materialien und Lichtwirkungen, wie sie die klassische Moderne vor ihrem funktionalistischen und technizistischen Sündenfall verwendet hatte.

Bottas Primitivismus löste in der neueren Architektur eine ähnliche Umwälzung aus wie einst die afrikanische Plastik in der Kunstmoderne. Heute ist sein Werk mit über tausend Publikationen das meistgedruckte Œuvre der neueren Baugeschichte. Seitdem Botta-Fassaden sogar Einkaufstüten, Tourismusplakate und Modezeitschriften zieren, gilt der Italoschweizer als manieristischer Modearchitekt, der mit seinen Art-Deco-Baubroschen und indianischen Amulettfassaden nur noch sich selbst kopiert – sozusagen architektonische Airport-Art.

Bottas Welterfolg rührt von der starken Bildwirkung seiner Gebäude her. Aber die Reduktion auf den optischen Effekt läßt vergessen, daß sich der Schweizer Raumkünstler allmählich zum bedeutendsten Sakralarchitekten des ausgehenden 20. Jahrhun-

derts entwickelt. Seine sechste Kirche wurde Ostern 1995 bei
Paris eingeweiht: eine Kathedrale für den Bischof von Evry.
Die letzten französischen Kathedralen – insgesamt gibt es 88 in
Frankreich – wurden vor hundert Jahren in Gap, Marseille und
Lille errichtet. Daß heute wieder ein neuer Hochsitz eines Bi-
schofs entsteht, liegt an der Neugründung der Diözese im De-
partement Essones. Weil die Region als größter Wachstumsma-
gnet des Pariser Umlandes ihre Bevölkerung seit den sechziger
Jahren auf heute 1,2 Millionen Menschen vervierfacht hat,
wurde die früher zuständige Diözese Versailles geteilt.
Jahrelang mußte der Bischof Guy Herbulot bei größeren Kir-
chenfesten eine Turnhalle anmieten. Den letzten Bauanstoß
gab ihm 1987 der damalige Kulturminister Jack Lang. „Wenn
Ihr Glaube nicht zu purer Archäologie werden soll," sagte der
freche Sozialist zum Bischof, „dann muß Ihre Kirche fortfahren
zu bauen." Weil Botta in Frankreich bereits durch einen Thea-
terbau in Chambery und eine Mediathek in Villeurbanne bekannt geworden war, erhielt er von der Gemeinde 1988 einen
Direktauftrag. Doch wegen der strikten Trennung von Kirche
und Staat in Frankreich mußte die Diözese die 65 Millionen
Franc Baukosten allein aufbringen. Eine verdeckte Subvention
gab das Kulturministerium dennoch: In die Kathedrale wurde
ein Museum für Sakralkunst integriert.
Daß eine Kathedrale als Instant-Produkt in nur sieben Jahren
Planungs- und Bauzeit aus der Hand eines einzigen Architekten entsteht, mutet angesichts der machtvollen Geschichte der
höchsten menschlichen Kollektivbaukunst fast wie Blasphe-
mie an. Selbst die jüngsten abendländischen Kathedralen –
Antoni Gaudís 1883 begonnene Sagrada Familia in Barcelona
und St. John the Divine in New York, seit 1892 von mittlerweile einem halben Dutzend Architekten bearbeitet – sind bis
heute unvollendet.
Zwar nicht bauhandwerklich, aber doch finanziell ruht die
Auferstehungs-Kathedrale von Evry auf einem breiten gesellschaftlichen Fundament. Durch jahrelange Spendenaufrufe
konnte die Diözese von insgesamt 170.000 Geldgebern achtzig Prozent der Bausumme auftreiben.

Der Standort der Kathedrale in der Satellitenstadt Evry, dreißig Kilometer südlich von Paris an der Stadtautobahn nach Marseille gelegen, ist noch unwirtlicher als das Tessiner Bergland oberhalb der Baumgrenze. Die 1969 gegründete Ville Nouvelle mit 80.000 Einwohnern hat alles, was die moderne Stadtplanung den Menschen bieten kann: Bahnhof, Einkaufszentren, Fußgängerzonen, Grünflächen, Spielplätze, Wohnungen, Büros und High-Tech-Unternehmen. Aber eines besitzt die Reißbrettstadt, in der selbst die Friedhöfe wie Parkplätze aussehen, bislang nicht: ein Herz. Evry besteht aus einer surrealen Anhäufung von mexikanisch anmutenden Wohngebirgen, vulgärklassizistischen Bürotempeln und Spiegelglaskisten von der Qualität überdimensionierter Toilettenschränke. Angesichts dieser lawinenartig durcheinander gerutschten Baukörper hat Botta dieselbe Herausforderung verspürt wie im Hochgebirge: „Ich will mit der Geometrie den Zufall und die Willkür bezwingen." Sein Lieblingswort „Monumentalität" versteht er nicht im transzendentalen oder gar totalitären Sinne, sondern ganz humanistisch: „Monumentalität ist für mich die Bestätigung des Menschenwerks."

Von Ostern an wird die Kathedrale neben dem neuen Rathaus von Evry erstmals eine richtige Stadtmitte mit fast übermenschlichem Antlitz bilden. Der 35 Meter hohe Zylinder der Kathedrale, dessen Dach bis auf halbe Höhe schräg abgeschnitten ist, sieht aus wie eine gigantische Bischofsmütze und ist eine Übersteigerung von Bottas alpenländischen Rundkapellen zwischen Monte Tamaro, Mogno, Pordenone und Seriate. „Eine Kirche ist ein großes Haus für Menschen mit einem Stockwerk", sagt der Schweizer Simplizissmus, der so einfach denkt, wie er baut – was seine Exegeten regelmäßig zur Verzweiflung bringt.

Das Kirchenschiff mit 37 Metern Durchmesser und kreisrundem Oberlicht bietet 1200 Gläubigen Platz. Es erinnert in seiner überwältigenden Schlichtheit unter dem großen Lichtauge an byzantinische Zentralräume. Der Altar ruht auf einer schweren Betonsäule, die wie bei St. Peter in Rom durch ein Bodenloch direkt in die Krypta der Bischofsgräber hinunterreicht. Eine weitere achteckige Kapelle im Kellergeschoß greift das Oktogon des Aachener Doms auf – als Symbol des achten Tages der Auferstehung. Der vier Meter breite Hohlraum zwischen der inneren und äußeren Zylinderwand enthält Galerieplätze, eine Art von Theaterloge, wie sie der italienische Kirchenbau hervorgebracht hat. Außerdem ist dort das Sakralmuseum untergebracht.

Die Bepflanzung des Runddaches mit 24 Ahornbäumen – sie sind für Botta ein ähnliches Markenzeichen wie die Pyramiden für den Amerikaner I. M. Pei – läßt wahlweise an Öko-Mystik, christliche Dornenkronen, Babylons hängende Gärten oder an überwachsende römische Ruinen denken. Der große Vereinfacher Botta sieht sie schlicht als „Haarkranz, der wächst und vergeht". Botta wollte den Dachgarten zu einer alpinen städtischen Promenade machen. Die tief in den Zylinder geschnittene Freitreppe rings um die Kirche bleibt allerdings verwaist, weil die Sicherheitsbehörden die öffentliche Nutzung verboten.

Einziges Dekor ist das Strukturmuster der gebrannten Sieneser Ziegelsteine, die abwechselnd hochkant, diagonal oder waagerecht gruppiert sind. Botta benutzt solche Reliefwirkungen, wie er sagt, „um meine Bauten in Vibrationen zu versetzen." Im wechselnden Tageslicht schimmert die Steinhaut zuweilen tatsächlich wie Samt und Seide. Die 670.000 Ziegelsteine für die Innen- und Außenverkleidung sind allerdings keine tragenden Elemente, sondern wurden als vorgefertigte Großtafeln vor die Stahlbetonkonstruktion gehängt. Das ist keine Maskerade, sondern eine Rückkehr zur Bautechnik vor der Moderne. Vom Fortschritts-Dogma der ehrlichen, unverkleideten Sichtbeton-Konstruktionen, die weltweit unzählige poröse, rostende Bauschadensfälle hervorgebracht hat, hält Botta nichts mehr.

Trotz des Starrummels ist der kleinwüchsige Schweizer ein bescheidener Handwerker-Architekt geblieben, der sich Besuchern jedesmal noch mit einem kleinen Diener und voller Namensnennung vorstellt. Solche Zurückhaltung rührt daher, daß er in seiner Jugend die wahren Meister kennengelernt hatte. Während seines Architekturstudiums in Venedig Mitte der sechziger Jahre war Botta Schüler der drei berühmtesten Modernisten. Im venezianischen Atelier von Le Corbusier lernte er den Umgang mit dem Licht, vom Amerikaner Louis Kahn die Dramaturgie der Grundrisse und von Carlo Scarpa die Sorgfalt der Materialbehandlung.

Mario Botta spricht am liebsten vom archaischen Bauen, vom Schutz der Höhle und von der demonstrativen Schwere seiner Baukörper, die Zeitlosigkeit und Unvergänglichkeit ausstrahlen sollen. Schon seine frühen Villen entwarf er als scharfkantige Baukristalle, die ihre Raumlabyrinthe wie Quarzdrusen nach innen stülpen – eine Grottenarchitektur, die bis heute von der Raumscheu und Weltangst archaischer Kulturen erzählt. Botta greift tatsächlich die Baupraxis der Antike auf, als die Gebäudestatik noch nicht exakt berechnet, sondern großzügig nach Erfahrungswerten ausgelegt wurde. Die antike Materialverschwendung der überdicken Wände, Säulen und Gebälke waren jedoch symbolisch von größtem Wert: als gebauter Überschuß, der bis heute Dauerhaftigkeit und Würde ausstrahlt. Ähnlich hat Botta ein vortechnisches Gespür für die Plastizität der Baukörper. Er liebt tiefe Einkerbungen und gestaffelte Laibungen als Übergangszonen, um die Dicke der Wände noch hervorzuheben. Die brutale Direktheit von Raumbildungen aus Glas ist ihm verhaßt.

Als Botta 1989 den Wettbewerb für das Museum für Moderne Kunst in San Francisco gewann, hofften viele Neider, daß die archaische Herrgottschnitzerei des Schweizer Höhlenmenschen endlich am großen städtischen Maßstab scheitern würde. Doch das kalifornische Kunsthaus ist nach seiner Eröffnung im Januar auf hymnische Begeisterung gestoßen. Mit seinem magischen Lichtauge als zentralem Element – die Amerikaner denken dabei an das göttliche Auge auf ihren Ein-Dollar-Noten – steht es wie eine Übersteigerung der Kathedrale von Evry mitten im Zentrum von San Francisco. Vorwürfen, daß er mit dieser Wiederholung seine eigene Sakralkunst banalisiere, hält Botta entgegen: „Auch ein Museum ist ein spiritueller Ort, eine profane Kathedrale."

Das Botta-Museum beweist: Der Architekt kann nicht nur Solitäre in rauhe Landschaften setzen, sondern sich auch im städtischen Kontext souverän bewegen. Das 62 Millionen Dollar teure Ausstellungsgebäude ist nach dem Modern Art-Museum in New York das zweitgrößte moderne Kunsthaus in den Vereinigten Staaten. Der fensterlose Neubau leitet wie ein präkolumbianischer Stufentempel vom Stadtpark des Yerba Buena Garden Center zur Hochhaus-Downtown über. Der zentrale, abgeschrägte Lichtdom reißt die Eingangshalle über alle fünf Etagen bis zum Himmel auf; das Foyer, sagt Botta, habe er als „Piazza" und die mächtige Treppenskulptur darin als „Campanile" konzipiert. Solch üppige Foyers, von Museumspuristen als Ablenkungsmanöver verpönt, haben in Amerika eine wichtige Funktion: Sie müssen zugleich als komfortable Mietsäle für Firmenparties und Fundraising-Feste dienen.
Die vertikale Raumverschwendung und der Materialluxus der horizontalen, schwarzweißen Granitstreifen an Boden und Wänden wirken stimulierend wie die majestätischen Theaterfoyers und Kaufhauspaläste der New Yorker Art Deco-Blütezeit. Botta hatte an die Streifenfassade des Sieneser Doms gedacht, doch die Amerikaner sehen die Zebrastreifen eher als das Muster von italienischem Cassata-Schichteis. Die Ausstellungsräume, die zu beiden Seiten des Treppenturms abzweigen, bringen den Raumrausch schnell wieder zur Ruhe. Sie verbreiten mit ihren wechselnden Deckenhöhen und klassischen Oberlicht-Sheddächern eine meditative Ruhe, in denen allein die Kunstwerke die Hauptrolle spielen.
Trotzdem erschlägt Bottas Architekturpracht jeden kritischen Impetus der ausgestellten Modernisten von Braque bis Warhol und Kiefer. Selbst die sperrigste Provokationskunst schimmert hier mit sakraler Aura von den Wänden herab. Das ist Bottas stille Rache an der Moderne, der er verheerende Auswirkungen auf die Architektur bescheinigt: „Die Modernisten forderten stets Grenzüberschreitungen", klagt der Schweizer. „Stets mußte der Künstler Anleihen bei anderen Fachdisziplinen machen. Der Architekt sollte an die Bühnenbildnerei denken, der Bühnenbildner an die Malerei, der Maler an die Dichtung

und so weiter." Deshalb hätten die Architekten heute schlicht ihr Handwerk verlernt: „Die können nicht mal mehr die einfachsten kosmischen Werte wie Witterung, Sonne, Mond und Sterne in ihre Häuser hereinholen."

Bottas Selbstbeschränkung auf das eigene Metier ist auch politisch-konservativ geprägt. Vom Erneuerungsfuror der Achtundsechziger-Generation hält er nichts. Vor allem den Versuch, Architekten und Soziologen zusammenzuspannen, um die Gesellschaft zu verbessern, hält er für fehlgeschlagen: „Ich bin schon froh, wenn ich mit meinen Häusern die Architektur verbessern kann." Für einen Baumeister, der sich nicht postmodern, sondern „post-antik" nennt, bezieht sich Botta dennoch ausdrücklich auf moderne Inspirationsquellen: auf den Primitivismus von Picasso, Klee, Giacometti oder Moore: „Das sind Werke, die nicht vom wechselnden Stilwollen, sondern vom geschichtlichen Erinnerungsvermögen bestimmt sind."

Wer ihm vorwirft, daß er sein Leben lang dieselben Bauformen wiederhole, dem hält Botta einen Lieblingsspruch seines Landsmannes Giacometti entgegen. Auf den Wiederholungsvorwurf hatte der große Schweizer Bildhauer einmal klug geantwortet: „Was für ein Narr ich bin. Ich mache immer wieder denselben Kopf, ohne daß es mir je glückt."

Lernen von Disneyland

Das Werk des amerikanischen Architekten Charles Moore

Spaß am Bau: Da recken sich Säulen empor und erreichen dennoch nicht ihr freischwebendes Kapitell. Tempelchen beschirmen mitten im Wohnzimmer ein Allerheiligstes – die Badewanne. Wasserspiele imitieren eine riesige Landkarte. Bogenfenster rotieren wie Speichenräder. Hausecken springen in alle Himmelsrichtungen davon – das sind nur einige

Erfindungen des amerikanischen Architekten Charles Moore aus Michigan, Jahrgang 1925.

Wie sein Studienkollege Robert Venturi hat Charles Moore als Pionier der „Postmoderne" alle Eigenschaften, die einen Architekten hierzulande in Verruf brächten: fortwährender Unernst, mangelnde Berechenbarkeit und Liebe zum Kitsch. In Amerika dagegen zählen Moores Maskenspiele längst zur etablierten Baugeschichte. Seit dem Angriff der sechziger Jahre auf die übrige Zeit – vor allem auf die des Funktionalismus – sind manche Architekten dort Entertainer geworden. Zu ihren Lieblingsspielen zählt eine Art architektonischer Reise nach Jerusalem: Sie sitzen am liebsten zwischen den Stühlen und bauen Häuser im fliegenden Stilwechsel. Mehr als zwanzig Jahre nach Ausbruch der neuen Heiterkeit ist Moores Werk jetzt auch in Deutschland zu sehen. Die längst überfällige Revision der „Postmoderne" kann beginnen.

„Moore is more" heißt es bei Charles Moore. „Less is a bore" sagt Venturi. Die beiden Princeton-Kommilitonen erfanden ähnliche Variationen über Mies van der Rohes berühmtes Wort „Less is more". Ebenfalls auf ähnliche Weise läuten beide Architekten die „Postmoderne" ein und plädieren mit Streitschriften für mehr Bauvielfalt.

Venturis kunstgeschichtliche Untersuchungen über „Komplexität und Widerspruch" suchte 1966 den Ausweg aus der Allerweltsmoderne in Bauvorbildern der italienischen Renaissance. Dasselbe Anliegen verfolgte Moores Resümee „Body, Memory and Architecture" von 1977, das allerdings zeitlos anthropologisch argumentierte. Moore analysierte bauliche Identifikationsschemata der gesamten Menschheitsgeschichte – vom antiken Athen bis zur afrikanischen Stammesarchitektur.

Auf seiner Suche nach dem „einprägsamen Ort" versucht Moore den gewagten Brückenschlag von der Psychologie zur Soziologie. Sein Anliegen ist „die Ausweitung der inneren Landschaft des Menschen auf die Außenwelt" – eine Verbindung, die eher einem Kurzschluß gleichkommt, weil Moore aus dem Bauch heraus denkt. Er begreift die Häuser physiognomisch, vergleicht Fassaden mit Gesichtern und faßt Wegenetze als Bewegungsfolgen – Architektur als Körperbad. Was Wunder, daß eine derart emotionsbefrachtete Bauhaltung mit traditionellen Formen liebäugelt – mediterranen Dörfern, Holzbauten, spanischem Kolonialstil. Moore kultiviert den eklektizistischen Rückgriff. Seine Häuser sind Metaphern: romantisch, symbolistisch, bildhaft.

Venturi als Intellektueller dagegen bezieht seine Formprinzipien aus Abstraktionen der Baugeschichte, weshalb bei ihm zwangsläufig die optische Wahrnehmung überwiegt. Anstatt Metaphern, Gesamtbilder zu bauen, arbeitete er mit Metonymien, Ausschnitten von Details, die er zu einem neuen Ganzen montierte. Während Moores Bau-Körper sich meist noch um eine harmonische Gliederung bemühen, verzerrt Venturi seine Häuser wie unter einem Vergrößerungsglas.

Das Resümee des „Realisten" Venturi lautet ganz gegenwartsbezogen: „Lernen von Las Vegas". Der „Romantiker" Moore hielt dem seine Bewunderung für Vergnügungsparks dagegen: „Lernen von Disneyland". In einer der unbestreitbar schönsten Liebeserklärungen eines Architekten an seine Klientel begründete Moore diese Froschperspektive: „Wenn man den Menschen helfen will, diese Welt zu bewohnen, muß man nicht zuerst organisieren, sondern die Menschen an erster Stelle gernhaben."

Moore hat selber sechzig Entwürfe und Bauten von 1949 bis 1986 ausgewählt und mit dem Kunstinstitut im amerikanischen Williamstown zu einer Ausstellung ausgearbeitet, die 1987 im Frankfurter Architekturmuseum zu sehen war. Der erste Blick darauf war ein Kulturschock. Kantige Bretterbuden mit zerfließenden Grundrissen: Siedlungen, in denen papierdünne Sichtblenden die Straßen dekorieren; palladianische Landvillen wie in rosaroter Zuckerwatte verpackt – Gebäude wie aus dem Märchenpark. Dem ästhetischen Schwindelgefühl gesellt sich in Moores Innenräumen nackte Platzangst und Desorientierung bei. Treppauf, treppab entfalten Stiegen und Rampen ein Gewitter an Raumbezügen. Durchblicke, optische Falltüren und Perspektivwechsel rauben dem Betrachter den letzten Nerv.

Solche Wirrnis ist freilich nicht ganz ohne Konzept. Denn Moore versteht seine Häuser als „Mittelpunkt des Lebens". Damit meint er keinen biedermeierlichen Mittelpunkt, in den der Bewohner sich wie in ein Etui zurückziehen kann. Bauten wie die Wohnanlage Sea Ranch von 1965 – eine geduckte Windschutzwand direkt an der Pazifikküste – oder das Klotz-House von 1970 – eine Architektur wie aus der Zentrifuge – sind Mikrokosmen, kleine Welten in der riesigen amerikanischen Prärie.

Diese Landschaft prägt. Seit je bauen amerikanische Architekten ihre Hausinseln gegen den unermeßlich großen Außenraum. Daher rührt auch der besondere Topos in der amerikanischen Architekturtheorie: „place" statt „space" – nicht der bloße Platz, sondern erst der umgrenzte Ort ist bewohnbar. Diese Differenzierung können Europäer meist nur abstrakt nachvollziehen: als Gegensatz des rein quantitativen Raumrasters von Descartes gegenüber Heideggers qualitativer Ortsbestimmung von Raum als Eingeräumtem.

Moores Praxis kommt auch ohne solche Theorien aus. Viele Aufgeregtheiten seiner Bauten – zentralisierende Pyramidendächer, springende Traufen, unregelmäßige Fensterausschnitte – lassen sich nur aus dem horror vacui der Amerikaner in ihrer Landschaft verstehen. Weil solche Häuser nicht in Stadtensembles gebaut werden, sondern immer noch aus dem Nichts entstehen, läßt Moore seine Gebäude organisch von innen nach außen wachsen – eigentlich ein urmodernes Motiv.

Die zumeist klaren geometrischen Grundformen werden durch Anbauten erweitert, aufgestockt oder gekappt, je nach den Wünschen des Benutzers. Was dabei an Außenformen herauskommt, erinnert zuweilen an die kristallinen Deformationen anthroposophischer Bauten hierzulande. Daß seine Gebäude so wenig auf konventionelle Gestalt geben, begründet Moore mit einem musikalischen Vergleich: Hausbau sei wie eine Improvisation über ein Volkslied. Die Grundmelodie kenne jeder auswendig, weshalb man alle Phantasie auf die Gestaltung der freien Linien richten könne. Wer diese plausible Parallele ernst nimmt, empfindet Moores Architektur allerdings erst recht als schrilles Pfeifkonzert.

Mit solchen Extravaganzen kann die weniger bekannte Seite von Charles Moore versöhnen: seine Tätigkeit als einflußreicher Lehrer an den Universitäten von Berkeley, Yale, Los Angeles und Austin. Seinen Studenten verlangt er höchstes handwerkliches Können ab, wie er es selber – vor allem in frühen Bauten – souverän unter Beweis stellte: zeltartige Dächer mit sichtbaren Zimmermannskonstruktionen, robuste, aber elegant schwebende Holzbasiliken. Hier zeigt sich Moore stark von Frank Lloyd Wright und dessen Liebe zur japanischen Architektur beeinflußt. Als Soldat in Korea studierte Moore 1954 diese Bauformen und entwarf selbst zwei Projekte im ostasiatischen Stil. Bis heute durchzieht seine Bauten das Labyrinthische, Weitschweifige von chinesischen Gärten – wenn auch auf engsten Raum.

Beim Entwerfen schuf Moore die amerikanische Variante dessen, was hierzulande als „demokratisches Bauen" bezeichnet wird. Doch anstelle einer bloß formalen Transparenz und Offenheit der Gebäudekörper macht Moore bereits die Planung durchsichtig. Er beteiligte die Bürger via Fernsehschirm bei der Gestaltung eines Flußparks in Dayton und ließ auch den Studenten beim Entwurf des Kresge College in Kalifornien freie Hand. Für den Bau der Episkopalkirche St. Matthew in Südkalifornien veranstaltete Moore wochenlange Workshops mit den Gemeindemitgliedern, die er sogar „Geschmackstests" machen ließ, – Bauplanung als Demoskopie.

Die St. Matthew Kirche von 1983 zeigt, daß auch aus solchen Gruppenarbeiten respektable Architektur entstehen kann. Der Grundriß des Kirchenkreuzes wurde am Querschiff durch runde Ausbuchtungen erweitert, um die Bänke vor dem Altar im Halbkreis aufzustellen. Diese Kirche mit ihrem sichtbaren Konstruktionsgestänge ist eine gelungene Synthese aus frühchristlicher Basilika und Renaissance-Zentralbau – eine „Komposit"-Ordnung, die selbst Baukünstlern wie Alberti einst Kopfzerbrechen bereitete.

Doch viele Bauten von Moore bleiben allzu häufig in naiver Wörtlichkeit stecken. Die Brunnenanlage der Piazza d'Italia in New Orleans, geformt wie die italienische Halbinsel, bildet mit ihrer wahllosen Mischung von Säulen, Arkaden und Bögen eine groteske Commedia dell'Arte der Architektur. Der Platz zählt zu den meistfotografierten Motiven der „Postmoderne", doch er wirkt am Ort wie eine Dorfkirmes.

Moore zielt bei solchen Projekten auf Erinnerungswerte und „Zeichenfunktionen", die einen Ort mit metaphorischen Bedeutungen aufladen sollen. Ähnlich bedeutungsschwanger konzipierte er das Kresge-College, dessen Eingangstore, Brunnen, Plätze und Tribünen wie eine sizilianische Inszenierung des „Bettelstudenten" wirken. Das neue Bürgerzentrum von Beverly Hills hat Moore gleich ganz zu einer Karawanserei aus Tausendundeiner Nacht gemacht.

Solche „einprägsamen Orte" sind reine Kulissenarchitekturen, die sich allenfalls in Disneyland bewähren. Diese Formen auf öffentlichen Bauten zu übertragen, zeugt von einem tiefgehenden Mißverständnis über die Wirkungsweise architektonischer Bedeutungen. Die eindeutigen Bilder reizen und lähmen zugleich die Sinne. Die Diktatur des ausbuchstabierten Symbolgehaltes steht der Diktatur des Rechtecks – der leeren, asymmetrischen Form – in nichts nach. Beide bringen die Menschen um die Chance, sich in ihre Umwelt selbständig einzufühlen und sie individuell zu ordnen. Das Miessche „Weniger" und das Mooresche „Mehr" bilden im Extrem beide die Totpunkte der Phantasie.

Technik als Kunst am Bau

Der deutsche Bauingenieur Stefan Polónyi

Der Architekt blätterte in einem Kunstbuch, zeigte auf eine Renaissance-Kuppel und fragte seinen Ingenieur: „Warum können wir sowas nicht machen?" Es war Michelangelos Kuppel der Sa-

kristei von San Lorenzo in Florenz. Der Ingenieur nickte beifäl-
lig: „Da müssen wir nur aufpassen, daß es nicht umkippt."
Drei Jahre später stand das Gebäude. Mit hundertzwanzig
Metern Länge und 33 Meter Höhe war es nicht nur zehnmal
größer als Michelangelos Bau, sondern auch zehnmal wackli-
ger. Denn statt der Kassettendecke aus massivem Stein wollte
der Architekt Oswald Mathias Ungers unbedingt Glas. Damit
die riesige, zum Tonnengewölbe verlängerte Kuppel nicht zu-
sammenfiel, machte der Ingenieur Stefan Polónyi dem Architekten zahllose Striche quer durch den Entwurf. Mit bloßem
Auge kaum zu erkennen, überzog er die gläserne Kassetten-
haube diagonal mit dünnen Stahlstreben. Die unscheinbare
Zutat war die Hauptsache.
Der Kunsthistoriker Sigfried Giedion verglich einmal die Bau-
konstruktionen des neunzehnten Jahrhunderts mit dem Unterbewußtsein des Menschen. Hinter allem Pathos und Fassadendekor liege die elementare Konstruktion verborgen. Die
moderne Architektur hat seitdem das Verdrängte mit exhibi-
tionistischem Eifer sichtbar gemacht.
Doch bei der – frei nach Michelangelo entworfenen – Frankfurter Messe „Galleria" von 1983 fiel das konstruktive Eisen-
korsett so feingliedrig aus, daß es unter den majestätischen
Rundbögen fast verschwindet. Der Architekt Ungers brauchte
nichts zu verstecken, weil der Ingenieur Polónyi nur das Nötig-
ste hinzufügte, um das Hallenskelett wie einen Regenschirm
aufzuspannen. Der Passant in der Glaspassage nimmt das le-
benswichtige Gestänge über seinen Kopf nur noch als graphi-
sches Muster wahr. Das konstruktive „Unbewußte" ist offen
zutage getreten und wird vom Bauwerk trotzdem absorbiert.
Wenn Ingenieur und Architekt harmonieren, kann auch Technik zur Kunst am Bau werden.
Der „Galleria"-Konstrukteur Stefan Polónyi ist einer von neun-
zigtausend Bauingenieuren in der Bundesrepublik, die die
Entwürfe der sechzigtausend Architekten in Bauwerke umsetzen. In dreißig Jahren hat Polónyi bislang über tausend Projekte betreut, von schlichten Tankstellen und Fabrikhallen
über Schulen und Flughäfen bis zu Kirchen und Museen. Auf

nahezu allen wichtigen Bauplätzen ist er anzutreffen: bei Stirling und Kleihues in Berlin, bei Ungers in Karlsruhe und Köln, bei Jahn in Frankfurt, bei Koolhaas in Den Haag.

Gemessen an einem Berufsstand, der sein Handwerk hinter den Kulissen ausübt, hat sich der gebürtige Ungar Polónyi weit vorgearbeitet. Architekten konsultieren ihn bereits in der Entwurfsphase. Um das gespaltene Lager der Architekten und Ingenieure bereits in der Ausbildung zusammenzubringen, war er Mitbegründer eines vielgelobten künstlerisch-technischen Baustudiengangs in Dortmund.

Der Sohn eines Studienrats aus einem Dorf bei Budapest wäre vielleicht selber Architekt geworden, wenn nicht sein Bruder diese Laufbahn eingeschlagen hätte. „Zwei Architekten in der Familie hätten sich nicht vertragen," erinnert sich Stefan Polónyi, der sein Ingenieurstudium als „sinnvolle Arbeitsteilung" empfand. Mit seinem Bruder Karoly, später Stadtbaurat und Hochschullehrer in Budapest, arbeitete er anfangs auch zusammen, bis er 1950 in die Bundesrepublik auswanderte: „Konstrukteure standen in Ungarn zu weit abseits."

Das Schattendasein der Bautechniker hat Tradition. Auch die Kunstgeschichte kennt nur Baumeister, aber keine Ingenieure. Das rührt von dem antibürgerlichen Charakter der technischen Berufe her. Der Philosoph Friedrich Dessauer wußte den Grund dieser kulturellen Ausgrenzung: „Es gibt keine Erziehung, die den Schein so sehr verwirft, das Prestige so sehr verachtet wie die technische." Einzig im zwanzigsten Jahrhundert wurde der Bautechniker für kurze Zeit zum Leitbild einer Epoche. Doch mit dem brüchig gewordenen Fortschrittsglauben verfiel das Ansehen des Ingenieurberufs zunehmend.

Wer sich durch Polónyis verwinkelte Kölner Büroetage bis ins hintere Chefzimmer durchgefragt hat, trifft Deutschlands meistbeschäftigten Konstrukteur meist lesend oder schreibend an. Während nebenan die Computer endlose statische Berechnungen auswerfen, nutzt Baupraktiker Polónyi die Pausen zwischen den Teambesprechungen für Theoretisches. Mit solider Kenntnis der Philosophie- und Technikgeschichte seit

Roger Bacon hat er so etwas wie eine Kritik der reinen Ingenieursvernunft entwickelt.

Das Resümee aus den Fehlern seiner Zunft klingt denn auch wie ein Kapitel aus Kant: „Ingenieure entwickeln Konstruktionen deduktiv, indem sie die allgemeinen Axiome der Statik auf spezielle Bauaufgaben anwenden", doziert der kraftvolle Hochschullehrer und Hobbysegler. „Sie sollten nicht die Anwendungsmöglichkeiten ihres Instrumentariums ausprobieren, sondern sich vielmehr auf induktivem Weg an die jeweiligen Lösungen herantasten." Auf gut deutsch – Schuster dürfen ihr Schuhwerk nicht über einen Leisten schlagen, sie sollten vielmehr den Schuh an den individuellen Fuß anpassen.

Unversehens hat Polónyi damit eines der Grundübel der modernen Architektur gebrandmarkt. Denn der Überdruß am „Raster", der Ekel vor genormten Baukästen und -kisten rührt von nichts anderem her als von der Herrschaft der „deduktiven" Herleitung von Konstruktionen und Bautypen über besondere „induktiv" zu stellende Bauaufgaben und Formen.

So klar indes hatte Polónyi dieses Dilemma früher nicht vor Augen. Vor 15 Jahren konstruierte er zusammen mit dem Architekten Richard J. Dietrich eine Schlafstadt, die heute als Schandmal des Funktionalismus verschrien ist: die „Metastadt" Wulfen im nördlichen Ruhrgebiet. Damals als Zukunftsarchitektur gepriesen, steht die Trabantensiedlung heute leer und vor dem Abriß. Aus vorgefertigten, variablen Elementen montiert, sollten die Wulfener Wohnblöcke sich den Benutzern flexibel anpassen. „Wir haben den System-Gedanken übertrieben", gibt Polónyi zu. „Solche demontierbaren Baukastenhäuser erfüllen allenfalls die Ansprüche von Militärs oder Schaustellern."

Auch den Jahrhundert-Konstrukteuren wie Buckminster Fuller oder Konrad Wachmann hält Polónyi seine Generalanklage entgegen, daß sie auf dem „deduktiven" Holzweg waren: „Sie haben Konstruktionssysteme entwickelt, denen nachträglich die Nutzung angepaßt werden mußte." Ihm gefällt eher das andere Extrem eines Konstrukteurs wie Frei Otto, der erst die raumabgrenzenden Flächen entwirft, meist weitschwingende Membranen wie auf dem Münchner Olympiagelände.

Solche Ingenieursleistungen sind der beste Beweis, daß das Reich der Entwurfsfreiheit nicht bei den Notwendigkeiten der Bauausführung endet. Doch zwischen Ingenieur und Architekt ist derselbe Bruch eingetreten, wie ihn C. P. Snow zwischen den „zwei Kulturen" der Natur- und Geisteswissenschaften konstatiert hatte. Das ist für Polónyi der Hauptgrund für den Verfall der heutigen Baukultur: „Der Architekt sieht im Ingenieur den Feind, der seine besten Ideen zunichte macht, während der Ingenieur stets meint, dem Architekten seine Flausen austreiben zu müssen."

Solche gegenseitige Besserwisserei war früher undenkbar, als die Seele von Künstler und Techniker noch in der Brust eines Renaissance-Baumeisters zusammenging. Doch seitdem die Technik zur Wissenschaft wurde und neue Materialien das Bauwesen unüberschaubar spezialisiert haben, sind beide Parteien mehr denn je auf Partnerschaft angewiesen. Polónyi beschreibt den Ausgleich musikalisch: „Auch wenn ich der beste Cellist wäre, könnte ich nichts ausrichten, wenn der Dirigent nichts taugt – umgekehrt."

Die Arbeitsteilung beim Bauen war nicht immer so strikt. Doch die Renaissance beispielsweise hatte nicht einfach die besseren Architekten – die Architekten hatten es auch einfacher. Ihre Entwurfsregeln orientierten sich nach den Gesetzen der Proportionalität, durch die der Bau Schönheit und Standfestigkeit zugleich bekam. Aus dem Glauben an eine kosmologische Ordnung heraus war die oberste Entwurfsmethode die Technik der Analogie: Was beispielsweise bei der kleinen Kuppel einer römischen Therme funktionierte, konnte übertragen werden bis hin zu Bauwerken wie dem Petersdom.

Der konstruktive Unterschied zwischen Thermen- und Kirchenkuppel war weitaus geringer als der zwischen einer Sport- und Fabrikhalle heute. „Wir machen viel größere Sprünge zwischen verschiedenen Bauaufgaben", sinniert Stefan Polónyi, dessen behutsamer, fast sanfter Tonfall plötzlich

einen schneidenden Zug bekommt: „Architekten können das ohne Ingenieur nicht mehr überschauen."
Die goldenen Zeiten, als Bauwerke noch aus einer Hand schön und stabil zugleich waren, sucht der Kölner Konstrukteur allerdings nicht im Zeitalter des italienischen Humanismus. Sein Vorbild eines universalen Baugenies ist kein Alberti, Michelangelo oder selbst Gustave Eiffel, sondern ein ehemaliger Janitscharen-Pionieroffizier namens Sinan Hoga. Um 1500 baute Sinan, der größte osmanische Architekt, für Sultan Süleyman in Istanbul und Edirne riesige Moscheen, die Ingenieur Polónyi für unübertroffen hält: „Der hat kühne Kugelkuppeln aufeinandergetürmt wie unsereiner Backsteine."
Daß ausgerechnet im Vorderen Orient diese Bauwunder entstanden, führt der Kölner Konstrukteur auf die besondere Raumphilosophie dieses Kulturkreises zurück: „In Europa heißt Bauen, einen Grundriß zu zeichnen und dann ein Dach darüber zu entwerfen." Sinan dagegen habe gleich den ganzen Raum als dreidimensionales Volumen geplant, weshalb Konstruktion und Architektur von vornherein zur Deckung kamen. Wenn er Kunsthistoriker über Bauten des europäischen Barock schwärmen hört, muß Polónyi milde lächeln: „Diese Gewölbe- und Kuppelwirkungen sind reine Maskerade, weil sie meist nur aus abgehängten Putzdecken modelliert sind."
Vor diesem baukonstruktiven Röntgenblick bleiben auch die Meilensteine der modernen Architektur nicht verschont. Selbst an der Berliner Nationalgalerie von Mies van der Rohe, den Polónyi überaus schätzt, hat der Bautechniker etwas auszusetzen: „Ein herrliches Gebäude – wenn bloß die fünfzehn Kilometer Schweißnähte in der Deckenkonstruktion nicht wären." Was bloß als Diktat der Bauökonomie erscheint, wird plötzlich zur Grundsatzfrage. Denn das ästhetische Empfinden, das würde Polónyi den Architekten gern ins Stammbuch schreiben, rührt immer von ethischen Grundsätzen her.
Doch beim Stichwort „konstruktive Ehrlichkeit" wartet man vergeblich auf ein glühendes Plädoyer Polónyis für eine gültige Bauform. Solche Hoffnungen kann auch die reine Ingenieurs-

vernunft nicht nähren. „Wenn man Bauwerke auf ihre objektive statische Struktur reduziert, werden sie immer unerträglich langweilig." Ein Plädoyer für das Ornament? „Das einzig legitime Mittel der Dekoration ist die Konstruktion." Obwohl Polónyi sich als gleichberechtigter Partner namhafter Architekten versteht, ist auch an ihm die Mißachtung nicht ganz spurlos vorübergegangen, die die Gesellschaft den Drahtziehern hinter den Fassaden entgegenbringt. Auf die Frage, ob er es bedauert, nicht Architekt geworden zu sein, kontert er maliziös: „Ich habe einen *anständigen* Beruf."

Rädelsführer der Moderne

Der Schweizer Kunsthistoriker Sigfried Giedion

Ende der dreißiger Jahre besuchte ein Schweizer Kunsthistoriker die Schlachthöfe von Chicago. Er wollte die Einführung des Fließbandes in der Fleischproduktion studieren. Zu seiner Überraschung stellt er fest, daß keiner der Automaten funktionierte. „Der Übergang vom Leben zum Tod entzieht sich der Mechanisierung", notiert der Schweizer sorgfältig. „Sogar wenn es tot ist, widersetzt sich das Schwein der Maschine." Er beobachtet, wie die Schlachter mit standardisierten Handgriffen den kopfüber hängenden Tieren das Messer stets genau sechs Zoll tief in die Kehle stechen. „Dafür braucht es Handwerker, die die Präzision und Geschicklichkeit eines Chirurgen mit der Raschheit eines Akkordarbeiters vereinen." Ungerührt von der „vollkommenen Neutralität" der Massenschlachtung verläßt der Schweizer die Schlachthöfe. Aber „plötzlich steigt der eingeatmete Blutgeruch hoch", bemerkt er einige Tage später, „obwohl keine Spur an einem zurückgeblieben sein kann". Der Schock scheint so tief den Boden seines Bewußtseins zu durchschlagen, daß der Gedanke erst Jahre später, 1948, wieder auftaucht: „Hat diese Neutralität des Tötens eine weitere Wirkung auf uns gehabt? Sie hat sich im großen Maßstab erst im Zweiten Weltkrieg gezeigt, als ganze Bevölkerungsschichten, wehrlos gemacht wie das Schlachtvieh, mit durchtrainierter Neutralität ausgetilgt wurden."

Der Schweizer Kunst- und Architekurhistoriker Sigfried Giedion (1888 – 1968) mußte erst einen Schlachthof besuchen, damit seine Betrachtungen politisch wurden. Zuvor hatte er für nichts anderes gekämpft als für den Durchbruch der modernen Architektur. Wie kein zweiter sang er das Hohelied der Maschinenkultur und Wissenschaftsbegeisterung und wurde zum einflußreichsten Exegeten des Neuen Bauens. Die ganze Weltgeschichte geriet dem Vordenker der einflußreichen „Internationalen Kongresse für Neues Bauen" (CIAM) zur Theologie der Moderne.

Doch Skepsis gegenüber dem ästhetischen Fortschrittsglauben erreichte Giedion, nachdem er 1938 in Amerika seinem Wunschbild einer technisierten Zukunftsgesellschaft leibhaftig begegnete. Zwar hielt er zunächst in Harvard auf Einladung von Walter Gropius Architekturvorlesungen über den Siegeszug des „Internationalen Stils". Die Vorträge, die er 1941 zum Kultbuch „Space, Time and Architecture" zusammenfaßte, prägten mehr als zwei Generationen lang weltweit ein Bild der Moderne als universelles Glücksversprechen. Gleichzeitig aber schrieb Giedion an einer Kulturgeschichte der Technik im Alltag, die 1948 unter dem Titel „Mechanization Takes Command" erschien. Sie lief auf eine ganz andere Erkenntnis hinaus: daß die Emanzipation an jenen Produktivkräften scheitern könnte, deren Nutzbarmachung Ziel der Moderne war.

Giedions Kulturkritik ist das begriffslose Gegenstück zur „Dialektik der Aufklärung" von Adorno und Horkheimer, verfaßt von einem Barfuß-Historiker, der nur aus der Anschauung heraus schrieb. Weil er kein Denker, sondern ein Täter war, brachte er seine Einsicht in die unbeholfene Formel: Die moderne Gesellschaft leide an der „Spaltung zwischen Denken und Fühlen", zwischen Technik und Kunst.

Giedions Diagnose gründete auf seinen Untersuchungen zur Kunst-, Stil- und Ingenieurbaugeschichte im 19. Jahrhundert.

Die Entwertung der Symbole und Ornamente, die einst gesellschaftliche Einheit stifteten, führte er auf *Style Empire* und
Klassizismus zurück. Unter dem „dekorativen Schleim" (Giedion) des Historismus förderte er eine fundamental neue Ästhetik zutage: die französischen Eisenbautechniken als anonyme
Vorboten einer neuen rationalistischen Weltordnung. Er kom-
pilierte wissenschaftliche Entdeckungen zu Triebkräften einer
Gesellschaftsentwicklung, die angeblich dann im 20. Jahrhundert begriffen und beherrscht würden – als erhoffte Einheit der
Wissenschaften und Künste nach dem Vorbild der Renaissance.

Auch nach vierzig Jahren liest sich diese gewaltige Anthologie
über die „Herrschaft durch Mechanisierung", den zügellosen
Durchmarsch der Ingenieurtechniken durch alle Lebensbereiche wie ein umgekehrter „Don Quichotte", dessen ehrbarer
Held durch Erfolg zum Scheitern verurteilt ist. Mit einer fast
animistischen Fabulierlust, wie sie nur einer Ingenieurseele,
entspringen kann, beschreibt Giedion den Aufstand der Dinge, die Machtergreifung der toten Materie über das menschliche Subjekt. Da kämpft das „Edisonhafte" (Bloch) der guten
Erfinder gegen die böse, technikfeindliche Restauration des
Ancien régime. Doch im Verlauf seiner Abhandlungen muß
Giedion feststellen, daß seine Helden – die Apparate und Ingenieure – selbst vor der „Mechanisierung der organischen
Substanz" nicht haltmachen und damit die menschlichen Le-
bensgrundlagen gefährden. Mit dem Sieg seiner technischen
Idole muß er zugleich den Verrat an seinen humanistischen
Idealen konstatieren. Giedions Studie ist der bislang noch un-
entdeckte Bildungsroman einer ganzen Generation, die sich
vor ihren eigenen Errungenschaften fürchten mußte.

An den Irrtümern, Auslassungen und zynischen Strategien in
Giedions Lebenswerk läßt sich exemplarisch aufzeigen, wie
die moderne Bewegung in Mißkredit geraten mußte. Nach
den Feiern zum hundertsten Geburtstag des obersten Rädels-
führers des Neuen Bauens am 14. April 1988 hat die Eidge-
nössische Technische Hochschule (ETH) in Zürich mit Ausstellungen, Büchern, Vorträgen und einem internationalen Kollo-

quium den Aufstieg und Niedergang eines Jahrhundert-My-
thos untersucht. Sigfried Giedion war Geburtshelfer dieses
Mythos der Moderne, die sich nicht mehr nur geschichtlich,
sondern zeitlos als neue Natur legitimieren wollte und dafür
eine paßgenaue Anthropologie entwickelte.

Zur Aufdeckung der historischen Wahrheit wurde auf dem
Zürcher Kongreß vier Tage lang Giedions Sündenregister ver-
lesen. Dabei hatte der Schweizer Bauhistoriker, der zuerst Ma-
schinenbau und dann bei Wölfflin Kunstgeschichte studierte,
niemals Zweifel an seiner Parteilichkeit gelassen. „Eine vergangene Zeit ist wie ein Spiegel, der immer nur die Züge dessen wiedergibt, der hineinblickt", schreibt er bereits 1922 in
seiner Dissertation über „spätbarocken und romantischen
Klassizismus". In dem Kampf gegen sein oberstes Feindbild,
den Klassizismus und Historismus des 19. Jahrhunderts, macht
er sich von Anfang an die Geschichte dienstbar. Er geht über
die Barockauffassung seines Lehrers Wölfflin hinaus und entdeckt bereits im 17. und 18. Jahrhundert Keime einer „barocken Modernität" (Sokratis Georgiadis). Mit diesem Kunstgriff kann er direkt ins gelobte 20. Jahrhundert gelangen und
Baumeister wie Schinkel, Durand, Quatremére, Semper oder
Viollet-le-Duc einfach übergehen.

Auch in seinem zweiten größeren Werk „Bauen in Frankreich", 1928, ordnet Giedion die Fakten nach Maßgabe der
gewünschten Resultate. Er gibt das „Ewigkeitspostament des
Historikers" preis und verfolgt rücksichtslos ein einziges Ziel:
die Ursprünge der modernen Architektur in den neuen Materialien und Konstruktionen der französischen Ingenieure aufzuspüren. Doch dazu schuf er eigens einen „Mythos des französischen Rationalismus, der nur als historiographische Revan-
che gegen das damalige Deutschland zu verstehen ist", wie
Jean-Louis Cohen von der Pariser Ecole d'Architecture in Zürich berichtete. Mit seiner Leit-Metapher, die Konstruktion sei
das Unterbewußtsein der Architektur, sowie seiner Auffassung
vom „anonymen, instinktmäßigen Getriebensein" der Bauge-
staltung erklärt Giedion das 19. Jahrhundert zum Steinbruch
einer verborgenen Sachlichkeitsethik, zu deren Ausbeute die

nachfolgende Moderne wie gerufen kommt. Verzweigtere
Wurzeln der neuen Gestaltung jenseits des Rationalismus –
Arts-and-Crafts oder den Werkbund – ignorierte er.

Vor allem für die Rezeption der modernen Kunst spielen Giedions Analysen eine gleichermaßen bahnbrechende wie verheerende Rolle. Denn da er die Bedeutung der Ingenieursar-
chitektur herausgestellt hatte, sah er wiederum die Gefahr,
daß das Neue Bauen nunmehr als bloß technisches Wissen
diskreditiert wurde. In einem berühmt gewordenen Beleg für
die neue ästhetische Durchdringung von Innen- und Außenraum – sein Bildvergleich von Picassos kubistischer L'Arlesien-
ne und Gropius' Bauhaus-Gebäude – bezog Giedion künstlerische und architektonische Neuerungen aufeinander, um das
profanierte Bauen zu „resakralisieren". Zwischen Malerei und
Architektur konstatierte er „Parallelitäten", der furchtbarste Irrtum der neueren Kunstgeschichte.

Giedion behauptete sogar eine angebliche Synthese von Kunst
und Architektur mit der modernen Wissenschaft. Indem er die
Theorien von Einstein, Bohr, Planck und Heisenberg für seine
neue, „holistische Ästhetik" dienstbar machte, schrumpften
wissenschaftliche Erkenntnisse zu bloßen Metaphern. Als Albert Einstein 1941 von Giedions neuer Raum-Zeit-Konzep-
tion, einer nur noch in Bewegung erfahrbaren, entmateriali-
sierten Architektur hörte, die sich auf die Relativitätstheorie
stützen wollte, verfaßte er ein wenig charmantes Nonsens-Ge-
dicht: „Nicht schwer ist's, Neues auszusagen, wenn jeden
Blödsinn man will wagen. Doch seltener fügt sich auch dabei,
daß Neues auch vernünftig sei." Nicht zuletzt hatte Giedion
übersehen, daß die meisten modernen Künstler die neuen
Wissenschaften nicht sklavisch studiert, sondern nur über den
irrationalistischen Umweg von Spiritualismus, Holismus oder
gar Science-Fiction-Literatur kennengelernt hatten. Mit solchen Definitionsmanövern schuf Giedion trotzdem, so der
Amerikaner Arthur Molella in Zürich, eine „Meta-Sprache als
symbolische Vermittlung".

Giedions folgenschwerste Geschichtsklitterung jedoch war,
daß er bewußt alle Vertreter des Expressionismus wie der Kon-

struktivismus aus seiner Ahnengalerie ausschloß. In „Space, Time and Architecture" fehlen fast sämtliche Vertreter einer behutsameren, organischen Modernität – Loos, Häring, Mendelsohn, Taut, Scharoun, Poelzig, Hoeger, Haesler. Und die russische Experimentalarchitekur von Melnikow, El Lissitzky, Leonidov oder Wesnin behielt er seinen Lesern und Adepten ebenfalls vor. Giedion propagierte schließlich eine völlig einseitige, von Individualismus, ästhetischem Spiel und Widersprüchen gereinigte Moderne, deren ornamentfeindliche *ultima ratio* Ernst Bloch einst mit dem Schlachtruf verspottete: „Hurra, es fällt uns nichts mehr ein."

Giedions historiographisches Programm, die „Entstehung einer neuen Tradition" zu dokumentieren, entpuppt sich als Hagiographie eines einzigen Baumeisters: Walter Gropius. Wie Winfried Nerdinger in Zürich zeigte, teilten der Bauhaus-Gründer und der CIAM-Generalsekretär nicht nur das Feindbild – den Historismus –, sondern auch ihre apolitische Grundhaltung, mit der sie sich rein technokratisch auf Baurationalisierung konzentrierten. Das hatte einschneidende Folgen für die gesamte Arbeit der CIAM-Gruppe, die zunehmend nur noch trockene Bausoziologie und monofunktionelle Stadtplanung propagierte. Die einst von der Avantgarde geforderte Einheit von Kunst und Leben degenerierte zum sozialpflegerischen Ideal einer Einheit von Architektur und Bewohnern.

„Wir müssen unsere Studenten auch heute noch davor warnen, Giedion als Geschichtsbuch zu lesen", berichtete Werner Oechslin, der Veranstalter des Zürcher Kongresses. Und der Engländer Tim Benton nannte Giedions Hauptwerk „keine Forschungs-, sondern eine Verteidigungsschrift, vergleichbar mit Charles Jencks' Apologie der Postmoderne".

Sein letztes Gefecht schlug der in seine eigenen historischen Konstruktionen unentrinnbar verstrickte Giedion 1962 mit der Monumental-Trilogie „Eternal Present", einer Kunstgeschichte von der Prähistorie bis zur Gegenwart. Um die längst bedrohte Moderne noch einmal als Synthese der Weltgeschichte herauszustellen, gibt Giedion die Einteilung in Stilepochen auf zugunsten einer Abfolge von drei „Raumkonzeptionen": Architektur als Plastik (Ägypten bis Griechenland), Architektur als Innenraum (Rom bis Barock) und schließlich die Summe aus beidem: Architektur als Einheit von Plastik und Innenraum (Moderne). Damit stellt er die Baugeschichte auf den Kopf und klammert das halbe Abendland – Klassik, Gotik und Renaissance – aus; ein Skandal, den ihm die akademische Kunstwissenschaft bis heute nicht verziehen hat.

Bis zuletzt war Giedion ein Visionär mit einer derart starken Imagination, daß vor seinen Augen sich alle Phänomene auf gleiche Weise ordneten, „wie Eisenfeilspäne durch einen Magneten vorhandene Kraftlinien enthüllen". Dieses Denk-Bild stammt von Giedion selber und ist das Zeugnis eines Generalisten, der sich der Spezialisierung ebenso entgegenstellte wie der beliebigen Verfügbarkeit des Wissens. Er war vielleicht einer der letzten Humanisten, die das Recht des Subjekts auf umfassende Synthesis praktizieren wollten. Gerade in seinem Scheitern wurde Sigfried Giedion zum Signum einer Epoche.

Sehnsucht nach dem neuen Babylon
Der italienische Futurist Antonio Sant'Elia

Futurismus, Kubismus und Expressionismus, schrieb Gottfried Benn 1933, seien einheitlich in ihrer Wirklichkeitszertrümmerung bis dorthin, wo die Dinge nicht mehr sensualistisch gefärbt und psychologisch verweichlicht werden können, sondern wo sie „im akausalen Dauerschweigen des absoluten Ich der seltenen Berufung durch den schöpferischen Geist entgegensehen". Unterlegt man die dunkle Definition Benns den Zeichnungen des Architekten Antonio Sant'Elia, dann tritt die Härte und Eiseskälte dieser Bauvisionen in vorzeitlicher Nacktheit hervor. Dann erscheint die Revolution des Futurismus nicht mehr als Fortentwicklung der Gegenwart und Steigerung der architektonischen Kunst, sondern als Rückkehr in die große archaische Epoche der Menschheit. Sant'Elias Schöpfungskraft reicht weit bis in die byzantinische, dorische, ägyptische Welt hinab. In seinen Stadtentwürfen „Città Nouva" von 1914 ersteht die Metropole der Zukunft im Gewand von Sphinx und Stufentempel, Festung und Tor, Brücke und Turm. Nie zuvor sind in der Architekturgeschichte Stadt und Industrie mit solcher Urgewalt und Naturhaftigkeit dargestellt worden. Bei Sant'Elias menschenleeren Kollektivphantasien handelt es sich nicht um Architektur, sondern um Geologie, nicht um psychologisch empirische Weltsicht, sondern um akausale, absolute Expression

Der erste vollständige Überblick über das fast ausschließlich aus Zeichnungen bestehende Lebenswerk des Architekten aus dem oberitalienischen Como (1888 bis 1916) wird zur unheimlichen Begegnung mit einer entfesselten künstlerischen Imagination. In nur zehn Jahren hat Sant'Elia alle Stadien des damaligen Historismus, der Liberty-Architektur, der Wiener Sezessionskunst und der Wagner-Schule durchlaufen, um schließlich zur Gewalt eines architektonischen Ursprungsmythos zu finden, dessen greller Blitzschein in den gesamten modernen Stadtvisionen dieses Jahrhunderts nachdonnert. Die zuerst im vergangenen Herbst im Museo d'Arte Moderna di Ca'Pasaro in Venedig gezeigte Ausstellung wurde im Frankfurter Architekturmuseum um Arbeiten von zeitgenössischen Österreichern und Franzosen erweitert und bringt im Katalog die erste deutschsprachige Monographie mit vollständigem Werkverzeichnis.

Antonio Sant'Elia hatte sich nach seiner Ausbildung als Verkehrsbauingenieur in Como und seiner Arbeit als technischer Zeichner in der Mailänder Bauverwaltung 1909 in der Accademia di Brera eingeschrieben. In seinen ersten Entwürfen für Grabmäler, Friedhöfe, Bahnstationen und Sparkassen entwickelte er noch neugotische bis jugenstilhafte Schmuckformen. Der Einfluß von Wien, der Sant'Elia über Bücher und Zeitschriften erreichte, zeigt sich überdeutlich in seinen Karyatiden und Atlanten, deren schmerzhafte Verzerrung die

Figuren von Klimt oder Schiele noch dramatisch steigern. Ver-
bürgt ist auch seine Kenntnis der Arbeiten von Otto Wagner
und dessen Wiener Schülern, deren Byzantinik und klassizistische Modernität er bis in Fassadendetails übernahm. Von seinen beiden Zeitgenossen, dem anarchisch-primitiven Virgilio
Marchi und dem eher pedantischen Mario Chiattone, die zur
gleichen Zeit mit verblüffend ähnlichen Entwürfen wie Sant'Elia
hervortraten, ist in der Ausstellung nur flüchtig die Rede.
Die Zuschreibungen und Einflüsse lassen sich später immer
schwieriger ausmachen. Während folgende Arbeiten in ihrer
horizontalen Schichtung, Terrassendynamik und ihren totem-
pfahlartigen Aufbauten an F. L. Wright erinnern, bleibt unklar,
ob Sant'Elia die erstmals 1910 in Europa publizierten Arbeiten
des großen Amerikaners überhaupt zu Gesicht bekommen
hat. Das übermächtige Bild der amerikanischen Hochhaus-
stadt kannte er allenfalls vom Hörensagen. Von der Stadtvision
der „Cité industrielle", die Tony Garnier bereits 1904 für Lyon
entwickelt, aber erst 1917 publiziert hatte, konnte der Früh-
verstorbene nichts wissen.
So steht man in der Frankfurter Ausstellung vor knapp vierhundert brillanten, in ihrer zeichnerischen Detailierung und Kolo-
rierung ebenso präzise wie schwungvoll komponierten Entwürfen, die bei allen Ähnlichkeiten zum deutschen Expressionismus als eigene, von Schulen und Moden unabhängige
Schöpfung verstanden werden müssen. Warum ausgerechnet
das merkwürdige, halb industrialisierte, halb provinziell ent-
rückte Städtchen Como außer Sant'Elia auch Baumeister wie
Cattaneo und Terragni hervorbrachte und damit Zentrum der
italienischen Moderne war, harrt noch der Erklärung.
Das geistige Klima der Jahrhundertwende war von der selbst-
gefälligen Bourgeoisie der Belle Epoque gekennzeichnet, deren Stadtvorstellungen sich im akademischen „Embellisse-
ment", in historistischen Stadtverschönerungen erschöpfte.
Die künstlerische und architektonische Avantgarde dagegen
entwickelte sich ganz im Zeichen sozialistisch geprägter Zu-
kunftsentwürfe. Von Robert Owens Gartenstädten bis zu Fou-
riers Siedlungsgenossenschaften, von Otto Wagners Wiener

Ringstraßenkonzept bis zu Garniers Lyoner Industriestadt gab
es eine ungeheure Leidenschaft für bahnbrechende Architek-
turentwürfe. Sie wurden um so imaginärer, je mehr sie sich zur
industriellen Wirklichkeit und zur Entfesselung der Verkehrs-
und Energieströme in den Metropolen bekennen wollten.
Wen es die Einheit von Kunst und Leben jemals gab, so war
die untergegangene Architektur dieser Wendezeit ihre oberste
Verkörperung.

Vom ersten „Futuristischen Manifest" Marinettis 1909 bis zum
„Manifest der futuristischen Architektur" Sant'Elias von 1914
reicht die wichtigste Phase dieser italienischen Bewegung.
Ihre Vergötterung von Tempo und Gewalttätigkeit, ihre Vision
der Städte als „riesiger lärmender Werft" (Sant'Elia) war ein
Bombardement der Sinne, das sich als Vorwegnahme des
Weltkriegs entpuppen sollte. Sant'Elias Forderungen nach
einer nicht monumentalen, leichten und praktischen Architektur gipfelte in den Sätzen, die futuristische Architektur sei
„verbraucht und vergänglich", und: „Jede Generation wird
sich ihre Stadt bauen müssen."

Doch seine Entwürfe seit 1912 bekunden in ihrem Pathos,
ihrer Massivität und Angst vor Vergänglichkeit das genaue Gegenteil. In ihnen steckt eine Ewigkeitssehnsucht, deren Maßlo-
sigkeit nur von einer intensiven Todesahnung Sant'Elias herrühren kann. Durch kubistische Zersplitterung vergrößert
Sant'Elia die Oberfläche der Objekte wie Heizkörper, an die
sich diagonale Zylinder, Prismen, Pyramiden und Kegel anlagern. Erst allmählich läßt der Architekt in seinen Zeichnungen
aus diesen Großvolumina erkennbare Strukturen von Hochhäusern, Kraftwerken und Bahnhöfen heraustreten. Wie unter
Überdruck quellen die terrassierten Bauwerke auf, die von
den fast leitmotivisch schrägen Stützmauern und Strebepfei-
lern an den Fassaden wie von geschwollenen Muskeln zusam-
mengehalten werden. Das Faszinierende dieser Häuser ist,
daß sie Sinnbilder einer nicht-faschistischen Monumentalität
abgeben. Denn sie verfügen über eine besondere raumzeitli-
che Komposition, die die statische Ausdehnung mit einer
dynamischen Richtungsenergie zusammenbringt. Trotz ihrer

schieren Größe haben sie nichts mit dem Ewigkeitsanspruch der plumpen Staatstempel oder Totenburgen der totalitären Architektur gemein. In kalkulierter Überkomplexität staffeln sich serielle Anbauten – risalitartige Aufzugschächte, säulenartige Schornsteine oder vervielfältigte Brücken – um die Baukörper herum, so daß man fast den Eindruck einer Simultanperspektive bekommt, die sich von der zentralisierenden, toten Symmetrie des Klassizismus der dreißiger Jahre deutlich abhebt.

Das erklärt auch die erstaunliche Transparenz dieser Fabelwesen, die zuweilen wie abstrakte Organismen erscheinen, die mitten in der Bewegung versteinert sind. Obwohl Sant'Elia keinen Hausgrundriß und keinen einzigen Stadtplan gezeichnet hat, läßt sich sowohl die innere räumliche Organisation wie auch die städtebauliche Konfiguration dieser Solitäre erahnen. Mit der Sakralität ihrer Schornsteinorgelpfeifen und Kirchturmsilhouetten geben sie das Bild profaner Wallfahrtsstätten ab. Sant'Elia huldigt den großen Kollektiv-Bauten des zwanzigsten Jahrhunderts – Bahnhof, Flughafen, Wohnblock, Hotel, Warenhaus –, indem er sie in die Nachfolge der sozialen Brennpunkte von einst, der Kathedralen, einreiht. Das Technisch-Utilitäre taucht hier im Gewand von Freiheit und Selbstzweckhaftigkeit auf und wird nicht, wie heute üblich, gleichgültig oder verängstigt an den Rand geschoben und verdrängt. Sant'Elias ritualisierte Bauformen sind Geisterbeschwörungen. In der produktiven Sphäre der Metropole sucht er die der totalen Industrialisierung immer noch innewohnenden übermächtigen Naturgewalten der Vorzeit aufzuspüren.

Sant'Elia huldigte weder dem damals modischen Roboterstil noch der Montagekunst, sondern schuf zeitlose, fast primitivistische Archetypen der modernen Großstadtarchitektur. Als Sozialist, der im Gemeinderat von Como auch politisch aktiv war, hätte er sich der faschistischen Indienstnahme des später in Rom florierenden Futurismus entzogen. Marinetti und die anderen ließen sich als Propagandisten Mussolinis bis zur kunstgewerblichen Banalisierung des einstigen revolutionären Potentials herab und verfaßten sogar futuristische Kochrezepte. Das wahre architektonische Erbe des Futurismus ging fernab im russischen Konstruktivismus auf, das urbanistische Vermächtnis inspirierte die amerikanischen Stadtvisionen von Raymond Hood und Hugh Ferris.

1915 war Antonio Sant'Elia als Soldat des lombardischen Radfahrer-Bataillons in den Ersten Weltkrieg eingetreten. Am 10. Oktober 1916 um siebzehn Uhr traf ihn eine tödliche Kugel an der Stirn. Beerdigt wurde er auf dem Friedhof von Monfalcone, den er wenige Monate zuvor selber entworfen hatte. Ebenso wie dem kurz zuvor gefallenen futuristischen Maler Boccioni war ihm paradoxerweise der erste industrialisierte Krieg der Menschheit, den die Futuristen noch verherrlicht hatten, zum Verhängnis geworden. Kennzeichen der frühen Architekturmoderne war die Gespaltenheit, daß sie dem Augenblick huldigen wollte, aber insgeheim von der Ewigkeit gültiger Idealformen träumte. Angesichts der schnellebigen Wegwerfarchitektur unserer heutigen Städte hat die Wiederentdeckung dieses verschütteten Urmotivs der Moderne höchste Aktualität.

Traumbild einer Zukunftsstadt

Das Lebenswerk des Paris-Planers Georges-Eugène Haussmann

„Ich will ein zweiter Augustus sein", schrieb Louis Napoleon Bonaparte 1842 aus seiner Festungshaft, „denn Augustus hat Rom zu einer Stadt aus Marmor gemacht". Louis Napoleon wollte nach seiner Rückkehr die französische Hauptstadt zu einem imperialen Monument aus Marmor machen. In knapp zwei Jahrzehnten veränderte er Paris mehr, als es Rom in zweitausend Jahren widerfahren war. Von 1853 bis 1870 wurden in Paris über zwanzigtausend Häuser abgerissen und vierzigtausend neu gebaut, dazu entstanden siebzig neue Schulen, zweiundzwanzig Stadtplätze, fünfzehn Kirchen und

Synagogen, neun Kasernen, sieben Märkte, sechs Rathäuser, fünf Bahnhöfe, fünf Seine-Brücken, drei Krankenhäuser, drei Stadtparks und zwei Erholungswälder. Zudem wurden neunzig Kilometer neue Boulevards durch den Stadtkern gebrochen, eine nahezu komplette Wasserversorgung mitsamt fünfhundert Kilometern Kanalisation angelegt, fünfzehntausend Straßenlaternen aufgestellt und nebenbei ein totales „urban design" entwickelt, das von der Parkbank bis zum Balkongitter die ganze Stadt überformte.

Die Neuordnung von Paris war der größte Stadtumbau aller Zeiten. Der Abriß ganzer Viertel und die Evakuierung von mehreren zehntausend Bewohnern glich einem Kolonialkrieg gegen die eigene Hauptstadt. Es war die Unterwerfung eines historisch gewachsenen Lebensraumes, dessen Bewohner sich dem absolutistischen Regime bedingungslos fügen mußten. Der Haß des Kaiserreiches auf die mittelalterliche Stadt der Revolutionen und Barrikadenkämpfe war so groß, daß sogar die von den keltischen Ureinwohnern gegründete Seine-Insel La Cité völlig umgekrempelt wurde. Nichts Individuelles konnte sich unter dem kaiserlichen Staatsterrorismus mehr entfalten. Die massive Ewigkeit der neuen, lückenlos geschlossenen Fassadenwände, die unendlichen Perspektiven der Achsen unterdrückten jede partikulare Regung, jede organische Selbständigkeit.

Um so erstaunlicher ist es, daß die französische Hauptstadt unbestritten zu den schönsten Städten der Welt zählt. Das Entsetzen der Zeitgenossen, allen voran Victor Hugos, ist einer Paris-Begeisterung gewichen, die neben den Künstlern auch die Urbanisten erfaßte. Von Chicago über London, Brüssel, Berlin, Mailand, Wien, Rom und Zagreb bis Canberra eiferten alle Großstädte zu Beginn des 20. Jahrhunderts dem Pariser Ideal nach. Für diesen künstlich historisierenden, im politischen Sinne reaktionären und despotischen Städtebau begeisterten sich sogar die Propagandisten der Moderne. Der Kunsthistoriker Sigfried Giedion schwärmte von den „ungeheuren, unbezähmbaren, überwältigenden" Taten Napoleons III. und seines Präfekten Haussmann. Und Le Corbusier

pries 1925 „das gigantische Werk dieses Willensmenschen"
und verkündete stolz: „Ich bin der Haussmann von heute."
Georges-Eugène Haussmann (1809 bis 1891), ein in Paris ge-
borener Sohn einer protestantischen Soldatenfamilie aus dem
Elsaß, war Jurist und Verwaltungsbeamter zunächst in der Pro-
vinz, bis ihn Napoleon 1853 zum Seine-Präfekten und damit
zum Pariser Bürgermeister ernannte. Im Londoner Exil hatte
Louis Napoleon den großen industriellen und städtebaulichen
Vorsprung der englischen Hauptstadt bewundert. London war
nach dem großen Brand von 1666 völlig neu aufgebaut worden, während Paris über Jahrhunderte unverändert blieb. Besonders die geordneten Londoner Squares und Residenzvier-
tel wollte Napoleon in monumentaler Überhöhung in Paris
einführen. Die großen Durchbrüche, Achsen und Plätze hatte
er bereits eigenhändig aufgezeichnet. Doch ohne das Pla-
nungs-, Verwaltungs- und Finanzgenie Haussmann, der als
Generalist und System-Baumeister die Arbeit der einzelnen
Bau- und Technikdisziplinen durchsetzte, wäre der Stadtumbau nie gelungen.
Dem Baron Haussmann ist im „Pavillon de l'Arsenal", dem
Dokumentationszentrum der Stadt Paris, zum ersten Mal eine
eigene Ausstellung gewidmet. Daß sich dessen pharaonisches
Lebenswerk nur noch lückenhaft rekonstruieren läßt, ist eine
späte Rache der Pariser Kommune von 1871. Bei ihren Rück-
zugsgefechten zündeten die Kommunarden das Rathaus und
die Polizeipräfektur an, wodurch die meisten Dokumente ver-
nichtet wurden. Die wenigen Originalpläne von Napoleons
und Haussmanns Hand in der Pariser Ausstellung aber haben
es in sich.
Hier kann man anschaulich erfassen, was Walter Benjamin mit
seinem „Passagenwerk" beabsichtigt hatte. Mit seiner „Traumdeutung" von Paris als Hauptstadt des 19. Jahrhunderts wollte
er dem kollektiven Unbewußten nachspüren, das in dialekti-
schen Traumbildern seine Zukunft antizipiert. Industrielle Revolution und Stadtbau überlagerten sich für Benjamin noch
mit der alten Gesellschaft, so daß „Wunschbilder" entstanden,
in denen „das Kollektiv die Unfertigkeit der gesellschaftlichen

Produktionsordnung sowohl aufzuheben wie zu verklären sucht".

Zwar geht die Ausstellung mit keinem Wort auf Benjamin oder andere Philosophen der Stadt ein. Dennoch kann man den von ihnen beschriebenen Ungleichzeitigkeiten nachgehen. Sie zeigen sich auf den vergilbten Meßtischblättern der alten Stadt, in die der Präfekt die neuen Durchbrüche und Baublöcke eintrug, was wie geheimnisvolle fotografische Doppelbelichtungen aussieht. Das verwinkelte Pariser Parzellensystem wird überformt von der industriellen Rationalität der neuen Achsenstadt. Der alte Stadtkörper behauptet sein Recht, indem er den noch nicht völlig orthogonal geordneten Durchbrüchen den Weg des geringsten Widerstands weist. Dieses leicht irrationale System der nur teilweise zusammenhängenden Kahlschläge erinnerte den Modernisten Sigfried Giedion folgerichtig „eher an ein Schützengrabensystem in schwierigem Gelände denn an Städtebau". Zugleich aber faßt der neue Stadtgrundriß mit seinen geraden Fluchten die verwinkelten Parzellen und damit die alten Eigentumsverhältnisse zu großen, abstrakten Blöcken zusammen, in denen es nicht mehr die alte undurchdringliche Gesellschaft, sondern nur den abstrakten Gegensatz von gebautem Privatinteresse und öffentlich-repräsentativem Straßenraum gibt.

Stadtpläne sind freilich keine Traumbilder. Doch je tiefer man in die Beweggründe dieses Stadtumbaus eindringt, desto eher kann man von urbanistischen Phantasmagorien, von einer Durchdringung der Traum- und Wachwelt sprechen. Das 19. Jahrhundert ist die Bruchstelle, an welcher das Schöne und das Nützliche sich noch ein letztes Mal berühren. Daher neigten die Menschen dazu, so Benjamin, „technische Notwendigkeiten durch künstlerische Zielsetzungen zu veredeln"; im Laboratorium Paris, in dem erstmals die Malerei von der Fotografie, die Graphik von der Reklame und die Dichtung vom Journalismus ersetzt wird, tritt auch an die Stelle der Architektur die Konstruktion des Ingenieurs.

Die ästhetischen Motive der Sichtachsen, mit denen Haussmann auf die perspektivischen Verbindungen der Kirchen

Roms durch Papst Sixtus V. zurückgreifen wollte, entpuppen sich im Souterrain der Stadt als technische Imperative der Kanalisation unter den Straßen. Der Umbau war nicht nur ein kaiserliches Prestigevorhaben, sondern diente auch der Gesundheitsfürsorge, nachdem die Pariser wegen mangelnder Wasserreinheit 1830 und 1848 zu Zehntausenden an Cholera gestorben waren. Und das Hauptwerk, die zentrale Kreuzung an der Place du Châtelet, wo die verlängerte Rue de Rivoli aus dem Westen mit dem pfeilgerade von Norden durch die Quartiere getriebenen Boulevard Sébastopol zusammentrifft, nahm man lange vor Erfindung des Autos die Durchfahrtsstraßen des heutigen Massenverkehrs vorweg.

Genauso vieldeutig ist das Motiv der strategischen Durchbrüche, mit denen Napoleon und Haussmann den revolutionären Barrikadenbau unterbinden wollten. Im alten Pariser Osten rund um das Hôtel de Ville und die Bastille, wo die meisten Aufstände losbrachen, wurden zwei große Achsen – Boulevard Voltaire und Avenue Daumesnil – angelegt und der Kanal St. Martin zugeschüttet, damit sich die Aufrührer nicht mehr hinter diese „natürliche" Verteidigungslinie zurückziehen konnten. Doch gleichzeitig ließ Haussmann weitaus mehr neue Straßen in den wohlhabenden Vierteln des Westens bauen. Dort wurden nicht Arbeiterslums, sondern zum Schrecken der Bürger noble Neubauten abgerissen, etwa am Boulevard Malesherbes. Der klassenübergreifende strategische Umbau von Arbeiter- wie Bürgervierteln gehorchte einem höheren Prinzip der Stadterweiterung. Durch „Multiplikation" standardisierter „Baukasten-Elemente" – endlose Straßenrandbebauungen, sternförmige Plätze als Straßenverteiler – sollte die Stadt nichts als ein totales Abbild ihrer selbst sein. In strengster Kontinuität konnte sie bis an den Horizont weiterwachsen. Das Einzigartige an Paris ist die durchweg starke Signifikanz aller Quartiere, die noch in den Randbereichen das Gefühl der Zentralität vermitteln.

Haussmann gelang es, die in den Nordosten abgedrängten Arbeiter als direkt von der Regierung abhängiges Bauproletariat zu domestizieren: 1866 arbeitete jeder fünfte Pariser Arbeiter im Baugewerbe. Zugleich ordnete Haussmann die Bürokratie und das Bankwesen neu. Er verwaltete die Stadt erstmals wie ein kapitalistisches Unternehmen. Nach der Methode der produktiven Ausgaben sollten die vorgeschossenen Investitionen durch den Wertzuwachs der neubebauten Grundstücke und das erhöhte Steueraufkommen wieder eingenommen werden. Anfangs führte Haussmann die Arbeiten noch in eigener Regie aus, später überließ er ganze Stadtviertel privaten Unternehmern. Um den Zinswucher der privaten Banken zu umgehen, gründete er eigene Bodenkreditbanken und nahm öffentliche Anleihen bei der Bevölkerung auf. Durch das weitgehende Enteignungsrecht konnte sich Haussmann leicht die erforderlichen Flächen sichern. Dafür zahlte die überwiegend von Grundeigentümern besetzte staatliche Enteignungskommission allerdings fürstliche Entschädigungen. Am Ende von Haussmanns Amtszeit 1869 hatte allein die Stadt – die gigantischen Privatinvestitionen nicht mitgerechnet – 2,5 Milliarden

Paris

Franc ausgegeben und damit ihren gesamten Jahresetat von 1853 bis 1870 jährlich um das Dreifache überzogen.

Die architektonische Ordnung der Stadt beruhte auf dem formal und funktional typisierten Haussmannschen Haus: über dem Ladengeschoß vier bis fünf Etagen, Gußeisenbalkone im zweiten und vierten Stock als Gartenersatz, französische Fenster bis zum Boden, Mansard-Dächer aus Zink und ziegelrote Schornsteine. Durchweg waren die Fluchten aus Salon, Eß- und Schlafzimmer zur Straßenseite orientiert. Das lichtlose Gedränge zu den Hinterhöfen war Haussmann gleichgültig. Die soziale Schichtung verlief vertikal vom Piano Nobile der Reichen bis zu den Dachkammern der kleinen Angestellten. Sigfried Giedion beschrieb die normierte Fassadenpracht als „unauffällige Renaissanceformen von wohltuend neutralem Charakter".

Die Nobilitierung der Stadt hat dazu geführt, daß heute zwei Millionen Pariser im teuren Glanz der Mitte leben, während acht Millionen dauerhaft an die Peripherie abgedrängt sind. Die am stärksten „haussmannisierten" Quartiere rund um die Oper oder die Place d'Etoile zählen heute zu den eher leblosen und langweiligen Luxusvierteln, während wahre Urbanität in den nur teilweise umgebauten Gegenden wie Marais, Montmartre oder Montparnasse zu finden ist. Napoleons Niederlage im Deutsch-Französischen Krieg 1870 kam, so Walter Benjamin, noch rechtzeitig, daß Haussmann sein Lebenswerk nicht vollenden konnte. Doch ohne den „Bildersturm" und die Abrißwut des Second Empire wäre Paris heute längst nicht mehr bewohnbar. Diese gelungene Spannung zwischen Bewahren und Zerstören, zwischen der Sinnlichkeit der alten Stadt und dem Siegeszug der Technik, hat eine schrankenlos gewordene Architekturmoderne nie wieder erreicht.

Geisterfahrer der Geschichte

Die gebauten Privatutopien des Bayernkönigs Ludwig II.

Auf der Jagd nach der Vergangenheit gönnte sich der König keine Atempause. Ludwig habe „den Zappel" und sei „beständig unterwegs", wunderte sich seine Kusine Kaiserin Elisabeth 1875. Nur noch von Februar bis April hielt es König Ludwig II. in seiner „unseligen Hauptstadt" München aus, den Rest des Jahres eilte er zwischen seinen elf Berghütten und drei Großbaustellen umher.

Für einen, der den zeitlosen Glanz der absoluten Monarchie beschwor und seine Ahnensuche bis zu den byzantinischen Kaiserpäpsten und römischen Cäsaren ausdehnte, hatte der König auffallend wenig Geduld. Schon sein erstes realisiertes Projekt, die königliche Villa Linderhof bei Garmisch-Partenkirchen, hatte Ludwig bereits vor Baubeginn 1868 im Geiste so komplett fertiggestellt „wie Minerva fix und fertig aus Jupiters Kopf sprang". Als zwei Jahre später das Landschloß noch nicht fertig war, herrschte Ludwig seinen Architekten an: „Mit dem Anbau könnte es viel rascher gehen, treiben Sie unausgesetzt, damit der Termin eingehalten wird, denn wenn es nicht geschieht, ist die ganze Arbeit vergeblich."

Zur gleichen Zeit ließ er siebzehn Kilometer entfernt den Grundstein für sein künftiges Schloß Neuschwanstein bei Füssen legen. Aber auch dieser Neubau „im echten Styl der alten deutschen Ritterburgen" füllte den König nicht aus, weshalb er 1873 die Insel Herrenwörth im Chiemseee kaufte, wo er unverzüglich mit dem Bau seines Traums von einem „neuen Versailles" namens „Herrenchiemsee" begann.

Die Hektik des Königs wurde immer maßloser. Auf Herrenchiemsee richtete sich Ludwig 1874 eine Wohnung ein, ließ durch die Baumwipfel eine Gasse schlagen und beobachtete die Arbeiten mit dem Feldstecher. Wenn er dem Rohbau einen Besuch abstattete, mußten seine Arbeiter vorher die unvollen-

deten Gemächer provisorisch mit aufgemaltem Parkett, Pseu-
dokaminen aus Holz und Gipsmöbeln ausstaffieren, damit
dem König der Anblick von nacktem Mauerwerk erspart blieb.
Weil ihm auch die Fertigstellung von Herrenchiemsee zu
lange dauerte, gab Ludwig Befehl, in den Fensterhöhlen schon
mal Puppen, die Persönlichkeiten vom Hofe Ludwig XIV. dar-
stellten, „in getreu nachgemachten Kostümen porträtähnlich
herausschauen zu lassen". Und beim langwierigsten Teil des
Bauprojektes, dem Garten, mußten abgeschlagene Fichten
und bemalte Heckenkulissen aufgestellt werden, damit der
König von Anfang an den Eindruck der Vollendung genießen
konnte.
Auf Neuschwanstein ließ der König die Fertigstellung sogar ein
Jahr vorverlegen und kommandierte 1882 einen Trupp von
Münchener Historienmalern herbei, die wie Sträflinge Tag
und Nacht die Wände bemalen mußten. Aber weil die Mau-
ern noch zu feucht für Fresken waren, blieb den Künstlern
nichts übrig, als Teppiche zu bemalen und aufzuhängen. In
solchem Höllentempo konnten nicht umständliche Akade-
mieprofessoren, sondern nur Spezialisten arbeiten, die von
Haus aus Zeitdruck und Illusionskunst gewöhnt waren: Theatermaler und Kostümbildner. Aber gerade von ihnen forderte
Ludwig das fast Unmögliche: Er wollte keine bloßen optischen
Täuschungen, sondern höchste wissenschaftlich-historische
Detailtreue.
Der überaus belesene Monarch war ein Spezialist für Architekturgeschichte und schickte seine Künstler auf Recherche-
reisen in alle Welt, um an Originalschauplätzen Zeichnungen
und Photos anzufertigen und Quellenstudien zu betreiben.
Alles bloß „Theatralische" war ihm verhaßt, und seine Wutaus-
brüche über „Gehudel" und „Farbengepatze" kosteten so
manchen Maler die Anstellung. Alles mußte brandneu gefertigt werden und trotzdem uralt aussehen. Denn Ludwig wollte keine Antiquitäten sammeln, sondern eine ideale Welt er-
schaffen – als eine Art von Instantantiquariat.
Bei König Ludwig II. von Bayern (1845 – 1886) handelte es
sich nicht bloß um einen Spinner und Sonderling, der mit sei-

nen Phantasieschlössern und Theaterallüren das Vorbild für Walt Disneys synthetische Freizeitparks schuf. Er war vielmehr ein hellwacher Geisterfahrer der Geschichte, der mit Vollgas gegen den Fortschritt ansteuerte und sein Heil in fernen, aber authentisch rekonstruierten Vergangenheiten suchte.

Von Kunsthistorikern jahrzehntelang ignoriert, von Architekten verlacht und von Millionen als verrückter Operettenkönig verkannt, hat ihn der bayerische Generalkonservator Michael Petzet doch noch aus dem Unterhaltungsfach in die Kunstgeschichte zurückgeholt. Er bewundert Ludwigs Lebenswerk als „Höhepunkt des Historismus", ja sogar als „Inbegriff einer letzten glanzvollen Epoche bayerischer und europäischer Kulturgeschichte", dem eigentlich längst die höchste denkmalpflegerische Ehre zuteil werden müßte: die Eintragung in die Unesco-Liste des Weltkulturerbes.

Auch wenn der Ludwig-Forscher Petzet keinen Handlungsbedarf sieht, die drei gut gepflegten Königsschlösser solcherart unter Kuratel zu stellen, so pocht er dennoch darauf, daß sie entgegen allem Anschein eines der wichtigsten Unesco-Kriterien erfüllen: den unübersehbaren Einfluß auf die künstlerische und kulturelle Entwicklung. Das soll nicht heißen, daß Ludwig einen Baustil kreiert habe, der andernorts kopiert worden sei. Vielmehr schuf er, so Petzet, „weltweit das Phantasiebild einer idealen Burg", das via Film, Werbung und Disneyland-Repliken zum „kollektiven Archetypus" geworden sei.

Bloße Architekturqualität allein kann nicht der Grund sein, daß Ludwigs Neuschwanstein zum Spitzenmodell geworden ist. Denn es entstammt der Blütezeit des Denkmal- und Burgenbaus im 19. Jahrhundert und hatte Dutzende mächtiger Konkurrenzbauten. So ließ der Preußenkönig Friedrich Wilhelm IV. 1867 das Stammschloß der Hohenzollern im württembergischen Hechingen restaurieren. Gegenüber Ludwigs zweitrangigen Künstlern gestaltete dort der weitaus bedeutendere Baumeister Friedrich August Stüler die Ruine in englischfranzösischer Gotik zu einem preußischen Geschichtsdenkmal um. Das Bildprogramm von Adlertor, Wehrhaus-Büsten, Stammbaumhalle und Bischofsreliefs in Hechingen strahlte zudem eine klare Botschaft aus: daß die Hohenzollern schon immer die geborenen Führungskräfte für das Vaterland waren. Auch mit dem von 1882 an restaurierten Deutschordensschloß Marienburg bei Danzig, dem Pantheon der Provinzen Preußens, können Ludwigs Schlösser nicht konkurrieren, mit der bis 1890 wiederhergestellten Wartburg bei Eisenach auch nicht. Denn bei Ludwigs Schlössern handelt es sich nicht um nationaldynastische Staatsdenkmäler oder reparierte Geschichtsmonumente, sondern um funktionslose, ahistorische Neubauten, die zudem von jeglicher politischen Propaganda frei waren.

Nicht einmal der eigenen ruhmreichen Geschichte der Wittelsbacher wollte Ludwig II. Tribut zollen, obwohl das angesichts der bedrohlichen Übermacht der Preußenherrscher mehr als verständlich gewesen wäre. Auf die Frage eines Hofsekretärs, warum es im neuen Schloß Herrenchiemsee keine Wittelsbacher-Wappen gebe, erwiderte Ludwig, im Versailles des Sonnenkönigs Ludwig XIV. hätten schließlich auch keine Bayern-Abzeichen gehangen.

Was die Ludwig-Schlösser ein Jahrhundert lang für die Kunstwelt so anrüchig machte, ist ihre gnadenlose Verständlichkeit und bildhafte Überdeutlichkeit. Bei ihrem Besuch braucht man wenig heraldische und ikonographische Fachkenntnisse. Obwohl sie von einem Einzelnen unter völligem Ausschluß der Öffentlichkeit geplant wurden, sind es anti-elitäre, fast populäre Monumente, die sich bis ins Detail an die Spielregeln kultureller Überlieferung halten. Und wie immer, wenn etwas zu sehr auf Konventionen und Nachahmung beruht, ergibt sich der Vorwurf von Vulgarität und Trivialkunst von selbst.

Die erste Wiederentdeckung Ludwigs fiel ausgerechnet in die wilden sechziger Jahre der Pop-Kultur und Jugendrevolte. Schon damals war der bayerische Denkmalpfleger Michael Petzet mit seiner großen Ausstellung „Ludwig und die Kunst" in der Münchener Residenz vorneweg. Er präsentierte den vermeintlichen Kitschier als grandiosen Mäzen und Märtyrer der Kunst. „Ludwig ernst zu nehmen," erinnert sich Petzet, „war damals eine große Provokation." Schnell erhielt Ludwig

II. das Image des Aussteigers und Bürgerschrecks, was den Beatniks und Hippies wie gerufen kam. Illustrierte Zeitungen erklärten Ludwig zum „Pop-König" und ließen Motorradrocker und Musikbands in Neuschwanstein fotografieren, wodurch der historische Prunk zur psychedelischen Staffage umgedeutet wurde.

Zur gleichen Zeit fand auch die akademische Kunstgeschichte am verpönten Historismus und seiner Extremfigur Ludwig wieder Gefallen. Der Münchener Architekturprofessor Winfried Nerdinger erklärt dies ebenfalls aus dem Zeitgeist: „Damals kursierte die Parole ‚Die Phantasie an die Macht', und im Kampf gegen die Zweckrationalität galt der Historismus als etwas Nicht-Vernutztes, das sogar utopische Momente enthielt."

Soviel Verständnis und Anerkennung, und sogar von antimonarchischen Linksintellektuellen, hatte der König zu Lebzeiten nicht bekommen. Zwar wurden während der Historismus-Blüte im 19. Jahrhundert vergangene Stile kopiert und überall griechische Tempel, antike Propyläen, Ruhmeshallen und gotische Dome gebaut. Aber Ludwigs minutiöse Nachahmung nicht nur von früheren Bau-, sondern auch von Lebensstilen war eine hochpoetische Kunstleistung, für die die kriegerische und nationalistische Reichsgründerzeit keinen Sinn hatte.

„Er ist kein schlimmer Fürst", schrieb der Pariser Figaro 1874, als Ludwig in Versailles das Vorbild für sein Schloß Herrenchiemsee studierte, „er hat seine Soldaten nie anders begleitet als auf dem Klavier". Trotz der Animositäten mit Frankreich und ungeachtet der schweren Kriegsverwüstungen, die der Sonnenkönig Ludwig XIV. einst in der bayerischen Pfalz angerichtet hatte, war Frankreich für den Bayernkönig das leuchtende Vorbild eines absoluten Königtums, das er in seinen Bauten verewigen wollte. Ludwig kannte sich in Rangordnung, Zeremoniell, Umgangsformen, Lebenssitten und Kostümen an alten Königshöfen so gut aus, daß er seine Architekten und Dekorateure penibel anleiten konnte und von seinen Dienern stets höchste protokollarische Demutsgesten erwartete.

Weil er unfähig war, selber große Kunst hervorzubringen, meint der Publizist Erich Kuby, wurde Ludwig zum „Erfinder eines autobiographischen Gesamtkunstwerkes". Das Stück seines Lebens war die Götterdämmerung der Monarchie, in dem er als Hauptdarsteller, Regisseur und Zuschauer in einer Person fungierte und für das er seine Schlösser baute, in denen Bühne und Zuschauerraum zu einem Totaltheater verschmolzen.

Die drei Bau- und Schauplätze seines Lebens widmete er ganz den großen Epochen des echten Königtums: Die Zeit der byzantinischen, staufischen und salischen Kaiser und der mittelalterlichen Heldensagen lebte in Neuschwanstein wieder auf, Herrenchiemsee verkörperte das Versailles des französischen Sonnenkönigs, und dem Rokoko von Ludwig XV. und XVI. setzte er mit Schloß Linderhof ein Landschaftsdenkmal.

Seitdem der fünfzehnjährige Kronprinz 1861 in München die erste Oper seines Lebens gehört hatte, Wagners „Lohengrin", war seine Begeisterung für die „göttlichen Werke" und „heiligen Ideale" des Dresdner Dichterkomponisten nicht mehr zu bremsen. Sofort nach seiner Thronbesteigung 1864 ließ er Wagner nach München umsiedeln. Ohne Ludwigs großzügige Finanzierung wären Wagners „Tristan", „Meistersinger", „Parsifal" und „Ring der Nibelungen" wohl nie entstanden. Wegen seiner feinsinnigen historisch-literarischen Anregungen lobte Wagner den König sogar als „Mitschöpfer" seiner Werke.

Doch weil die Liebe des Königs zum Dresdner Musikavantgardisten und Revolutionär öffentliches Mißfallen erregte und ihr Plan für ein großes Wagner-Festspielhaus auf den Isarhöhen scheiterte, brach der junge König aus der wittelsbachischen Tradition aus. Anstelle absolutistischer Staats-und Repräsentationsbauten, deren Höhepunkt die klassizistische Erneuerung Münchens durch Ludwig I. markierte, zog sich Ludwig II. auf das Land zurück.

Ein ebenso wichtiges Fluchtmotiv war seine Sorge, unter dem Ansturm Preußens und der deutschen Reichsgründung zum rechtlosen „Schattenkönig" zu werden und an einem verbürgerlichten Hof zum ersten Angestellten seines Landes abzusteigen. So ließ er 1872 seinen Musikgott Wagner wissen, „daß ich in mir die Berechtigung fühle, in meiner Sphäre zu bleiben, mich nicht herabziehen lassen zu müssen in den Strudel der Alltagswelt, die mich anwidert, sondern in meiner ideal-monarchisch-poetischen Höhe und Einsamkeit zu verharren."

Daß er Bühnenbilder als Inspirationen für den Neubau von Schloß Neuschwanstein benutzte und den Münchener Theatermaler Christian Jank die Anlage entwerfen ließ, war eine im 19. Jahrhundert durchaus übliche Synthese aus Mal- und Baukunst. Schon der berühmte Berliner Baumeister Karl Friedrich Schinkel hatte von 1805 an zehn Jahre lang als Theater- und Panoramenmaler gearbeitet und die Bühne als Experimentierfeld für seine späteren städtebaulichen Großprojekte in Berlin benutzt. Und noch der Wiener Architekt Camillo Sitte, einer der international einflußreichsten Städtebautheoretiker des ausgehenden 19. Jahrhunderts, bezog seine baukompositorischen Regeln aus den Landschaftsszenen und Bühnenbildern, die er bei den Bayreuther Wagner-Festspielen von 1876 an bewundert hatte. Und schließlich war selbst der restaurierte Festsaal der ehrwürdigen Wartburg auf Wunsch des Preußenkönigs Friedrich Wilhelm IV. nach dem Bühnenbild des zweiten Aktes von „Tannhäuser" in der Berliner Aufführung von 1856 gestaltet worden.

Doch die wortwörtliche Rückverwandlung von flüchtigen Theaterdekorationen in massive Architektur trieb König Ludwig II. bis ins Extrem. In Neuschwanstein ließ er „Tannhäusers" Sängersaal und „Lohengrins" Burghof wiederauferstehen und die Wände mit „Tristan" und „Parsifal"-Szenen bemalen, allerdings noch originaler als die Bühnenbilder, weil er die Sagen-Vorlagen durch eigene historische Recherchen komplettierte. So mußte der historischen Wahrheit wegen der geplante Neugotik-Bau schließlich romanisch ausgeführt werden, um keine Geschichtsklitterung zu betreiben. Für den byzantinischen Thronsaal in Neuschwanstein – eine Miniatur der Dekorationen der Hagia Sophia – ließ er sogar die gleichen Marmorsorten wie in Konstantinopel herbeischaffen.

Auch im Rokokoschloß Linderhof nach dem Vorbild des Lust-
schlößchens Trianon von Ludwig XV. fielen die Interieurs noch
prächtiger aus als das Original. Die wuchernden Blumenorna-
mente an Wänden und Möbeln und die Phantansiefarben lassen Denkmalpfleger Michael Petzet an „verblüffende Vorboten des späteren Jugendstils" denken.
Den größten Blow-up-Effekt schuf Ludwig mit Schloß Herrenchiemsee. Die Anlage sollte anfangs eine Totalkopie von Versailles sein. Allerdings war das Pariser Original während der
Französischen Revolution geplündert worden. So mußte der
König in Archiven nach alten Plänen suchen und zahlreiche
Prachtmotive – etwa die berühmte Gesandtentreppe – nach-
bauen lassen, die in Versailles längst nicht mehr existierten.
Aber warum der Neubau – obwohl nur im Mitteltrakt fertiggestellt – während des Kopierens und Rekonstruierens schließlich in allen Details und Raummaßen knapp zehn Prozent größer geworden ist als das echte Versailles, gibt den Konservatoren bis heute Rätsel auf. Diese Vergrößerungs-Ästhetik ist sonst
nur der Weltsicht von Kindern oder Pop-Artisten vorbehalten.
Ludwigs Kultstätten der Monarchie brachen völlig mit der hö-
fische Repräsentationskultur, deren Häuser immer auch öffentliche Ausstellungsbauten waren. Nachdem die Französische Revolution die Trennung von Hof und Staat durchgesetzt
hatte, so urteilt der Kölner Historiker Ludwig Hüttl, habe Ludwig den letzten logischen Schritt getan, bevor 1918 das König-
tum ganz abgeschafft wurde: „Er trennte und isolierte sogar
noch die Person des Herrschers vom Hof."
Besuchern verwehrte Ludwig den Zutritt zu seinen Schlössern,
damit ihre Blicke seine Werke nicht „entweihen" und „besu-
deln". Sein Rückzug in selbstgeschaffene, private Environments – eine Art von vorelektronischen Simulationsapparaten
– nahm den immer intimer und privater werdenden Kunstge-
nuß des Bürgertums vorweg.
In der langen Ahnenreihe der gebauten Privatutopien bilden
Ludwigs Traumschlösser einen absoluten Höhepunkt. Zwar
hatte sich schon Kaiser Hadrian im Jahre 138 bei Tivoli eine
synthetische Villen- und Bäderlandschaft bauen lassen, die al-

les an antiker Architektur enthielt, was den Kaiser bei seinen Reisen durch das römische Weltreich beeindruckt hatte. Aber erst mit dem 19. Jahrhundert begann die wahre Blüte der Künstlerhäuser, Wohnmuseen, Kunstkammern, Privatklöster und der Mausoleumsbauten zu Lebzeiten.

Mal war es ein Architekt wie der Londoner John Soane, der sich in seinem Wohnhaus eine labyrinthische Gruft voller Sarkophage, Säulen und Kunstschätze einrichtete, mal ein reicher Schriftsteller wie der Engländer William Beckford mit seinem gotischen Klosterneubau „Fonthill". Oder es entschädigte sich der österreichische Erzherzog Maximilian mit seinem Phantasieschloß Miramare in Triest dafür, daß er vom Wiener Hof abgeschoben worden war.

Zu den letzten Exemplaren dieser Einsamkeits- und Stilisierungskünstler gehörte der Dichter und Erste Weltkriegs-Held Gabriele D'Annunzio, der auf dem Hanggrundstück seiner Villa Vittoriale über dem Gardasee zahlreiche Militaria – ausgewachsene Kriegsschiffe, Flugzeuge und U-Boote – aufstellte und sich im selbstgebauten Mausoleum gleich nebenan begraben ließ. Und der amerikanische Zeitungsfürst William Hearst – besser bekannt als Filmfigur „Citizen Kane" – ließ auf seiner kalifornischen Ranch bei San Simeon zwanzigtausend Container mit Bruchstücken alter europäischer Klöster heranschiffen, aus denen er sich sein Privatmuseum zusammenbastelte.

Gegenüber solchen Schaustellern und Antiquitätensammlern war Ludwig II. ein kreatives Genie, ein Monstrum exzessiver Selbstverwirklichung, das niemanden anders als sich selbst beeindrucken wollte. Zwar war aus dem strahlenden Adonis im Lauf der Jahre ein aufgeschwemmter Falstaff mit faulen Zähnen geworden. Aber wenn er in seinen insgesamt 209 „Separataufführungen" sich als einzigem Zuhörer sämtliche Wagner-, Mozart- und Weber-Opern vorführen ließ, mit dieser Art von Filmmusik im Kopf seine Prachtbauten durchschritt und sich von seinem Münchener Theaterdirektor Franz Seitz die Kostüme auslieh, war er schon hienieden dort, wovon andere erst nach ihrem Ableben träumen: im „Paradies, wo mich kein Erdenleid erreichen soll".

Mit ihrer bloßen Architekturpracht und Dekorationsfülle läßt sich die Anziehungskraft von Ludwigs Schlössern auf seine heutigen Besucher nicht erklären. Was sie suchen, ist nicht der Abglanz von Neuromanik oder Spätrokoko, die es in authentischen Baudenkmälern zur Genüge gibt. Es muß eher die Ahnung von Ludwigs Durchsetzungsfähigkeit seiner gelebten Privatutopie sein. Was noch in jedem Eigenheimbauherrn rumort, der Wunsch nach einer selbstgeschaffenen, unverwechselbaren Miniaturwelt, hat Ludwig exemplarisch geschaffen. Und er war es auch, der lange vor dem Philosophen Ernst Bloch es vermocht hat, durch die Naturnähe und Menschenferne seiner oberbayerischen Denkmallandschaften den linken Begriff der „Utopie" und mit dem rechten Begriff „Heimat" zu versöhnen.

Die verschwundene Stadt:

Atlanta

Jedes Jahr sehen 51 Millionen Menschen eine Stadt, die es eigentlich gar nicht mehr gibt. Wenn sie mit einem der siebenhunderttausend Flugzeuge auf einer der vier parallelen Landebahnen des Hartsfield Airport südlich von Atlanta ankommen, entdecken sie beim Anflug in einem Meer von Vorstädten ein dichtes Hochhausgebirge, das weithin sichtbar die Downtown von Atlanta markiert. Doch wer auf dem Super-Airport von Atlanta nicht nur umsteigt, sondern ausnahmsweise auf der zwölfspurigen Interstate 75 ins Zentrum fährt, muß bald bemerken, daß es in Atlanta keine Stadt im europäischen Sinn mehr gibt. Zwar kollidieren Granittürme mit Glaszylindern, wuchtige Kisten stehen eingezwängt zwischen Scheibenhäusern. Der Wildwuchs ist genormtes Chaos, doch Menschen sind kaum in Sicht.

Atlanta, die Hauptstadt des Bundesstaates Georgia im Südosten der Vereinigten Staaten, ist das Musterbild einer völlig privatisierten Gemeinschaft. Die Stadt wächst ohne jedes Konzept. Sie wird nicht von Planern, sondern von Investoren gestaltet. Der Bauherr ist hier oft sein eigener Architekt. Jeder Quadratzentimeter ist bares Geld, weshalb es keine öffentlichen Flächen, keine Grünzonen und nicht einmal mehr ausreichend breite Bürgersteige gibt. Atlantas Wachstum wird ausschließlich von Marktgesetzen bestimmt. Die Bewegungsgesetze im freien Spiel der privaten Kräfte sind kaum beschreibbar, geschweige denn kontrollierbar. Atlanta ist ein gebauter Vorgriff auf die Zukunft der Stadt, deren Schicksal es ist, unsichtbar zu werden. Atlanta ist eine tote Stadt, die perfekt funktioniert.

Ende der sechziger Jahre, als immer mehr Menschen die Innenstädte flohen und viele westliche Metropolen ökonomisch und psychologisch in die Krise gerieten, kamen plötzlich erstaunliche Nachrichten aus dem fernen Südosten der Vereinigten Staaten. In Atlanta gab es eine Renaissance der City. Überall sonst waren die alten Industrie und Gewerbebetriebe zusammengebrochen, und New York stand sogar kurz vor dem Bankrott. Im Gegensatz zu den anderen Städten, die ihr Heil in der Dezentralisierung suchten und Bürozentren, Schlafstädte und Einkaufszentren auf der grünen Wiese errichteten, wuchsen in der vormals flachen Downtown von Atlanta gewaltige Glastürme und Betonbunker aus dem Boden.

Mit Hotels, Messe-, Büro- und Kongreßbauten sowie Einkaufspassagen wurde ein Provinzflecken zum Wachstumsgiganten. Seitdem sammelt Atlanta Superlative: Die Stadt hat das höchste Hotel und den zweitgrößten Flughafen der Welt, das drittgrößte Kongreßzentrum Amerikas, nach New York die wichtigsten Fernsehsender und Niederlassungen von vierhundert der fünfhundert größten amerikanischen Konzerne.

Doch obwohl die Stadt zur Boomtown wurde, stagniert die Bevölkerungszahl. Nach Büroschluß liegen die Straßen wie ausgestorben da. Es gibt keine Geschäfte und Kneipen mehr. Alles Leben hat sich in Innenräume zurückgezogen. Entweder fahren die Menschen in ihre endlosen Einfamilienhauswüsten weit ins Umland oder sie gehen in die Passagen, Hallen, Lobbies und unterirdischen Shopping-Malls, die die Stadt wie einen Ameisenbau durchziehen. Atlanta ist die Stadt des „self-contained environment", eine Stadt im Sicherheitsbehälter einer künstlichen abgeschirmten Umwelt.

Atlanta ist neben Houston die amerikanische Stadt mit den geringsten Planungs- und Gestaltungsauflagen. Weil jeder bauen kann, wie er will, fehlt das, was in Europa das Wesen der Stadt ausmacht: Es ist eine bloße Ansammlung von Gebäuden, die nicht im geringsten komplementär zueinander sind. Als bloße Addition von Baumasse stehen die Blöcke unverbunden nebeneinander. Sie ignorieren sich nicht nur gegenseitig, sondern treten in einen eiskalten Wettstreit gegeneinander. Trotz der Enge gibt es kein Gravitationsfeld, von dem die Stadt ausstrahlt. Es lassen sich nicht einmal jene Vektorenbündel von Bewegungslinien auszumachen, wie es die großen Boulevards in Europa oder die Avenues in New York darstellen, weil alle Ciy-Straßen gleichwertig sind. Nur die beiden großen U-Bahn-Linien, die der Stadt wie ein zwanzig Kilometer breites und dreißig Kilometer langes Fadenkreuz unterlegt sind, bilden Verdichtungsachsen, an denen die Türme ins Umland wachsen.

Am Anfang dieser unglaublichen Stadtgeschichte stand ein bloßer Verwaltungsakt. 1836 ermittelten Eisenbahningenieure den Schnittpunkt zweier Bahnlinien, um den Südosten der Vereinigten Staaten zu erschließen. Als Distributionszentrum wuchs der anfangs noch abstrakt „Terminus" genannte Flecken so schnell, daß die Vielzahl von Gleisen den Ort völlig zerschnitt. Immer mehr Brücken und Viadukte mußten über die Bahnlinie gebaut werden, bis fast naturwüchsig eine eigenständige zweite Ebene über der Stadt entstanden war. 1928 zog die Stadt die Konsequenz und verband die Brücken zu Plateaus. Danach siedelten die Menschen geschlossen um: in den ersten Stock. Die früheren Erdgeschosse wurden dichtgemacht. Die Besitzer eröffneten ihre Läden und Hauseingänge einfach eine Etage höher.

Das verfallene historische Souterrain der Stadt wurde 1968 wiederentdeckt. Mitten in der City, wo die U-Bahn-Station „Five Ponts" noch an den früheren Eisenbahnknotenpunkt erinnert, entstand das große Einkaufs- und Freizeitzentrum „Underground Atlanta" mit sechzig Restaurants und Geschäften. Die alten Hausfundamente wurden rekonstruiert und ganze Straßenzüge nachgebaut. Tausende von Menschen bewegen sich jeden Tag bis in die Nacht in diesen Katakomben, während oben auf den Straßen das Leben erstirbt.

Dabei ist die bunte Geschichtskulisse von „Underground Atlanta" nur eine von insgesamt 346 Shopping-Malls in der Region. Am nördlichen Cityrand steht am Lenox Square eine Riesen-Mall mit 210 Geschäften, die alles Leben ins Innere verlegt hat. Von außen wirkt die krakenartige Halle wie ein Stück Wellblecharchitektur eines Gewerbegebietes. Nur ein gewaltiger Parkplatz läßt darauf schließen, daß sich hier Menschen versammeln. Drinnen durchziehen breite Boulevards die extrem kleinteilige Ladenstruktur, deren glitzernde Auslagen sommers wie winters,

Halle des Marriott Marquis Hotel in Atlanta, 1985

tagsüber wie nachts von demselben Kunstlicht besonnt und von einem gleichbleibenden Klimastrom beatmet werden.

Der Aufstieg der Stadt, in der Margret Mitchell ihren Roman „Gone with the Wind" schrieb und Martin Luther King lebte, wo die Zentrale von Coca-Cola und Ted Turners weltweites Kabelfernsehen CNN arbeiten, ist untrennbar mit dem Werk des Architekten John Calvin Portman verbunden. Anfang der sechziger Jahre macht sich John Portman, Jahrgang 1924, selbständig und entwarf, finanzierte, baute und vermakelte sein erstes Großprojekt, das „Hyatt Regency Hotel" in Atlanta. Weil er sich nicht mehr mit dem Bauherrn auseinandersetzen wollte, wurde er zu seinem eigenen Auftraggeber. Die Hyatt-Hotelkette übrigens, die mit spektakulären Portman-Bauten ihren weltweiten Siegeszug feierte, bedankte sich bei der Architektenschaft mit einem großzügigen Geschenk: Sie stiftete 1979 den nach ihrem Chefmanager benannten Pritzker-Preis, der als Nobelpreis für Baumeister gilt.

Die neuartige Kongruenz von Entwurf und Realisierung, von Architekt und „Developer" hat der Milliardär John Portman seitdem zu einer einzigartigen Planungs- und Wirtschaftsmacht ausgebaut. Allein in Atlanta gehören ihm mittlerweile achtzehn der insgesamt knapp achtzig „Blocks" im Central Business District. Fünfzehntausend Menschen arbeiten heute in der „Portman City".

In seinem eigenen Büro beschäftigt der Unternehmer-Architekt achthundert Angestellte in zwölf Firmenzweigen: Immobilien-Maklerei, Grundstücksverwaltung, Ingenieurs-Konstruktion, Design, Development, Finanzierung, Verkauf und sogar in der Verwaltung einer eigenen Hotelkette. Die Entwurfsabteilung „Architektur und Stadtentwicklung" zählt heute mit hundertzwanzig Angestellten zu den eher kleineren Geschäftsbereichen. Portmans Zentrale liegt im gewaltigen „Peachtree Center" mitten in der City, wo er die erste und bislang größte Etappe seines Atlanta-Feldzuges begann. Der zu gewaltigen Dimensionen angewachsene gemischte Hotel-, Büro- und Shopping-Komplex fordert einen Vergleich mit dem New Yorker Rockefeller Center heraus. Doch weil er, anders als das New Yorker Vorbild, nicht über den Straßenrand hinausgreift und die umstehenden Blöcke nicht miteinbezieht, bleibt er abweisend und kalt. Portmans luxuriöses Büro ist bescheiden in einen schwarzverspiegelten Flachbau zwischen die „Peachtree"-Türme eingezwängt. Obwohl das Großraumatelier mit Kunstwerken und Baumodellen geschmückt ist, sieht es aus wie die Bestellabteilung eines Versandkaufhauses.

Portman läßt nur ungern mit sich reden und erst recht keine Fotos machen. Er gleicht mehr einem versierten Fernsehmoderator als einem Künstler-Architekten. In Gesprächen kommt er immer wieder darauf zurück, wie ihn als jungen Architekten seine erste Reise nach Brasilien geprägt hat. „Als ich die Bauten der berühmten Architekten dort in ihrer militärischen Aufreihung sah, wußte ich, daß der moderne Städtebau gescheitert ist." Er habe sich daraufhin anstelle der Neuplanung von Cities der Rekonstruktion alter Stadtstrukturen verschrieben, und aus dem Wunsch nach einer stärkeren Kontrolle über die eigenen Entwürfe wurde er sein eigener Mäzen. Portman: „Ich fand die Idee schon immer reizvoll, ein Medici und ein Leonardo in einer Person zu sein."

Die Aufgabendoppelung war damals so ungewöhnlich, daß der Ethik-Ausschuß des „American Institute of Architects" sogar eine Untersuchung darüber anstellte, ob Portman nicht in einen Interessenkonflikt gerate; denn als Bauherr strebe er jene Kosten- und Qualitätsminimierung an, die er als Architekt eigentlich verhindern müsse. Portman wendet den Vorwurf ins Gegenteil: Weil er nicht nur Architekt und Bauherr, sondern meist auch Verwalter und Eigentümer seiner Immobilien sei, müßten die Bauwerke weitaus anspruchsvoller sein, da er mit ihnen länger zu leben habe. Für umständliche Bauwettbewerbe, wie sie in Europa üblich sind, hat John Portman nur Spott übrig: „Die Architekten in Europa sind deshalb so arm, weil sie ihre Ideen für ein Taschengeld verschleudern."

Portman ist, wenngleich Spitzenreiter, nur einer von fünfundzwanzig großen „Developern" in Atlanta, die die Stadt unter sich aufgeteilt haben. Der Boom ist so stark, daß oft im Zeitraffertempo gerade erst fertiggestellte Messehallen aufgestockt oder selbst Restbestände an historischer Bausubstanz mit Eisenkonstruktionen überbaut wurden. Die Stadtverwaltung schaut dem Treiben wohlwollend zu. Der oberste Stadtplaner von Atlanta, Fernando Costa, sitzt im neuen Rathaus der Stadt und befiehlt über lediglich achtzehn Planungsbeamte. Die äußerst kleine Mannschaft reicht nach Meinung Costas aus, um die Ziele der Developer und der Stadt zu koordinieren. „Ohne John Portman hätte Atlanta ein anderes Gesicht", sagt der noch junge Chefplaner und rühmt dessen Weitsicht: „Er hat zu einer Zeit auf die City gesetzt, als andere die Flucht ergriffen."

Die einzige Gesetzesgrundlage für die Stadtentwicklung sind die in Amerika üblichen „Zoning"-Vorschriften, eine Art Flächennutzungsplan, der grob die Funktionsgliederung der Stadt festlegt, aber kaum Gestaltungsrichtlinien gibt. Das erste Zoning-Gesetz in Atlanta von 1920 schrieb lediglich vor, in welchen Stadtteilen ausschließlich weiße und wo die schwarzen Bewohner leben durften. 1982 wurde das „Zoning"-Programm etwas präzisiert. Doch dessen erster Paragraph beschreibt gleich, wie Bauherren Ausnahmen von den Vorschriften erlangen können.

Das Phänomen Atlanta schlägt ein neues Kapitel in der Geschichte des Städtebaus auf. Es ist eine Art urbane Tropfsteinhöhle, die ebenso ungeplant wie unaufhaltsam wächst. Einer der ersten Analytiker, die Atlanta untersucht haben, ist der holländische Architekt Rem Koolhaas. Er gehört zu den scharfsinnigsten Theoretikern der neueren Stadtagglomerationen und beschreibt Atlanta als „Keimzelle einer Idee, die weltweit gleichermaßen zur Wiederbelebung der Stadtzentren wie zu ihrer völligen Zerstörung führt." Denn John Portmans wichtigste Erfindung ist das Atrium, das seinen Siegeszug über ganz Amerika bis nach Europa und Asien angetreten hat.

Diese gewaltigen Innenräume entstanden zuerst in Portmans Hotelbauten. Es sind bis zu vierzig Stockwerke hohe Hallen, in die von oben wechselweise Tages- oder Kunstlicht wie weißer Staub herunterfällt und die unten völlig autarke Inseln der

Selbstversorgung abschirmen. Die Menschen bewegen sich in dieser Kunstwelt zwischen Wasserfontänen und Palmenhainen wie in einem unentrinnbaren Traum, der keine Außenseite mehr hat, weil außerhalb dieser Bauten keine Straße und kein öffentlicher Platz mehr existiert. Das Hotel als Mikrokosmos der Stadt und die Atriumhallen als Marktplatz – diese von Portman selbst gewählte Analogie führt in ihrer extremen Umsetzung zum Tod der Stadt.

Die „contained environments" des auf Shopping-Malls und urbane Treffpunkte ausgedehnten Atrium-Gedankens sind nicht mehr Mittelding zwischen Straße und Interieur, wie Walter Benjamin noch die Pariser Passagen des 19. Jahrhunderts beschrieben hatte. Es sind autistische Welten, die in ihrer Phantasiegestalt und schwindelerregenden Großzügigkeit nichts Transitorisches mehr haben. Sie strahlen etwas Endzeitliches, Regressives aus. Das wohl gewaltigste Raumerlebnis der achtziger Jahre hat John Portman mit seiner Innenhalle des „Marriott Marquis Hotel" in Atlanta geschaffen. Das über hundert Meter hohe Atriumoval wirkt von innen wie der Brustkorb eines Dinosauriers, dessen rippenförmig gebogene Galerien sich wie eine Spirale gen Himmel schwingen. Doch diese Bauphantasmagorie ist kein kollektiver Versammlungsraum mehr, sondern eher eine Höhle, eine pharaonische Gruft, die in ihrer Sterilität jedes Leben zerschlägt.

Das Wesen dieser gigantischen Privaträume zeigt sich brutal an der Außenseite der Gebäude. Sie rücken neutral und kalt wie Grabsteine an die äußersten Blockränder heran und lassen der Straße gerade von so viel Platz, wie der Autoverkehr benötigt. Die Gebäude sind nur mit ihrem eigenen Innenleben beschäftigt und hinterlassen im Stadtbild ein Schlachtfeld völlig introvertierter, feindseliger Solitäre, die dem Komplementär- und Ensemblegedanken der europäischen Stadt diametral entgegenstehen.

Dem Sogeffekt der künstlichen Interieurs entspricht eine Art Innendruck der Hallen, die sich in Atlanta zunehmend ausdehnen und immer tiefer durch die Blocks graben. Eine wachsende Zahl von „Skywalks", abgeschirmten Luftbrücken, verbindet die isolierten Blocks. Man kann die halbe Stadt auf diesen hängenden Bürgersteigen durchqueren, ohne einen Fuß auf den Erdboden zu setzen. Weder die oft unerträgliche Hitze des Südens noch die Straßenkriminalität dringen in diese Schneewittchensärge ein. Der Holländer Rem Koolhaas vergleicht dieses Brückensystem mit einem Spinnennetz, in dem alle Bürger gefangen sind und in dessen Mitte John Portman sitzt.

Wenn das Bild einer Stadt nur noch als Ort des Konsums existiert, bleiben auch andere Lebensäußerungen nicht unberührt. Die Stadtforscher Bernard Frieden und Lynne Sagalyn vom M. I. T. in Cambridge haben kürzlich in ihrer Studie „Downtown Inc." die Schattenseite der privatisierten Stadtöffentlichkeit untersucht: „Die privaten Räume von Malls und Lobbies können nicht zu Stadträumen werden, weil sie von Privatfirmen unterhalten, beaufsichtigt, klimatisiert, gesäubert und kontrolliert werden." Die Autoren beobachteten, wie es vor allem für amerikanische Politiker ein böses Erwachen gab: Weil die Volksvertreter gern auf Bürgersteigen ihre Prospekte verteilen und das Gespräch mit den Wählern suchen, mußten sie den Passanten auch in die Shopping-Malls folgen, wo sie jedoch oft von politisch anders gesinnten Besitzern zur Tür hinauskomplimentiert wurden. Farbige und sozial Schwache haben erst gar keine Chance, an den Türwächtern vorbei in die Hallen zu gelangen.

Und für die unkontrollierte Rede- und Versammlungsfreiheit jedes einzelnen Bürgers ist in Shopping-Malls oder Atrien erst recht kein Platz. Der Oberste Gerichtshof Amerikas entschied schon 1972, daß Mall-Betreiber nichts zu dulden brauchen, was die Verkaufsatmosphäre beeinträchtigt. Ihre Ordnungsmacht ist unbegrenzt. So müssen zuweilen auch Pfadfinder mit der Sammelbüchse draußen bleiben. Einen Ausweg nach draußen gibt es nicht, denn eine Demonstration ringsum in den leeren Straßen von Atlanta ist so reizvoll wie ein Picknick in einem Windkanal.

Die Renaissance der Downtown von Atlanta entpuppt sich nur als mathematische Größe, die sich aus Beschäftigtenzahl, Pro-Kopf-Umsatz und Verkehrsaufkommen zusammensetzt. Die Innenstadt zählt seit Jahrzehnten nicht viel mehr als die heutigen 430.000 Einwohner. Der wahre Kern der Boomtown läßt sich erst im Umland erkennen. Dort existiert die reale Seite des Doppellebens von Atlanta: In der Metropolitan-Region wohnen mittlerweile 2,3 Millionen Menschen, doppelt so viele wie noch vor zwanzig Jahren. Bis 2004 werden es laut städtischer Hochrechnung im Umland sogar 3,5 Millionen Menschen sein. Das Rassen-„Zoning" der zwanziger Jahre existiert unfreiwillig noch heute: Im Citybereich leben fast siebzig Prozent Schwarze, im Umland dagegen nur noch 26 Prozent. Was in Atlanta wirklich wächst, läßt sich in mittleren Dienstleistungszentren wie Frankfurt, München, Lyon oder Phoenix ähnlich beobachten: die Zahl der Arbeitsplätze. Heute gibt es in Atlanta bereits ein Drittel mehr Jobs als noch vor zehn Jahren, nämlich 375.000. Bis zum Jahr 2000 werden, so schätzt die Stadtverwaltung, eine halbe Million Menschen dort arbeiten – mehr, als die City Bewohner hat.

Dem Zerfall des städtischen Gewebes entspricht die grenzenlose Zersiedlung des Umlandes, wo Hunderttausende von Villen und Bungalows stehen. Auch hier ist das urbane Kraftfeld, das dieser ungeheuren Anhäufung von Menschen und Material zugrunde liegt, abstrakt und unsichtbar. In Buckhead im Norden von Atlanta oder im südlichen Viertel College Park weht Kleinstadtluft wie in einem Stück von Tennessee Williams. Nur der gelegentliche Kerosingeruch und das ferne Donnern am Himmel läßt erkennen, in welcher Nachbarschaft diese idyllischen Quartiere liegen.

Der englische Stadttheoretiker Peter Hall vergleicht das Dilemma der heutigen Städte, ihren Mangel an Gemeinsinn und kollektiver Verantwortung, mit dem Schicksal mittelalterlicher Dorfgemeinschaften, die zuviel Vieh auf der Gemeindewiese, der Allmende, weiden ließen und sie dadurch ruinierten. Wenn das Gemeingut an Grund und Boden aufgezehrt ist, zerfällt der soziale Zusammenhalt. In Atlanta wächst schon lange kein Gras mehr.

Das geordnete Chaos:
Tokio

Herr Kurokawa ist ein moderner Mann. Er fährt einen super-schnellen Sportwagen von Honda, hat sein Büro mit Satelli-tenanschluß in Tokios teuerster Gegend am Kaiserpalast und wohnt in einem der luxuriösesten Apartmentblocks der Innen-stadt. Wenn Herr Kurokawa nach Feierabend die Lichtschran-ken und Nummerncode-Schlösser in seinem Hochhaus pas-siert hat, dann betritt er hinter seiner Wohnungstür im elften Stock eine andere Welt. Dort hat er sich ein traditionelles ja-panisches Teehaus aus dem siebzehnten Jahrhundert gebaut. Ein süßlicher Hauch von Stroh und Bambus liegt in der Luft, durch die Papierfenster fällt mehliges Streulicht und die nied-rigen Schiebetüren lassen sich nur mit eingezogenem Kopf passieren. Siebzehn Jahre hat Herr Kurokawa an der original-getreuen Rekonstruktion dieser Räume gearbeitet, für die er Detailpläne, Hölzer und Papiersorten auftreiben mußte, die längst verschollen sind.
Die fragile Teehaus-Installation inmitten eines feuer- und erd-bebensicheren Stahlbetonturmes in der Tokioter City wirkt ebenso widersinnig wie der Nachbau eines antiken Cella-Kult-raumes im europäischen Wohnzimmer. Nur die wenigsten Menschen in Tokio leben heute noch zwischen Tatami-Matten und Shoji-Schiebetüren. Die Stadt ist amerikanisierter als Amerika. Wenn Herr Kurokawa seinen Balkon betritt, steht er mitten in einem winzigen Zen-Steingarten mit Teich und Tro-pengehölzen, dessen Stille, wie er sagt, vom Verkehrslärm und Neonlicht unten im Vergnügungsbezirk Akasaka nicht gestört, sondern noch gesteigert wird.
Nur für eines hat Kisho Kurokawa trotz seiner extrem weit gespannten Ästhetik kein Verständnis. Der 58 Jahre alte Baumeister, Buchautor und Urbanist, dessen Bekanntheits-grad zeitweise knapp hinter dem Kaiser und dem Premier-minister rangierte, kann bei klarem Wetter von seinem

Hochhaus-Garten fern im Westen der Stadt ein merkwürdiges Gebilde erkennen. Es ist das neue Rathaus von Tokio, das einen Viertelkilometer in den Himmel ragt und dem Architekten wie eine Verhöhnung des japanischen Geistes ins Auge sticht. Erbaut von seinem Lehrer und einstigen Vorbild Kenzo Tange, erinnert ihn dieser Doppelturm eher an die Kathedrale von Notre-Dame in Paris. Und vor dem Rathaus hat Tange noch ein Stadtforum gebaut, das mit seinem Kolonnadenring dem Petersplatz in Rom nachempfunden ist. Der ganze Bau verkörpert für Kisho Kurokawa das genaue Gegenteil der japanischen Ästhetik: Symmetrie, Zentralität, Präsenz, Repräsentation von Macht und Masse. „Wir sollten dieses Monstrum in den Westen zurückschicken, wo es herkommt."

Dieses weltweit größte Stadthaus mit 13.000 Angestellten könnte tatsächlich eher von postmodernen amerikanischen Architekten wie Helmut Jahn oder Philip Johnson stammen. Kenzo Tange, einst wichtigster, heute immerhin noch mächtigster Planer Japans, hat die Architektenschaft wie nie zuvor polarisiert und damit das an den Tag gebracht, was schon seit längerem als Forderung nach einer „Re-Japanisierung der japanischen Architektur" schwelt.

Dabei hatte alles so harmonisch angefangen. Die amerikanisierte Bauhaus-Moderne im „International Style" war für Japan einst eines der wirksamsten ideologischen Transportmittel für die Einfuhr des westlichen Lebensstils gewesen. Die ersten und wichtigsten Modernismen – Kenzo Tanges Memorial-Bauten in Hiroshima von 1955 – waren nicht zufällig auf einem von Bomben völlig leer gefegten Terrain entstanden. Der beginnende Wirtschaftsboom von den Olympischen Spielen 1964 bis zur Weltausstellung in Osaka 1970 hatte die Generation von Kenzo Tange, Kunio Maekawa und auch jüngere Adepten wie Kisho Kurokawa ermutigt, technische Großstrukturen und zerklüftete Bauungetüme in die Welt zu setzen, die selbst den Wachstumsglauben der modernistischen Vorbilder im Westen in den Schatten stellen. Auch die postmoderne Rückbesinnung auf die Baugeschichte, wie sie in Japan vor allem der Manierist Arata Isozaki und jetzt auch Kenzo Tange propagiert, spiegelte die westliche Architektur bis ins ornamentierte Fassadendetail.

Mit seinem Anfang 1991 eingeweihten Rathaus verfügt Tokio über ein Gemeinschaftssymbol für dreizehn Millionen Menschen, wie es eindrucksvoller seit den italienischen Palazzi Comunali von Siena oder Florenz nicht mehr gebaut wurde. Gleichwohl hat das Monument mit der japanischen Stadt kaum etwas zu tun. Seine Doppeltürme lassen mit ihren tambourartigen Helmen an die italienische Renaissance und mit ihren verdrehten Schraubenköpfen an den Futurismus denken. Obwohl die Hochhausfassade den Rasterrhythmus der traditionellen Bambus- und Papierwände aufgreift, könnte das Rathaus mit seiner an Shopping-Malls erinnernden Plaza ebensogut in Los Angeles oder in Sydney stehen. Tatsächlich zeigt Kenzo Tange wenig Sinn für die Besonderheit der Bauaufgabe und hat bereits einen ähnlichen Entwurf für die United Overseas Bank in Singapur gebaut. Dieser neue „Internationale Stil" der neoklassizistisch angereicherten Renommierbauten beginnt Japan ebenso zu homogenisieren wie einst die Würfelmoderne. Dagegen ziehen Kisho Kurokawa und eine ganze Generation jüngerer Mitstreiter jetzt ins Feld.

Japanische Architekten sind längst in allen Ländern der Erde erfolgreich. Sie bauen Museen in Amerika, Sportstadien in Spanien, Verwaltungstürme und Hotels von Rio bis Moskau. Doch nach ihrem weltweiten Siegeszug haben sie bemerkt, daß ihnen ihre eigene Architektursprache abhanden gekommen ist. Es kursiert das selbstkritische Wort „Doughnut-Kultur", das die ausgehöhlte japanische Identität mit jenen amerikanischen Zuckerkuchen vergleicht, in deren Mitte ein gähnendes Loch ist.

Die Suche der Architekten nach einem eigenen Baustil kann man nicht anders als heroisch nennen. Denn sie müssen in einer Stadt arbeiten, in der selbst die gewaltigsten architektonischen Anstrengungen wie die Rathaus-Kathedrale untergehen. Wohl in keiner anderen Metropole der Welt gibt es eine derart rücksichtslose Ausbeutung des bewohnten Raumes, keine andere Stadt hat dieses Maß an Fragmentierung, Überlagerung und horizontaler Verdichtung erreicht, das alle Regeln gesellschaftlicher Organisation und Kontrolle außer Kraft zu setzen scheint. Durch den Druck von dreißig Millionen Menschen im gesamten Ballungsraum ist Tokio derart überbevölkert und zugebaut, daß es eine kritische Masse erreicht hat, die kurz vor der explosiven Selbstauflösung steht.

Tokio setzt sich nicht mehr aus definierbaren „positiven" Bauobjekten und „negativen" Freiflächen zusammen, sondern aus verkeilten Hauszwickeln und deformierten Resträumen, die keiner historischen Typologie folgen. Durch Erdbeben und Weltkrieg zweimal völlig zerstört, ist Tokio in diesem Jahrhundert zweimal komplett neu errichtet worden, ohne daß die Planer einen Bezug zum alten Stadtgrundriß oder zu historischen Häusern aufgenommen hätten. Die Stadt verfügt nicht mehr über die komponierte Figur-Grund-Beziehung von Haus und Straße, von Baufluchten und Wege-Achsen, die der europäischen Stadt ihre Kontrastordnung von geschlossenen und offenen Räumen gibt.

Tokio ist eine „weiche" Struktur, in der die urbanistische „Software" – die Verkehrsströme und Menschenmassen, die Informationskanäle und Zeichensysteme – über die gebaute „Hardware" dominiert. Häuser werden so schnell errichtet und abgerissen, daß nach einer Berechnung des Planungsamtes die Stadt alle zwanzig Jahre komplett neu entsteht. Weil die Baukosten nur einen Bruchteil der astronomischen Grundstückspreise ausmachen, gibt es Architektur fast zum Nulltarif und deshalb wenig Bedenken, teuer und exzentrisch zu bauen oder ältere Gebäude einfach abzureißen statt zu renovieren. Und die hohen Erbschafts- und Eigentumssteuern zwingen die Besitzer, bei jedem Wechsel einen Teil ihres Grundstückes zu verkaufen, so daß der Stadtboden in immer winzigere Parzellen zerfällt.

Selbst Monumente wie ein Rathaus bleiben von dieser Fluktuation nicht verschont. Weil das Zentrum rund um das alte Rathaus von 1957 zwischen Hauptbahnhof und der Einkaufsstraße Ginza im Osten der Stadt aus den Nähten platzte, wurde die gesamte Stadtverwaltung in den Westen nach Shinjuku verlagert, wo in kürzester Zeit eine völlig neue Stadtmitte an der Peripherie entstanden ist. Das alte Rathaus – auch von Kenzo Tange entworfen – wurde einfach abgerissen.

Doch nicht einmal während ihrer kurzen Lebensdauer ist den Gebäuden ein Eigenleben vergönnt. Sie werden überwuchert von einer unendlichen Fülle von Sekundär-Architekturen. Man sieht keine Häuser mehr, sondern nur noch Symbole, Plakate, Straßenschilder, Neonzeichen, Reklametafeln, Warenauslagen, Wegweiser, Automaten. Und darüber schwebt wie eine Ersatznatur das undurchdringliche Metall-Efeu der oberirdisch verlegten Telefon- und Stromleitungen. Was Roland Barthes in seiner Tokio-Studie als „Reich der Zeichen" beschrieb, ist eher der reine optische Overkill, ein brüllender Angriff auf das Auge, das nicht mehr liest, sondern die Umwelt wie ein Tastorgan haptisch erfaßt. Gegenüber dem Lichterschein in den unzähligen Vergnügungszentren von Shinjuku, Shibuya, Roppongi oder Akihabara ist selbst Las Vegas, einst Sinnbild einer zügellosen gewordenen Moderne, ein schummeriges Prärienest.

Tokio heute ist wie das Paris von 1880, wie das Berlin der zwanziger Jahre, wie das babylonische New York von 1940. Statt der vergleichsweise simplen Ikonographie von Las Vegas hätte Robert Venturi besser Tokio untersucht, um das nachmoderne Zeitalter im Städtebau einzuläuten. Immer mehr westliche Architekten, Designer und Theoretiker zieht es heute nach Japan. Dort bauen sie entweder wie Philippe Starck, Zaha Hadid oder Nigel Coates surreale Phantasiegebilde, die nirgendwo im Westen akzeptiert würden. Oder sie studieren die fraktale Geometrie einer scheinbar nach den Gesetzen der Chaos-Theorie wachsenden Stadt, die, so der englische Architekt Peter Wilson, wie ein holographisches Bild noch in jedem Bruchstück das Ganze enthält.

Entsprechend dazu werden auch die theoretischen Konstrukte der japanischen Planer immer schwieriger. Um zu verstehen, was die Bewegungsgesetze ihrer eigenen Stadt sind, sprechen sie, wie etwa Kisho Kurokawa, von „antihierarchischem Wachstum".

Vom französischen Philosophen Gilles Deleuze hat Kurokawa das Bild der „Rhizome" entlehnt, jener wuchernden Wurzelgeflechte in der Natur, die sich ohne zentrierende Ordnung ausbreiten. Beliebt ist auch Deleuzes verwandter Terminus des „organlosen Körpers", der ein amorphes Wachstum indifferenten Teile bezeichnet, ein sich selbst produzierendes Produkt, das nichts als seinen eigenen Abraum, seine eigene Schlacke erzeugt.

Einer der ersten Planer, die die Chaos-Theorie aus der Mathematik und der Physik auf Tokio übertragen haben, ist der Architekt Kazuo Shinohara, Jahrgang 1925. Er untersucht den Widerspruch, warum eine Stadt sich auf der Mikroebene des einzelnen Hauses aus rationalen Detailentscheidungen zusammensetzt, aber auf der Ebene der Stadt nur Zufälligkeit, Lärm und Chaos produziert. In seiner Schrift „Chaos and Machine" von 1988 zieht er die Parallele zur Natur: „Jedes lebendige System besitzt ein instabiles, chaotisches Subsystem, das fluktuiert. Man kann unmöglich vorhersagen, ob sich das System in Chaos auflösen wird oder sich zu einer fortgeschritteneren Organisationsebene weiterentwickelt." Shinohara spricht von der „Schönheit der progressiven Anarchie", die nicht Ausdruck von Armut und Unfähigkeit, sondern Grundlage für den Komfort und die Vitalität Tokios ist. Die Urbanität und Dynamik der unzähligen neuen Firmengründungen im derzeitigen Wirtschaftsboom sind für ihn untrennbar mit visuellem Chaos verbunden.

Der Architekt Toyo Ito, Jahrgang 1941, bezeichnet die Menschen im Dschungel der Metropole nicht mehr als moderne Wilde, sondern in Anlehnung an Nietzsche und Kafka als Nomaden: „Sie leben nicht mehr in festen Häusern, sondern an ständig wechselnden Intensitätspunkten der Stadt." Toyo Ito hat private Ethnologie betrieben und die neue Mode der jungen Städter beobachtet, die sich mit wehenden Schleiern und Umhängen aus der Fabrikation des Haute-Couturiers Yamamoto bereits wie islamische oder indianische Wüstennomaden kleiden.

Kein Wunder, daß Toyo Ito am liebsten federleicht erscheinende, zeltartige High-Tech-Strukturen baut, die sich der Kurzlebigkeit der Stadt anverwandeln. Die traditionelle europäische Stadt vergleicht er mit einem Museum, das auch unabhängig von den Menschen präsent ist. Tokio dagegen ist für ihn trotz aller Enge ein Theater, ein offener, leerer Raum mit flüchtigen Kulissen, den nur die Akteure beleben.

Doch die Interpreten der „Consumer City" Tokio – der ausgeprägtesten privatkapitalistischen Agglomeration auf Erden – lassen im unklaren, ob sie das Stadtchaos als Ausdruck des traditionellen japanischen Ordnungssinnes oder bereits als Verfall durch westliche Einflüsse verstehen. Wenn Kisho Kurokawa in seinem archaischen High-Tech-Teehaus hoch über Akasaka von Tokio spricht, dann scheint ihm das Durcheinander zu seinen Füßen immer noch lieber zu sein als die herrische Ordnungsgeste des neuen Rathauses am Horizont: „Schönheit im japanischen Sinn meint nicht Gleichförmigkeit und Symmetrie, sondern Heterogenität und Asymmetrie, die durch die Spannung des Zwischenraumes entsteht."

Was ihn am neuen Rathaus am meisten stört, ist nicht bloß die Bauform, sondern auch die Machtsymbolik einer Zentralgewalt, die der Dezentralität und Eigenverantwortlichkeit der 23 Stadtbezirke diametral entgegensteht. Kurokawa ist Vorkämpfer für eine „interkulturelle Architektur der Symbiose". Die mehrdeutige japanische Raum- und Stadtauffassung, die Ästhetik des Fragments und der Andeutung, möchte er mit dem ordnenden Strukturdenken des westlichen Rationalismus verbinden. Um die lebendige Unordnung Tokios vor weiterem Entwicklungsdruck zu retten, will er eine künstliche Insel mit dreißigtausend Hektar für fünf Millionen Menschen in der Bucht von Tokio aufschütten. Ein ähnliches Projekt hatte sein Lehrer Kenzo Tange bereits in den sechziger Jahren vorgeschlagen, das aber eine bloße Technikutopie war. Kurokawa dagegen hat mit einer Arbeitsgruppe von Industriellen, Politikern und Planern nach jahrelangen ökonomischen und technischen Studien das Projekt so weit vorangetrieben, daß dessen Realisierung bis zum Jahre 2025 in Tokio ernsthaft diskutiert wird.

Die westliche Stadtplanung könnte etwas ganz anderes von Tokio lernen. Kurokawa nennt es die „Befreiung von der Obsession der gebauten Form". Von Berlin über Paris bis New York kommen auf die Metropolen neue Wachstumsschübe zu, die sich mit dem immer noch gültigen abendländischen Denken in städtischen Megastrukturen, in denen die Teile dem Ganzen untergeordnet werden, nicht mehr bewältigen lassen. Denn das Entwicklungstempo und der Verwertungsdruck ist so hoch, daß Bebauungspläne schon veraltet sind, bevor sie überhaupt in Kraft treten. Die Gefahr ist groß, daß die Planer aus Ratlosigkeit und Eile wieder in die Starrheit und Leere der modernen Urbanistik verfallen oder gar die Stadtauflösungskonzepte der gegliederten und durchgrünten Straßendörfer von Sennedorf bis Los Angeles aufgreifen. Demgegenüber erstrahlt die unsichtbare Ordnung der ungeplanten japanischen Stadt fast schon als neues Ideal, weil hier andere, immaterielle Werte jenseits der westlichen Objektästhetik gelten.

Dabei wird allerdings oft vergessen, daß die japanischen Städte trotz aller Katastrophen und Eingriffe noch heute ihre Baugeschichte spiegeln und nur bedingt als Lehrstücke taugen. Sie waren keine Stadtstaaten, weshalb sie weder öffentliche Versammlungsplätze noch Verteidigungsmauern besitzen. Die Städte wuchsen nicht zentripetal wie in Europa um eine privilegierte Mitte herum, sondern breiten sich bis heute zentrifugal als „gefaltete", additive Gewebe aus. Sie wurden nicht als abstrakte Planmodelle rücksichtslos der Topographie übergestülpt, sondern haben sich das Relief der Natur einverleibt. Die so entstandenen Wegelabyrinthe wurden zudem als Schutz vor Feinden ausgebaut. Bis auf die beiden chinesisch inspirierten Rastergrundrisse von Kyoto und Nara ist in Japan das hierarchische Ordnungsdenken der europäischen Masterpläne, der Schachbrett- oder Radialstädte unbekannt. Öffentliche Plätze oder Foren gibt es kaum. Statt dessen übernehmen seit alters die Straßen öffentlich-private Funktionen. Feste und Feiern sind nicht statisch zentriert, sondern bewegen sich linear in Umzügen durch die Stadt. Weil die Straßen undefinierte, vermittelnde Pufferzonen, reine Kommunikationskanäle sind, haben sie keine Namen und die Häuser keine Fassaden.

Für Europäer mag der Anblick japanischer Städte grauenerregend sein. Die völlig Abwesenheit einer städtebaulichen Ordnung wird noch von der Unfähigkeit zu architektonischer Kohärenz übertroffen. Es gibt keine zwei benachbarten Gebäude, geschweige denn Ensembles, die in Grundriß, Höhe oder Geschoßteilung irgendeinen Dialog aufnehmen. In drei Etagen übereinander schwingen sich die Stadtautobahnen auf Brücken durch die City – nicht nur, weil es am Boden räumlich und ökonomisch unmöglich ist, Freiflächen zu sichern, sondern auch, weil es politisch kein Enteignungsrecht gibt, mit dem sich die Stadt Planungsspielraum verschaffen könnte.

Die Hausformen sind zumeist keine aktive ästhetische Entscheidung, sondern ergeben sich rein passiv aus der maximalen Ausnutzung des zulässigen Raumvolumens und der Geschoßhöhe. Die Architekten konzentrieren deshalb ihren Ehrgeiz auf die Inneneinrichtung und entwickeln Grundrisse und Geschoßteilungen, die auf kleinstem Raum ein maximales Programm unterbringen. Daß bei diesen willkürlichen Zwängen trotzdem visuelles Chaos entsteht, darf fast schon wieder als Wunder gelten.

Dabei ließe sich die Vitalität Tokios genausogut als Ausdruck einer Not verstehen, aus der die endlosen Menschenströme, die rund um die Uhr durch die Stadt ziehen, eine Tugend machen. Denn wegen der extrem beengten Wohnverhältnisse – durchschnittlich vierzig Quadratmeter für jede Familie, soviel, wie die Deutschen fast schon pro Kopf beanspruchen – spielt sich das Leben meist außerhalb des Hauses ab. Die Menschen essen in Restaurants und Bars, treffen sich in Clubs, Kinos, Theatern und Spielhallen, baden und erholen sich in Sportzentren und Saunen, und für die Liebe gibt es im ganzen Land dreißigtausend öffentliche „Love-Hotels", jene überreich geschmückten Kitschburgen zwischen Taj Mahal und Neuschwanstein, in denen sich unverheiratete Singles wie reife Ehepaare über Nacht einmieten.

Die großen Kaufhäuser, die auch gleich ihre passenden U-Bahn-Linien betreiben, werden immer mehr zu Kulturzentren. Denn die Stadt erlaubt den Konzernen, höher und dichter zu bauen, wenn sie in ihren Häusern zugleich Museen, Bibliotheken, Restaurants oder andere Treffpunkte eröffnen. Die häusliche Enklave, sagt Architekt Ito, dient vielen nur noch zum Schlafen und Kleiderwechseln: „Da fast alle privaten Bedürfnisse in der Öffentlichkeit befriedigt werden, ist ganz Tokio ein einziger Innenraum ohne Außenseite – es ist unmöglich, sich außerhalb der Stadt zu bewegen." Ein Raumgefüge, in dem man sich immer „innen" fühlt, ist für Toyo Ito die ideale Architektur. Das entspricht ganz dem japanischen Gemeinschaftsideal. Der Sinn für die öffentliche Ordnung ist derart stark ausgeprägt, daß Tokio zu den saubersten und sichersten Städten der Welt zählt. Ein verblüffender Ausdruck dieser sozialen Intimität ist, daß die Menschen sich nicht scheuen, in U-Bahnen, auf Straßenbänken, im Taxi, Restaurant oder Büro zu schlafen.

Auf der Suche nach einer eigenständigen japanischen Architektur gehen die Planer zwei Wege. Sie verstärken entweder das Sperrfeuer des zersplitterten Stadtkörpers durch exzentrische Fabelwesen. Oder sie wenden sich radikal von der Reizüberflutung der Stadt ab und schaffen introvertierte, klösterliche Räume.

Zur ersten Gruppe zählt der vierzig Jahre alte Architekt Atsushi Kitagawara. Mit seinem „Rise"-Kino in Shibuya hat er bereits 1986 ein hybrides Gehäuse entworfen, dessen schweres Metalldach er wie einen federleichten Vorhang beiseite zieht und darunter eine aztekisch anmutende, massive Steintreppe zum Vorschein bringt. Trotz der Enge des versteckten Eckgrundstücks hat er es mit der unnachahmlichen japanischen Gabe der Miniaturisierung geschafft, in dem winzigen Baumonster nicht nur zwei Kinosäle, sondern auch Geschäfte unterzubringen. Die Aoyama-Grafik-Schule von Makoto Watanabe hat kein Dach, sondern ein technisches Geschwür auf dem Kopf, als sei ein explodiertes Flugzeugtriebwerk auf das Haus gefallen. Der bösartigste und ausgereifteste unter diesen Geisterbe-

schwörern ist Shin Takamatsu aus Kyoto, Jahrgang 1948. Eklektisch mischt er Schmuckformen von altindianischen Symbolen über Wiener Sezessionsgeometrien bis zu düsteren futuristischen Visionen aus den Alien-Filmen. Totempfähle wie seine „Syntax"-Ladengalerie in Kyoto sind explosive Gewaltschläge in der indifferenten Geräuschkulisse der Alltagsarchitektur. Sein weithin bekanntes Dentallabor „Arc" ist eine Mischung aus archaischer Lokomotive und Krematorium, aus schwarzer Katastrophen-Romantik und weltabgewandter Melancholie – eine Superobsession, fast Selbstaufhebung der Bauform.
Dagegen entwerfen Baumeister wie Tadao Ando aus Osaka, Jahrgang 1941, meditative Inseln der Ruhe. Mit einem Sinn für Reduktionsästhetik und einem Proportionsgefühl, wie man es seit Le Corbusier und Louis Kahn nicht mehr kannte, baut er introvertierte Wohnhäuser, Ladengalerien und Kirchen, die hinter blanken Betonmauern allesamt die Friedlichkeit von Tempelanlagen ausstrahlen. Ähnlich introvertiert entwerfen auch Hiroshi Hara oder Ryoji Suzuki zerklüftete Baugebirge, Mischungen aus Burg und Schiff, die einsam über der Stadt thronen.
Die lauten und die leisen Entwerfer haben gemeinsam, daß sie kontextfeindlich bauen. Wo immer sie ein bißchen Spielraum haben, fügen sie ihre Häuser nicht nach Art europäischer Planer paßgenau wie Bauklötze in den vorhandenen Stadtgrundriß ein, sondern entwerfen Inseln, die sich von der trostlosen Umgebung mit aller Gewalt losreißen. Nur die Planer wie Toyo Ito oder Riken Yamamoto reagieren mit ihren oft nur temporär errichteten Zelt- und Hangarkonstruktionen direkt auf die Stadt. Sie überhöhen nicht nur die Flüchtigkeit der Objekte, sondern erweitern die Sensibilität für den Kontext um jene immateriellen Faktoren wie den Lichterschein der Neonzeichen, um die Bewegung auf den Straßen und die Witterung, als wollten sie Brecht paraphrasieren, daß von den Städten nur der Wind bleibt, der durch sie hindurchging. Bei allen Überholmanövern oder Bremsversuchen hat die neue Architektengeneration eines gemeinsam: die Abneigung gegen das hierarchisch-zentralistische Ordnungsdenken des

abendländischen Städtebaus. Vom New Yorker Masterplan des 19. Jahrhunderts über die Bauhaus-Moderne bis zur postmodernen Palastarchitektur des neuen Tokioter Rathauses vermissen sie die Vielfalt und Mehrdeutigkeit ihrer labyrinthischen Stadt. Gegen die westliche Dominanz der Bauform, die den Gegenständen mehr Bedeutung einräumt als den Menschen, schaffen sie Räume, die – ebenfalls frei nach Brecht – restlos in die Funktionale gerutscht sind.

Kein Zufall kann sein, daß Tokio immer noch in weiten Teilen die Stadt mit der geringsten sozialen und funktionalen Entmischung ist. Selbst in Luxusgegenden leben einfache Leute; alle Stadtbezirke sind unterschiedslos ineinander verwoben und bilden dennoch völlig eigenständige Metropolen; jede U-Bahn-Station ist ein Mikrokosmos sämtlicher städtischer Funktionen; ja sogar jedes beliebige Geschäftshaus weist eine konsequente Typologie nicht der Form, sondern der Nutzungen auf, die vom Fitneß-Center im Souterrain über die Ladengalerie bis zu Restaurants, Klubs und Wohnungen unter dem Dach reichen – eine Bandbreite, wie sie selbst komplette Kleinstädte im Westen oft nicht besitzen. Die weitaus planvoller wachsenden europäischen und amerikanischen Städte veröden zunehmend. Gleichgültig, ob sie in ihren Zentren reine Geschäfts- und Verwaltungsstädte, luxussanierte Nobelviertel oder Museums- und Kulturinseln errichten – die ausgeprägte Hierarchie im Stadtaufbau widerspricht den Bedürfnissen der Mehrheit, deren unartikuliertester Teil sich regelmäßig in Bandenkriegen Luft macht.

Obwohl er seine Stadt liebt, sieht Architekt Ito keinen Grund, Tokio zu idealisieren. Für ihn ist diese Stadt nicht das Paradies, sondern nur eine der besten Antworten auf eine immer schlechter werdende Welt: „Wir stehen am Strand der Städte und sehen die Flut unaufhörlich steigen. Wir haben nur die Wahl, entweder zu ertrinken oder das Schwimmen zu lernen."

Die Vernichtung des Raumes:
Hongkong

Le Corbusier hat Hongkong nie gesehen, Sant'Elia auch nicht, und Hilberseimer oder Mies van der Rohe hätten es in der Hitze wohl nicht lange ausgehalten. Als die berühmten Modernisten Anfang der zwanziger Jahre in Europa ihre Zukunftsstädte skizzierten, war Hongkong noch ein friedlicher Freihafen im Südchinesischen Meer. Statt an der territorialen Welteroberung mit neuen Bau- und Lebensformen war die britische Besatzungsmacht in Hongkong einzig an der merkantilen Landnahme in China interessiert. Obwohl damals in Europa weitaus mehr Aufbruchstimmung herrschte als in Hongkong, blieben Sant'Elias monumentale „Città nuova" von 1914 oder Le Corbusiers epochemachende „Stadt für drei Millionen Menschen" von 1922 weitgehend Papier. Statt dessen ging der ganze Segen der abendländischen Stadtbau-Phantasien ein halbes Jahrhundert später in Hongkong nieder, und das mit doppelter Wucht und ohne jeden theoretischen Überbau.

Hongkong ist die steingewordene Vision der gesamten Architekturmoderne, ein Freilicht-Experiment, bei dem sechs Millionen Menschen täglich dem Ausnahmezustand einer realisierten Utopie ausgesetzt sind. Hongkong ist die „Stadt als riesige lärmende Werft, die von jeder Generation neu gebaut wird" (Sant'Elia), die „klassenlose und kontinuierlich erweiterbare Ville radieuse" (Le Corbusier), die „vertikal übereinandergeschichtete Verkehrs-, Geschäfts- und Wohn-Hochhausstadt" (Hilberseimer), in der das Einzelhaus vom Gemeinschaftsblock abgelöst wurde und wo Bodenreform und Vergesellschaftung erfüllt zu sein scheinen.

Andere asiatische Metropolen sind unter der Oberfläche ihrer glitzernden Wolkenkratzer-Downtowns nichts als ins gigantische gewachsene multiple Dörfer, denen man ihre historischen Entwicklungsgeschichten noch ablesen kann. Dagegen bildet Hongkong eine ahistorische, überall gleich junge Stadt aus einem Guß, in der die Menschen aus allen traditionellen Bindungen entlassen sind und wo alles Ständische, Politische, Ethnische, Religiöse oder Kulturelle verdampft. „Wer wissen will, wie der Kapitalismus wirklich funktioniert", meint der Ökonom Milton Friedman, „der muß sich Hongkong ansehen".

Hongkong hat bis heute eine vordemokratische politische Verfassung wie Europa vor dem Entstehen der Nationalstaaten. Seinen Anfang verdankt der 1842 von den Briten eroberte Archipel einem späten historischen Unfall: der Kollision mit Rotchina. Die kommunistische Machtübernahme in China 1949 wurde für den Stadtstaat zum Segen und ließ die Bevölkerung von damals 1,8 Millionen auf heute sechs Millionen explodieren. Weil die chinesischen Immigranten in der britischen Kronkolonie von politischer Mitbestimmung, höheren Staatsämtern und militärischen Karrieren ausgeschlossen waren, blieb ihnen das private Business als einziges Mittel, Sozialstatus und Sicherheit zu erlangen. Die Geschäftstätigkeit im Stadtstaat, der mittlerweile zur zehntgrößten Handelsnation der Welt aufstieg, ist so groß, daß Hongkong fast genauso viele Unternehmen wie Haushalte zählt.

Einzige Rohstoffquelle des ressourcenarmen Archipels ist die menschliche Arbeitskraft. Um die phantastische Billiglohnreserve der Immigranten zu versorgen, mußte sich die britische Verwaltung eine Einnahmequelle verschaffen. Die durfte allerdings nicht die Laissez-faire-Ökonomie bremsen, deren Erfolg auf minimalen Spitzensteuersätzen von nur 17,5 Prozent beruht. Statt dessen wurde die Bodenpolitik zur Quelle allen Reichtums.

Hongkong verfügt über die quasisozialistische Besonderheit, daß es kein Privateigentum an Grund und Boden gibt: Das gesamte Inselreich gehört der englischen Königin. Deshalb werden seit alters nur zeitlich begrenzte Nutzungsrechte im Leasing-Verfahren erteilt. Die jüngsten werden im Jahre 2047 auslaufen, wenn das 1997 an China zurückfallende Hongkong seine letzte Schonfrist von weiteren fünfzig Jahren kapitalistischer Wirtschaftsordnung hinter sich hat. Die Grundstücke

Das größte Sozialbauprogramm der Welt: Siedlung in Hongkong

werden nicht verkauft, sondern von den Investoren auf Auktionen zu Höchstmieten ersteigert. Dabei fallen derart saftige Einnahmen an, daß Hongkong damit bis zu vierzig Prozent seines gesamten Staatsbudgets bestreiten kann.

Stadtplanungschef Edward Pryor in Hongkong sagt, seine Stadt müsse wegen der extremen Flächenknappheit von tausend Quadratkilometern – das sind gerade vierzig Prozent des Saarlandes – unendlich eng und hoch bauen. Die Bevölkerungsdichte in Zentralbereichen liegt bei 35.000 Menschen pro Quadratkilometer, dem Zehnfachen von deutschen Ballungszentren. Trotzdem liegen rings um die Baugebirge riesige frei gehaltene Flächen. Nur ein Drittel der Inselfläche ist besiedelt. Das liegt nicht allein an der schroffen Berglandschaft und dem rudimentären Naturschutz , sondern an der künstlichen Verknappung des Bodens, um die Preise hoch zu halten.

Mit diesen Einnahmen konnte Hongkong von 1972 an das wohl weltgrößte Sozialwohnungsprogramm finanzieren. Für umgerechnet sechzig Milliarden Mark werden bis Ende der neunziger Jahre neun Satellitenstädte für 3,6 Millionen Menschen entstanden sein; fertiggestellt sind heute bereits Unterkünfte für 2,4 Millionen. Sie liegen allesamt auf dem Festland, den sogenannten „New Territories" an der Grenze zu China, und sehen noch verwegener aus als Le Corbusiers kühnste Megacity-Entwürfe.

Die größten von ihnen, Tsuen Wan und Sha Tin, beherbergen sechs- bis siebenhunderttausend Menschen – über zwanzig Märkische Viertel – in Türmen mit vierzig Geschossen. Halb Hongkong lebt in diesen Sozialwohnungen zwischen dreißig und sechzig Quadratmeter für 5,50 DM Quadratmetermiete im Monat. Aus der Luft sehen diese Gebilde wie gigantische Schraubstöcke, Motorblöcke oder Generator-Batterien aus. Aber dazwischen bewegen sich die Menschen in gepflegten Parkanlagen mit Busbahnhof und Einkaufszentrum, mit Schulen und Gemeinschaftshäusern, Spielplätzen und Teichen. Während die Mieter bei Einzug in ihre nackten Kleinwohnungen außer Spüle und Kloschüssel alles selbst einbauen müssen, finden sie Außenanlagen vor, die mit Flanierstraßen,

Brücken und Aussichtstürmen äußerst liebevoll gestaltet wurden und den ganzen Tag bevölkert sind. Durch diesen recht preiswerten Kunstgriff wird der öffentliche Raum zur Verlängerung der Wohnung und die Einöde sozialistischer Trabantenstädte wirkungsvoll vermieden.

Joseph Kong, Chefarchitekt des Wohnungsbauamts, gerät ins Schwärmen, wenn er seine neueste Entwicklung, die sogenannten „Harmony"-Wohntürme in der Neustadt Sha Tin, vorführt. Es sind Wolkenkratzer mit jeweils 350 bis 600 Wohnungen auf vierzig Etagen, hergestellt aus vorfabrizierten einheitlichen Elementen, mit eigenen Bädern und Küchen in jeder Wohnung und sogar einem Minibalkon, der gerade als Abstellplatz für Klimaanlage und Blumentöpfe ausreicht. Jede Wohnungstür ist mit einem Scherengitter gesichert, die Außenfenster sind ebenfalls voll vergittert – aus Sicherheitsgründen: „Damit niemand einbricht oder herausspringt", sagt Kong. Kinderselbstmorde zählen zu einem der größten sozialen Probleme Hongkongs. Trotzdem wollen die Mieter laut Joseph Kong oben wohnen: „Je höher, desto lieber."

Jeder Bewohner hat durchschnittlich sieben bis neun Quadratmeter Wohnraum – in Deutschland sind es 36 Quadratmeter – was immerhin doppelt soviel ist wie im Hongkong der sechziger Jahre. Die optimierten „Harmony"-Wohnmaschinen wurden in jahrzehntelangen Versuchsreihen aus Vorläufermodellen entwickelt, die wie Autotypen auf die Namen „Mark", „Twin" oder „Trident" hören: Erst gab es siebengeschossige Schlichtblöcke mit Laubengängen und Freiluftküchen ringsum, dann fünfundzwanzigstöckige Atriumhäuser mit stickigen Höfen, dann H-förmige Brutaltürme und jetzt die belichtungs- und belüftungsfreundlichsten Siegermodelle mit X- und Y-förmigen Grundrissen. Ihre gefalteten Fassaden geben jeder Wohnung von drei Seiten Tageslicht und vermeiden gefangene Räume. Diese Oberflächenvergrößerung verleiht den Riesentürmen die Filigranität von Kristallformen, die deutlich an Le Corbusiers „Plan Voisin"-Türme für Paris von 1922 erinnern.

„Keiner will hier leben, aber alle sind da", wundert sich Architekturprofessor Eric K. C. Lye von der Hongkong-Universität über seine Stadt. „Hongkong ist nach Beirut und Belfast die anstrengendste Stadt der Welt, und das ganz ohne Krieg." Das Sozialbauprogramm sieht er als „Verallgemeinerung der Armut im Großmaßstab" an. Aber solange noch eine halbe Million Immigranten in elenden Squatter-Siedlungen und insgesamt 45 Prozent der Menschen Hongkongs an der Armutsgrenze – umgerechnet siebenhundert Mark monatlich für eine vierköpfige Familie – lebten, müßten die Nachteile der Sozialbau-Großsiedlungen wie auch der Hochverdichtung in den Geschäftszentren in Kauf genommen werden; denn das erste senkt die Baukosten, und das zweite sichert durch die Hochmietpreise die Staatsfinanzen. „Allerdings hat noch niemand untersucht, welche sozialen und psychischen Auswirkungen diese weltweit wohl intensivste Zusammenballung von Menschen hat."

Zur Entzerrung hat die Stadtverwaltung jetzt beschlossen, den Anteil der Grünflächen bei Neubaugebieten zu verdoppeln – auf ganze zwei Quadratmeter pro Kopf. Der größte Stadtgarten auf der Victoria-Hauptinsel ist der sieben Hektar kleine Hongkong-Park auf dem recycelten Gelände einer ehemaligen Kaserne. Hier ist dem Hongkonger Architektenbüro Wong Tung das Kunststück eines vertikalen „Theme Park" mit Naturelementen gelungen. „Weil der Raum für passive Erholung zu klein war, mußten wir Animationselemente zur aktiven Entspannung einbauen", sagen die Architekten. Sie haben das Steilhang-Grundstück mit Treppen, Rampen und Terrassen in Falten gelegt und lassen auf engsten Raum Vegetationszonen von der Wüste bis zum Regenwald wachsen, Wasserfälle spritzen, Vogelschwärme in riesigen Volieren aufsteigen. Zudem zwängten sie noch Amphitheater, Sporthalle, Kunstmuseum und einen chinesischen Aussichtsturm auf die Parzelle.

In dieser Stadt gibt es nichts, was nicht dem Primat der Produktion unterliegt. Alles wird vervielfältigt: Waren, Dienstleistungen, Arbeitskraft, Transport, Boden und selbst die Atemluft, die mit Tausenden von Klimaanlagen in die Türme und Shopping-Malls gepreßt wird und drei Viertel des Energiebedarfs der Stadt verschlingt. Straßen sind reine Zirkulationssphären und werden von mindestens sechs Verkehrssystemen gleichzeitig erschlossen: Minibus, Tram, Auto, Taxi, Omnibus, U- und S-Bahn. Sogar die Hafenfähren sind platzsparende Doppeldecker, und auf den winzigen Tanzbühnen der Animierlokale drängeln sich die Go-go-Girls gleich im Dutzend. Über den Verkehrsschluchten erstreckt sich eines der weltgrößten Systeme von Fußgängerbrücken, Passagen und Skywalks, das den gesamten Central Business District mit einer lückenlosen Hochebene überzieht. Von dort aus gelangt man ohne Bodenberührung in fast jedes größere Gebäude.

Was im alten Europa die Stadtplätze waren, das sind in Hongkong die Lobbies der Bürohäuser, Hotels, Kongreß- und Einkaufszentren, die alle zu klimatisierten Großpassagen geöffnet wurden. Der öffentliche Raum ist restlos verdinglicht und existiert nur dadurch, daß Investoren ihn in ihren Geschäftshäusern reproduzieren. Ungenutzter, nichtkommerzieller oder animationsfreier Stadtraum ist redundant, überflüssig, ja gefährlich. Die zahlreichen Verbrechen, die jeden Morgen in der „South China Morning Post" gemeldet werden, finden fast ausschließlich in städtischen Resträumen und Randquartieren statt, über die sich die Käseglocke der interiorisierten Privatöffentlichkeit noch nicht gestülpt hat.

„Pacific Place", die jüngste und größte Shopping-Mall, ist zugleich das avancierteste Beispiel des neuen „Podium"-Bautyps, der weltweit Schule macht. „Das Einzelhaus, das die Großstadt in ein unübersehbares Chaos verwandelte, verschwindet. An seine Stelle tritt das einen Block umfassende Gemeinschaftshaus, das nicht nur die Wohnungen, Arbeits- und Geschäftsräume enthält, sondern auch alles andere zum Leben Erforderliche. Mit dem Einzelhaus verschwindet auch das bisherige Straßensystem mit seinen luft- und sonnenlosen Wohnhöfen." Diese Sätze stammen nicht aus dem Prospekt des Investors, sondern aus der 1927 erschienenen Kampfschrift „Großstadtarchitektur" des radikalsozialistischen Baureformers Ludwig Hilberseimer.

„Pacific Place" ist eine solche Kollektivarchitektur, allerdings nicht als Resultat sozialistischer, sondern kapitalistischer Vergesellschaftung. Das zwölfgeschossige Podium füllt das gesamte Grundstück bis an die Bordsteinkante. Innen öffnet es riesige, mit Messing, Marmor, Kunst, Muzak und Wasserspielen geschmückte Atrien mit zweihundert noblen Läden, Kinos und Restaurants. Völlig unabhängig davon liegt über der Mall die idyllische Ruhezone eines Dachgartens, aus dem wiederum drei fünfzigstöckige Hotel-, Büro- und Wohntürme emporwachsen. Auf dem nur 35.000 Quadratmeter großen Grundstück wurde eine halbe Million Quadratmeter Bruttogeschoßfläche in die Höhe gestemmt. Wenngleich man sich eine höhere Konzentration von Baumasse und Geschoßzahl nur schwer vorstellen kann, bietet diese Architekturagglomeration auf allen Ebenen ein lichtes und luftiges Ambiente ohne jede Enge oder Einförmigkeit. Der wohltemperierte Art-Deco-Designstil, der sich in den Interieurs von Hongkong und anderen Weltstädten ausbreitet, ist der von internationalen Luxushotels. Es ist die Ästhetik der Ortslosigkeit, die alle Raumgefüge in Transitzonen verwandelt.

Diese „Podium"-Typen entstehen in Hongkong überall, teils als reine Luxustürme für Millionärswohnungen, die genauso übereinandergestapelt sind wie die Sozialbauten, teils als erschwinglichere Mischgebiete für die Mittelschicht. Zuweilen lassen sich die Developer etwas Besonderes einfallen: In der Nobel-Wohnanlage „Whampoa-Garden" in Ost-Kowloon wurde die sechsgeschossige Shopping-Mall in Form einer ausgewachsenen einbetonierten Hochseejacht errichtet. Daß mit dem internationalen Siegeszug der „Podium"-Gemeinschaftstypen nicht nur zweitausend Jahre abendländischer Baugeschichte – die Balance von Haus und Straße – zu Grabe getragen werden, sondern auch das Wechselspiel von Individuum und Gesellschaft, die Entfaltung des Privaten im Rahmen der Öffentlichkeit, sollte man zumindest zur Kenntnis nehmen.

Die Stadtform Hongkongs ist kein Ergebnis ästhetischer Entscheidungen oder planerischer Voraussicht. Es gibt keinen Flecken, bei dem Gestaltungsfreiheit bestand. Überall herrscht eine beispiellose Nacktheit der Leistungsform, die aus statischer Optimierung, maximaler Raumnutzung und höchstem

Bautempo resultiert. Die ersten Jahrzehnte wurde der Archipel vom eigenen Wachstum noch völlig überrollt. Mittlerweile sind Stadtplanung und Wirtschaftsentwicklung zur Deckung gekommen: Die Ausbeutung des Raumes ist zur Grundlage aller öffentlichen und privaten Wertschöpfung geworden. Gesetzt, daß der Investor die peniblen Brandschutz- und Sicherheitsbestimmungen einhält, darf er völlig frei das Achtzehnfache seiner Grundfläche auftürmen, bei Wohnbauten das Zwölffache. Absolute Vertikalgrenze ist einzig das fünfhundert Meter hohe Wahrzeichen des Victoria Peak. Die Verschattungsabstände sind minimal, weil die Sonne fast durchweg senkrecht steht. Trotz ihres Bodenmonopols verzichtet die Stadt auf jede Planungskontrolle. Diese historisch unübertreffliche Fehlleistung sichert Hongkong aber die Dynamik und den Ruf, weltweit eine der wenigen wirklich realen Metropolen zu sein: ohne Überbau, ohne ideologisches Wunschdenken und ohne Sentimentalität.

Daß neue Häuser auffallend häufig aerodynamische Ellipsen-, Prismen- oder Softline-Formen aufweisen, rührt nicht von Baumoden her. Wegen der unerbittlichen Enge müssen die Körper mittlerweile Eiertänze aufführen, um einander nicht auf die Füße zu treten oder sich den letzten Rest an Ausblick zu stehlen. Architektur mit einem großen „A" gibt es in der Containerlandschaft des Stadtstaates nur zweimal: die strahlende Siegerfigur der „kommunistischen" China-Bank von Ieoh Ming Pei, die mit ihren himmelstürmenden Riesenstufen den geballten chinesischen Zukunftsoptimismus ausstrahlt, und direkt daneben Norman Fosters „kapitalistische" Hongkong & Shanghai Bank als Hinterlassenschaft des britischen Ancien régime: eine nachdenklich in sich zusammengesunkene Brücken- und Stahlwerkskonstruktion aus der verflossenen Industrieblütezeit des Abendlandes. Diese Konfrontation ist der deutlichste Baukommentar zum Wettkampf der Systeme, der 1997 entbrennt.

Während es selbst in der Chaosstadt Tokio immer noch Reste einer Funktionstrennung für Vergnügungs-, Büro-, Einkaufs- oder Wohnviertel gibt, hat Hongkong dieses Nebeneinander zum dreidimensionalen Durcheinander erhoben. Abgesehen von den Bank- und Versicherungsmonolithen im Central District, ist jeder Turm ein mischgenutzter Bauhybride. Die privilegierte Hälfte der Bevölkerung, die nicht in die Satellitenstädte abgedrängt wurde, fährt nicht nach Kowloon oder Victoria zum Arbeiten oder Einkaufen, sondern sie lebt dort. Die extreme Verdichtung und Vermischung reduziert Pendlerzeiten, weshalb viele es schaffen, gleich an drei Arbeitsstellen zugleich zu schuften.

Darin zeigt sich im Kern auch das gesamte, geradezu futuristische Kunststück des Stadtstaates, mit der Liquidierung des Raumes tendenziell auch die Zeit aufzuheben. Die Zeiterfahrung in Hongkong ist die einer nahezu totalen Simultanität der Ereignisse. Das ist die andere Seite des redundant gewordenen, allmählich verschwindenden Stadtraumes: Die totale Überlagerung von Menschenmassen, Transportwegen, Warenströmen, Informationen und Entertainment erzeugt einen rasenden Stillstand. Unwirklich, fast fiktiv wirkt Hongkong auch deshalb, weil es das Hollywood des Ostens ist und als drittgrößter Filmproduzent der Welt ganz Asien mit über zweihundert Kino- und TV-Streifen jährlich beliefert. Immer wieder kommt man an vollausgeleuchteten Straßenecken vorbei, wo gerade ein Film gedreht wird.

Die Stadt multipliziert sich nicht nur in der Höhe, sondern auch in der Breite. Damit verschafft sich die Verwaltung gleichsam eine Lizenz zum Gelddrucken. Jährlich wächst die Fläche Hongkongs um ein Prozent durch Auffüllung von Buchten und Uferstreifen. In Segmentlinien lagern sich immer neue Landschichten um die Hauptinseln wie Jahresringe um Bäume. Das ist auch ein Grund, warum die Stadt keinen Bezug zum Wasser hat und Uferpromenaden fehlen – abgesehen vom Kloakenwasser der Hongkong-Bucht, in die täglich zwei Millionen Tonnen Fäkalien fließen: Durch das stete Vorrücken der Küste würde jeder Lido nach wenigen Jahren wieder auf dem Trockenen liegen. Das „Hongkong Coliseum", das vor zehn Jahren als Sport- und Kulturzentrum über dem neuen Zentralbahnhof von Kowloon errichtet wurde, hat

seine reizvolle Lage an der Wasserkante längst wieder einge-
büßt, weil die Halbinsel weitergewachsen ist. Für die Landge-
winnung werden ganze Berge ins Meer gekippt. Das fällt in
der subtropisch überwucherten Insellandschaft besonders ins
Auge, weil sich immer mehr Höhenzüge in nackte Steinbrü-
che verwandeln.
Derzeit kreist ein Drittel der Weltflotte von Baggerschiffen um
die kleine Insel Chek Lap Kok im Südchinesischen Meer
zwanzig Kilometer westlich des Stadtzentrums. Hier entsteht
bis 1997 der neue, 1250 Hektar große Superairport, dessen
Maximalkapazität darauf angelegt ist, im Umkreis von fünf
Flugstunden die halbe Weltbevölkerung zu erreichen. Dafür
wird die alte Insel „gedreht", um das Vierfache vergrößert und
die hundert Meter hohe Hügellandschaft auf einheitliche sieben Meter planiert. „Wir bewegen insgesamt 335 Millionen
Kubikmeter Erde, was dem 335-fachen Volumen des Empire
State Building entspricht", prahlt Planer John N. Mayer vom
Flughafenkonsortium PAA. Allein das neue Passagierterminal
des englischen Großbaumeisters Norman Foster soll mit einer
halben Million Quadratmetern das größte der Welt werden.
Daß die Regierung in Peking als künftiger Hausherr Sorge vor
den geschätzten zwanzig Milliarden Dollar Baukosten hat und
das Projekt torpediert, befürchtet Mayer nicht: „Und wenn,
dann wird das Neuland eben zum Baugebiet für new towns."
Doch weil der alte Stadtflughafen Kai Tak wegen seiner Stum-
melpiste in der Bucht von Kowloon ein Sicherheitsrisiko ist
und dreihunderttausend Anwohner quält, wird ein Neubau-
stopp äußerst unwahrscheinlich. Der alte Airport soll bis Ende
der neunziger Jahre in einen neuen Stadtteil für zweihunderttausend Menschen umgewandelt werden. Dafür hat Stadtplanungschef Edward Pryor bereits fertige Pläne in der Schub-
lade. Der Mehrwert des aus dem Meer gewonnenen Baulan-
des am alten Flughafen wird den neuen schon finanzieren.
Man kann die Liste der Großbauprojekte endlos verlängern
und dabei die Grenze vom Wirtschaftsoptimismus zum
Wachstumswahnsinn leicht überschreiten. So wurde erst vor
drei Jahren Asiens bis dahin höchster Turm, die 368 Meter

hohe China-Bank, fertiggestellt. Jetzt steht schon die nächst-
höhere Bürokiste namens Central Plaza mit 374 Metern daneben, die so schnell hochgezogen wurde, daß die Glas-
und Granitplatten nicht geschraubt, sondern angeklebt wurden. Frisch eingeweiht ist das weltgrößte Waren-Distribu-
tionszentrum namens Asia Terminal in West-Kowloon, das
im vollen Ausbaustadium neunhunderttausend Quadratmeter Fläche auf zwölf Etagen, innen ein Labyrinth von 26,8 Kilometer Straßen sowie Stellplätze für 2600 Sattelschlepper
unter einem Dach hat. Eher geringfügig erscheinen Doppel-
projekte wie das Büro-, Hotel- und Shopping-Center Shun
Tak im Victoria-Geschäftszentrum, das in gewinnbringender
Symbiose mit dem Passagierterminal der Macau-Fähre entstand. Hier wurde Le Corbusiers Traum verwirklicht, den
vertikalen Wolkenkratzer-Typus mit weit ins Wasser vorsto-
ßenden Auslegern zu einem horizontalen neuen „Meeres-
kratzer" zu erweitern.

Architekturprofessor Eric Lye beschrieb den Widerspruch, daß
der Wirschaftsstandort Hongkong einerseits Sicherheit für Kapi-
talinvestitionen, aber andererseits genügend Disponibilität und
Instabilität braucht, um Spekulation zu ermöglichen. „Die Konsequenz ist ein immer schnelleres Recycling des Stadtgewebes."

Hongkong ist kein Sonderfall, sondern nur das fortgeschrit-
tenste Exemplar im Netzwerk der „Global Cities" wie New
York, London oder Tokio, jenen transnationalen Schaltzentralen der Weltwirtschaft, die über alle Informationen und Entscheidungen in Echtzeit verfügen. Während die Produktions-
stätten immer mehr ausgelagert und weltweit zerstreut werden, findet in den „Global Cities" umgekehrt eine ungeheure
Konzentration von Kapital- und Organisationsmacht statt,
ohne die sich die globalen Märkte nicht kontrollieren ließen.
„Solche Städte muß es geben", meint Bauprofessor Eric Lye.
„Sie sind wie riesige Spielcasinos." Aber diese Gebilde sollten
keinem Staat angehören, sondern „Freizonen für Risikokapi-
tal" bilden.

Daß Hongkong heute eine einzigartige Phantasmagorie der
entfesselten Produktion und Distribution darstellt, rührt auch

von seinem Hinterland her: 45 Prozent des chinesischen Exports und 35 Prozent der Devisen fließen durch dieses Nadelöhr. Doch das Wachstum geht bald erst richtig los. Bereits drei Millionen Menschen arbeiten in der benachbarten südchinesischen Sonderwirtschaftszone Ghuandong für Hongkonger Unternehmer. Die Manufaktur- und Industrieproduktion, die Hongkong einst groß gemacht hatte, wird bald völlig auf das Festland ausgelagert sein. Bereits heute transportieren jeden Tag zwanzigtausend Lastwagen die in China hergestellten Waren zum Hafen von Hongkong. Wenn die Sonderwirtschaftszone hinter der Grenze zum Entwicklungsmodell für eine Milliarde Chinesen wird, kann man sich auf einiges gefaßt machen. Allein die Nachbarstadt Shenzeng, vor fünfzehn Jahren noch ein Zehntausend-Seelen-Dorf, zählt mittlerweile zwei Millionen Einwohner und wächst noch rücksichtsloser als das ohnehin delirierende Hongkong.

So könnte eines Tages Europa für Asien jene Rolle spielen, die vor zweitausend Jahren Griechenland für Rom hatte: eine müde Altkultur, die gerade noch gut genug ist, der aufstrebenden Weltmacht ein bißchen altmodische Philosophie, Dichtung, Musik und Architektur zu Unterhaltungszwecken zu liefern.

Der Clean-Room des Urbanen:
Sophia Antipolis

Der Mittelmeerraum ist ein Spiegel der Welt. Man muß nicht erst in die Dritte Welt fahren, um auf extreme politische, wirtschaftliche und soziale Gegensätze zu treffen. Innerhalb des gewaltigen Nord-Süd-Gefälles der achtzehn Mittelmeerländer gibt es Demokratien und Diktaturen, Millionenstädte und menschenleere Wüsten. 1950 lebten dort 212 Millionen Menschen, 1985 waren es 356 Millionen, bis 2025 werden es 547 Millionen sein – vor allem durch die Bevölkerungsexplosion in Nordafrika, Syrien und der Türkei.

537 Städte entlang der Mittelmeerküste leben von demselben Wasser, in das sie zugleich ihren gesamten Unrat kippen. Allein aus den Öltankern fließt jährlich die siebzehnfache Menge der Exxon-Valdez-Katastrophe ins Meer. Weil das Mittelmeer umzukippen droht, hat die Umweltorganisation der Vereinten Nationen 1976 einen „Blauen Plan" ins Leben gerufen. Er soll zur Rettung jener Weltgegend beitragen, in der einmal die Wiege der abendländischen Kultur stand.

Auf der Schokoladenseite an der Nordküste des Mittelmeeres ist von solchen Gefahren wenig zu spüren. In den spanischen, französischen und italienischen Urlaubsparadiesen werden ganz andere Wege in die Zukunft Europas eröffnet. Acht Regionen von Valencia und Barcelona über Marseille und Nizza bis Genua und Turin haben sich 1990 zur Vereinigung „Route des Hautes Technologies" (Straße der Hochtechnologien) mit Sitz in Marseille zusammengeschlossen. Sie wollen den Sonnengürtel des alten Kontinents mit Wissenschafts- und Technologieparks zu einem europäischen Kalifornien ausbauen. Während die Spanier und Italiener wegen industrieller Altlasten erst langsam den Weg zum High-Tech-Netzwerk finden, hat Frankreich allein im Süden sechs Forschungsstädte gegründet.

Im Zentrum steht der größte und älteste Technologiepark Europas „Sophia Antipolis" zwischen Nizza und Cannes, gegründet 1969. Heute arbeiten dort fünfzehntausend Menschen in 850 Firmen. Der 23 Quadratkilometer große Landschaftsgarten liegt an der Autobahnausfahrt Antibes nur wenige Kilometer von der Côte d'Azur entfernt.

Wie in einem Club Méditerranée sind die dörflichen Gebäudegruppen eingebettet in Golfparcours, Sportplätze und Naturschutzreservate. Man fährt durch eine scheinbar unberührte südfranzösische Hügellandschaft über verkehrsberuhigte Spielstraßen vorbei an solarbetriebenen Straßenlaternen. Erst allmählich tauchen die verstreuten Pavillons und Flachbausiedlungen auf. Sie sind teils phantasievoll, teils kitschig in klassischem bis pop-modernem Gewand gehalten, halb Pueblo, halb Gartenstadt, bemalt in landschaftsbezoge-

nen Farben, nicht höher als drei Stockwerke und, so die Vor-
schrift, mit mindestens zwei großen Bäumen auf dreißig Quadratmeter Baufläche. Was früher ein Paradies für Kaninchen
und Pilzesammler war, hat sich zur Sonnenstadt für NCR, Di-
gital Equipment, Air France, Amadeus, AT&T, Thomson, Dow
Chemical, Wellcome, Rockwell, Inria, Allergan, Röhm & Haas
und 838 andere Unternehmen entwickelt.
Sophia Antipolis ist eine Pariser Erfindung aus der bewegten
Achtundsechziger-Zeit, als die „Phantasie an die Macht" kommen sollte. Damals wurden mit den neuen Pariser Satelliten-

Sophia Antipolis, oben rechts Antibes, oben links Nizza

städten, den „Villes Nouvelles", erste Schritte zur Dezentralisierung unternommen; andere richteten große Hoffnungen auf die Interdisziplinarität der Wissenschaften. Der Mann, der den Zeitgeist auf eigenwillige Weise bündelte, ist der Ingenieur Pierre Laffitte, 68, einst Direktor der Ingenieur-Eliteschule „École des Mines" in Paris und heute Senator der Alpen-Mittelmeer-Region. Er wollte ein „Quartier Latin auf dem Lande" gründen, ein Pendant zu dem Pariser Universitäts- und Intellektuellenviertel südlich der Seine, jedoch frei von Smog, Staus und Gedränge – vor allem frei von den Studentenunruhen und Barrikadenkämpfen von Paris.

Als „Silicon Valley" bei San Francisco noch eine Obstplantage war, gewann Laffitte Politiker und Manager für seinen Plan, „den Boulevard Saint-Michel bis ans Meer zu verlägern". Heute führt die Erweiterung der Pariser Prachtstraße in Südfrankreich von Sophia Antipolis über die neugegründeten Technopolen von Toulon über Marseille, Aix, Manosque bis nach Avignon. Anschlüsse im Westen an den geplanten Park Cerdanyola bei Barcelona sind ebenso vorgesehen wie die Verlängerung nach Italien. Dort entstehen neue Technikparks durch Flächenrecycling auf leergeräumten Stahlwerksgeländen in Genua-Valpolcevere, in ehemaligen Industriewerken in Turin-Lingotto (Fiat) und in Mailand-Bicocca (Pirelli).

Das französische Großvorhaben nutzt den demographischen Schub einer neuen Völkerwanderung. Während die Einwohnerzahlen in Nordeuropa erst seit dem Zustrom aus Osteuropa wieder steigen, verzeichnet die Spitzenregion Provence-Alpes-Côte d'Azur schon seit 1960 jährlich Zuwächse von bis zu zehn Prozent. „Wir wachsen schneller als Japan und Korea", sagt Pierre Laffitte. Das spiegelt sich auch in der Raumentwicklungsstudie „Europa 2000" des EG-Kommissars für Regionalpolitik; neben dem bananenförmigen alten Wachstumsgürtel, der von London über die Rheinschiene bis nach Norditalien reicht, werden gewaltige Zuwächse auf der neuen Entwicklungsachse entlang der nordwestlichen Mittelmeerküste prognostiziert.

Was diese Region so anziehend macht, sind über dreihundert Sonnentage im Jahr, eine alpin-maritime Märchenlandschaft und eine perfekte Tourismus-Infrastruktur mit dem Flughafen von Nizza, der jüngst zum zweitgrößten Airport Frankreichs ausgebaut wurde. Die Erholungskultur kommt den Bedürfnissen der gestreßten Neuansiedler entgegen. Daß selbst der liebe Gott am liebsten in Südfrankreich leben würde, wußten bereits Picasso, Dufy, Matisse, Léger, Vasarely, Tremois und andere, die gleichsam Trüffelschweine der heutigen Zuwandererwelle waren.

Sophia Antipolis sollte keine Forscherenklave werden wie das sibirische Akademgorod oder englische Campus-Gemeinschaften. Deshalb war anfangs auch kein Wohnungsbau geplant. Die Belegschaften sollten im Park arbeiten und in den umliegenden Städten und Dörfern wohnen. Weil das nicht funktioniert hat, sind 1500 Ein- und Mehrfamilienhäuser entstanden, dazu Arztpraxen, Anwaltskanzleien, Einkaufszentren, Freizeiteinrichtungen und eine internationale Schule für 1200 Kinder. So hebt sich Sophia Antipolis wie eine privilegierte Hochstadt, wie eine Akropolis über dem blauen Dunst der Küstenniederung empor.

Der Traum von Monsieur Laffitte scheint erfüllt. Zwar fehlen ihm das Café Procop, die Brasserie Balzar, die Bistros und Bibliotheken, das Collège de France und die Sorbonne. Statt dessen verfügt seine Technopolis über Satelliten- und Glasfaser-Breitbandverbindungen zu allen Datenbanken und Denkfabriken der Welt. Denn nur räumlich haben sich die ehemals konzentrierten Firmenniederlassungen aufgelöst; organisatorisch und technisch sind sie global hochintegriert wie nie zuvor.

Die Auslagerung hat Methode. Bislang hatte die industrielle Rationalisierung die lebendige Arbeit verdrängt. Heute liegt der Rationalisierungsfortschritt eines Technologieparks in der Intensivierung der ausgelagerten Kopfarbeit, in der Ausschaltung jedes branchenfremden Störfaktors, in der sogenannten Synergie. Die südfranzösische Technopolis ist eine keimfreie Wunderwelt, ein „Clean-Room" des Urbanen, ein Ökotopia der Weißkragen-Ökonomie.

Solche Vorposten tilgen die Erinnerung an die industrielle Herkunft der Dinge und lösen die Wissenschaft aus ihrer gesellschaftlichen Verankerung und Kontrolle. Wo früher in den Industriezentren Kapital und Arbeit noch direkt aufeinanderprallten, grenzen Technologie- und Dienstleistungsparks den Zusammenhang von Denken, Handeln und Herstellen aus. Für die Erforschung und Steuerung von Kommunikations- und Produktionsprozessen sorgen die Informatik-, Robotik-, Bio-, Agro- und Energietechnik-Labors in Parks wie Sophia Antipolis oder Marseille. Ausführende Organe in entfernten Weltgegenden zwischen Nordfrankreich und Südkorea haben die Ergebnisse umzusetzen.

Die sogenannte neue „Ansiedlungsökonomie" der High-Tech-Wirtschaft hängt, im Gegensatz zur früheren Industrie, nicht mehr von „harten" Standortfaktoren wie Bodenschätzen oder Handelswegen ab. An die Stelle des alten Gegensatzes von Stadt und Land treten zunehmend verlandschaftete Städte. Eigentlich ist es absurd, diese Firmen an bestimmten Orten zu massieren. Aber die Hauptvorteile für die Unternehmen in solchen Zentren sind hochqualifizierte Arbeitskräfte, die sich die Firmen stets gegenseitig abwerben, dazu gemeinsame Computer- und Kommunikations-Netzwerke, großzügige Starthilfen und günstige Mieten. In Sophia Antipolis gibt es Zweigstellen der Pariser „École des Mines", der Universität von Nizza und von Business-Schulen, alle Arten von Hochleistungsrechenzentren bei Mieten von tausend Franc pro Quadratmeter Bürofläche jährlich.

Die Verlockung des hohen Freizeitwertes von Bergen, Meer und Sonne läßt erwarten, daß die gewaltigen Wachstumshoffnungen entlang des nördlichen Mittelmeeres nicht trügen. Zwar sind die Küstenstreifen mittlerweile fast so zersiedelt wie das Ruhrgebiet, aber das kalifornisch anmutende Gewirr von Autobahnen, Reklameschildern, Straßendörfern, Drive-ins, Touristenströme unter ewig blauem Himmel ist weitaus attraktiver als die Banlieue von Paris oder Gelsenkirchen.

Soziologisch sind Wissenschafts- und Technikstädte informelle Kleingruppen mit hoher Affinität, wie man sie sonst nur von Familien-, Freundes- und Berufsgruppenbeziehungen kennt. So definiert es der Pariser „Atlas International des Technopoles". Während große Städte aus unzähligen Mikrokosmen dieser Interessengruppen und Netzwerke bestehen, vergrößern die Parks einzelne dieser Subkulturen zum Makrokosmos einer Stadt.

Zu ihren Entstehungsbedingungen gehört auch, daß immer mehr Manager, Techniker und Wissenschaftler einem internationalen Jet-set angehören, der für zwei und drei Jahre irgendwo Station macht. Diese empfindliche Spezies braucht ein homogenisiertes, hotelähnliches Ambiente, das sie ohne Kulturschock betreten und wieder verlassen kann. Während ihres Aufenthaltes entwickeln die Gäste, so berichtet Pierre Laffitte, Gefühle der Zusammengehörigkeit, wie sie sonst nur für Generationsgenossen und Kommilitonen gleicher Hochschulen typisch sind. So ist der Technikpark letztlich ein Internat, eine Schule für Lebensabschnittsgefährten. Die Freiräume außerhalb der Labors müssen mit besonderer Umsicht organisiert werden: „Ohne Urbanität und ohne kulturelle Animation", schreibt der Technopolen-Atlas, „kann keine Technopolis existieren." Eine eigene Kulturstiftung in Sophia Antipolis bietet deshalb Konzerte, Ausstellungen, Theateraufführungen und Kongresse an.

In dem landschaftsplanerisch und architektonisch sorgfältig gestalteten Park geben die harmlosen, verspielten Mustersiedlungen nicht den geringsten Eindruck von den hochtechnischen Vorgängen in den Labors wieder. Der Ort wirkt wie eine Stadt von Müßiggängern, wie ein Ableger des Seniorengettos „Sun City" in Arizona. 1991 erwirtschaftete Sophia Antipolis einen Umsatz von 10,3 Milliarden Franc. Alles ist umweltfreundlich, von der Kollektorheizung bis zur Müllentsorgung, und Videokameras wachen an Straßenkreuzungen und Hauseingängen über die öffentliche Ordnung. Produktionsanlagen und Umweltverschmutzung sind verboten; das einzige, was hergestellt wird, sind Solarzellen, Chip-Prototypen, Herzschrittmacher und Prothesen.

Während die historischen Zentren heute wieder von Reurbanisierung, Verdichtung und Mischung träumen, ziehen derweil solche Sonnenstädte und Satelliten immer mehr Reichtum und Intelligenz an sich und treiben die soziale, funktionale und räumliche Segregation auf die Spitze. Diese Gebilde haben die Trägheit alter Planstädte und Metropolen überwunden und stellen die neueste Variante der englischen Gartenstadt-Idee dar, nur mit dem Unterschied: Sie lassen sich weder als räumlicher Niederschlag einer kollektiven Kosmologie, einer Stadt- und Weltvorstellung verstehen noch sind sie vom modernistischen Primat des Gesellschaftlichen geprägt. Sie sind private, individualisierte Utopias ohne Zentralität, ohne Eigenräumlichkeit, ohne Gemeineigentum, ohne Geschichte und deshalb für die Zukunft bestens gerüstet.

In fünf Jahren soll Sophia Antipolis auf die doppelte Größe erweitert und die High-Tech-Straße entlang der Mittelmeerküste vervollständigt werden. Zwar bewirken diese elitären Technopolen allein keinen länderübergreifenden ökonomischen Strukturwandel. Aber sie sind die propagandistisch wirkungsvolle Spitze tiefergehender Umwälzungen. Das weiß auch Pierre Laffitte, der seine Technikstadt zu einer „Republik von Gelehrten und Künstlern" ausbauen will. Er ist auch Leiter der Kulturstiftung und spricht von der weiteren Ansiedlung eines Museums, einer modernen Villa Medici, eines Kunstzentrums und einer europäischen Lyrik-Akademie: „Wir errichten das Florenz des 21. Jahrhunderts."

Türme, Trutzburgen, Steinbuletten:
Berlin

Die Kommission zur Planung des größten Stadtumbaus der Neuzeit hatte zum erstenmal getagt, da bat der Chefplaner seinen Dienstherrn, den Beraterstab möglichst klein zu halten. „Verstehe ich Sie richtig", fragte Napoleon III., „daß Sie lieber allein arbeiten wollen?" Der Baron Haussmann nickte, der Planerstab wurde aufgelöst, und die gesamte Pariser Stadterneuerung von 1853 bis 1870 lag fortan in den Händen des Kaisers und seines Barons.

Paris wurde fast völlig umgebaut. Damit kann Berlin nicht konkurrieren. Bis zum Jahr 2010 werden gerade einmal zehn Prozent der gesamten Stadt neu errichtet. Und während der französische Zentralismus bis heute die Pariser Großbaupolitik zur Präsidentensache macht, gibt es in Deutschland schon lange niemanden mehr, der für Planungsfragen seinen Kopf riskieren möchte.

Einen einzigen Möchtgern-Haussmann hat Berlin allerdings doch gesehen. Er hieß Hanno Klein und war ein übermütiger, autokratischer Referatsleiter aus der Bauverwaltung, der die innerstädtischen Privatinvestitionen lenkte.

Klein wollte auf eigene Faust vor allem ausländische Bauherren in die City holen, um das in 40 Jahren Inseldasein gewachsene Berliner Baukartell zu brechen. 1991 wurde der 48jährige in seiner Wilmersdorfer Wohnung durch eine Briefbombe getötet. Die Polizei weiß bis heute nicht, ob die Täter linke Spinner oder rechte Baulöwen waren.

Senatsbaudirektor Hans Stimmann, der nach der Ermordung Hanno Kleins alleiniger Oberaufpasser mit Staatssekretärsrang blieb, ist trotz aller Machtallüren nicht der Haussmann von heute. Er darf über alle Baufragen reden, nur nicht über Grundstücksvergaben und Investitionsentscheidungen. Dafür lebt er auch weniger gefährlich und braucht allenfalls Rufmordkampagnen wegen seiner konservativen Stadtbildpflege zu fürchten.

Die wahren Haussmänner von heute sind eher in den Chefetagen der privaten Investitoren zu suchen. Dort werden derzeit 270 Berlin-Projekte mit einem Investitionsvolumen von insgesamt 50 Milliarden Mark geplant. Das ist viermal soviel Geld, wie der Marshallplan nach Deutschland pumpte.

Den Löwenanteil machen die Büroflächen mit sieben Millionen Quadratmetern aus. Das Auge dieses Investitionsorkans liegt auf der Kreuzung Friedrichstraße/Unter den Linden im Osten. Hier werden in einem Umkreis von 1,5 Kilometern zwischen Tiergarten und Alexanderplatz über drei Millionen

Quadratmeter Büro-, Wohn- und Einzelhandelsfläche hochgestemmt. Allein die Friedrichstraße zählt 20 neue Großbauten mit 560 000 Quadratmeter Mietraum, was neun Frankfurter Messetürmen entspricht.

Reichlich unklar ist bislang nur, wer die exklusiven Stadtinseln in der Berliner Mitte später bevölkern soll. Allein rund um das Brandenburger Tor entstehen vier luxuriöse Subzentren: die neue Berliner Zentralstation am Lehrter Bahnhof, das Gebiet Potsdamer/Leipziger Platz, die Friedrichstraße und der Boulevard Unter den Linden. „Keine Stadt der Welt hat vier konkurrierende Eins-A-Lagen", wundert sich der Bonner Stadtökonom Ulrich Pfeiffer.

Zudem liegen diese geplanten Zentren unverbunden nebeneinander, so daß nach Fertigstellung erst die eigentliche Arbeit beginnt. Dann muß echtes Stadtleben in Zwischenräumen und weniger spektakulären Nebenstraßen geschaffen werden, um die Solitäre zu verknüpfen. Aber für den Bau von schlichteren B-Lagen wurde auf den Reißbrettern der Star-Architekten noch keine passende Entwurfsidee erblickt.

Am traditionell proletarischen Alexanderplatz plant der Berliner Architekt Hans Kollhoff die fünfte Stadtinsel: zwölf Art-Deco-Hochhäuser als Ost-Berliner Antwort auf das New Yorker Rockefeller Center. Kollhoffs hervorragende Entwurfsidee ist, den Stadtgrundriß mit herkömmlichen Baublöcken zu respektieren, aber mit aufgesetzten Turmkronen vertikal zu durchbrechen. Doch der Modernisierungsschock der Anwohner ist so groß, daß sie ihre öden DDR-Plattenbauten mit einer Bürgerinitiative verteidigen.

Zum Investitionskampf um die Berliner Mitte kommen noch die Besitzansprüche der Bonner Regierungsbeamten hinzu. Ihre Neigung, die Innenstadt – vor allem wegen der Sicherheit – allzu energisch abzuriegeln, könnte die neuen Bau-Inseln restlos ruinieren und die Privatinvestoren auf die Palme bringen.

Aber die große Angst der Berliner vor den Rollkommandos der internationalen Investoren hat sich gelegt. Kein Wunder, denn viele Ausländer haben sich nach Hanno Kleins Ermordung aus dem Berlin-Geschäft zurückgezogen.

Klare Vereinigungsgewinner sind westdeutsche sowie alteinge-
sessene Berliner Bauträger. Dieses ökonomische Repatriieren
paßt merkwürdig gut zum Berliner Architekturstreit um die
Wiederentdeckung der preußisch-nüchternen, regionaltypischen Architektur.

Ihr Verkünder ist Senatsbaudirektor Stimmann. Er forderte
gleich zu seinem Amtsantritt 1991, daß sich das neue Berlin
am Straßengrundriß, den Bauhöhen und den Grundstücksauf-
teilungen der Vorkriegszeit orientieren soll. Stimmanns Konzept der „kritischen Rekonstruktion" stammte aus den ruhigen
Zeiten der Internationalen Bauausstellung Mitte der achtziger
Jahre. Damals konnte sich Berlin noch sorgfältige Stadtrepara-
turen mit postmoderner Baukunst für Sozialwohnungen leisten.

Unter dem Druck der neuen Investitionen allerdings, bei denen Stimmann die Mitsprache entzogen wurde, ist sein Programm aus dem Ruder gelaufen. Weil er seine altstädtischen
Strukturprinzipien nicht durchsetzen konnte, macht sich sein
Einfluß ersatzweise in ästhetischen Gestaltungszwängen bemerkbar. Das ist Berlins Dilemma: Aus Angst vor städtebauli-
chem Wildwuchs wird die Architektur konfektioniert.

Stimmann will die Traufhöhen der historischen Friedrichstadt
einhalten. Die Investoren antworten darauf mit Tiefbau und
verbuddeln in der gesamten Innenstadt ihre verbotenen
Hochvolumina vier Stockwerke tief in den Boden. Das Wichtigste an der erwünschten Blockrandbebauung nach Berliner
Art aber fehlt: die Hinterhöfe. Wo es früher Mischgewerbe
und Billigwohnungen gab, entstehen heute glasgedeckte Einkaufspassagen oder Büroatrien.

In den Genuß dieser gedeckelten und vollgepfropften City
kommen beispielsweise die künftigen Kunden der Friedrichstadtpassagen am Gendarmenmarkt. Dort werden Ende des
Jahres drei gewaltige Blöcke mit Läden und Büros eröffnet,
deren Shopping-Mall bis in den Keller reicht. Auch am Potsdamer Platz mußte der italienische Baumeister Renzo Piano auf
Investorenwunsch anstelle europäischer Stadtstraßen die läng-
ste überdachte Shopping-Mall Berlins entwerfen.

Stimmanns Wunsch nach der kleinmaßstäblichen Parzellie-
rung der Grundstücke scheiterte an der Treuhand. Die wollte
den DDR-Einheitsbesitz möglichst schnell verkaufen und be-
glückte die Investoren mit Riesenbrocken. Anstelle architektonischer Differenzierung und städtischer Nutzungsvielfalt bekommt die Mitte jetzt gedrungene Baubuletten mit 110 Meter
Seitenlänge.

Aber zumindest die Friedrichstadtpassagen, damals noch vom
Investitionslenker Klein angeschoben, geben eine erstaunlich
differenzierte Architektur ab. Der Schneewittchensarg des
Franzosen Jean Nouvel übertrifft mit runden Ecken und zeit-
genössischer Transparenz sogar das Vorbild – Erich Mendel-
sohns stromlinieförmiges Mosse-Haus an der Jerusalemer Straße. Die Amerikaner Pei, Cobb und Freed geben mit ihrem expressionistisch gezackten Bienenwabenbau eine moderne
Antwort auf den deprimierenden deutschen Kaufhaus-Stan-
dard der sogenannten Eiermann-Rasterfassaden. Und der Kölner Oswald Mathias Ungers schuf eine seiner üblichen quadratischen Ordensburgen, aber mit sorgfältigen Proportionen
und feinsten Steindetails – kein stummes Monument, sondern
kraftvolle Großstadtarchitektur. Trotz dieser Architekturparade
hatte die *New York Times* Ende 1994 den Eindruck, als stecke
hinter jeder Fassade der Friedrichstadtpassagen „eine Skulptur, die sich freisprengen möchte".

Der Kampf zwischen den immensen Investitionen und
Stimmanns Vorgaben wird immer mehr zum Kampf. Seit der
Kritik an den Friedrichstadtpassagen werden die Baubrocken
neuerdings künstlich kleingeschlagen. So entstehen die sogenannten Omnibus-Projekte: Investoren von Komplexen wie
dem „Kontorhaus" oder dem „Hofgarten" in der Friedrichstadt
bebauen ihre aus vielen Parzellen zusammengelegten Groß-
grundstücke mit mehreren Architekten. So werden funktional
homogene Blöcke – gemeinsame Erschließung, durchlaufende
Tiefgeschosse – mit verschiedenen Haustypen und Fassaden-
formen nachträglich wieder aufgelockert: der Kompromiß als
Gestaltungsprinzip. Der Stadthistoriker Dieter Hoffmann-Axthelm spricht schon vom Berliner „Bekleidungsfetischismus".

Dessen Höhepunkt wird der Mailänder Aldo Rossi erreichen:
An der Zimmerstraße entwirft er einen kompletten Block mit
zwei Dutzend funktional gleichartiger Vorder- und Hinterhäu-
sern, aber jedes nach außen in anderem Gewand: von der
Berliner Mietskaserne bis zum hanseatischen Kontorhaus.
Einen derart krassen Widerspruch zwischen Erscheinungsbild
und Investitionslogik, zwischen Gefühl und Verstand nennen
Psychologen Schizophrenie.

Selbstkritisch räumt Stimmann angesichts solcher gespaltener
Architekturen ein: „Wir haben es versäumt, unser Bauprinzip
in Hauseinheiten mit einem politisch-ökonomischen Programm zur Förderung mittelständischer Bauherren zu flan-
kieren." Ohne Streuung der Besitzverhältnisse, so predigt
Stimmanns Cheftheoretiker Hoffmann-Axthelm seit Jahren,
nützt die größte architektonische Vielfalt nichts.

Aber allmählich bemerken auch die Investoren, daß sie eine
Stadt bauen, die glatt am gewandelten Markt vorbeigehen
könnte – zu große und zu teure Einheiten, zu geringe ökonomische und funktionale Mischung.

Auf dem größten zusammenhängenden Entwicklungsgebiet der
Berliner Mitte am Potsdamer Platz wurde die Grundstücksauf-
teilung überraschend korrigiert. Nach dem umstrittenen Verkauf des mit 62 000 Quadratmeter größten Grundstücks an den
Daimler-Benz Konzern 1989 gab es heftige Kritik, daß ein ganzer Stadtteil in den Einheitsbesitz eines Investors übergehe.

Daimler-Benz reagierte darauf mit einem aufwendigen Archi-
tekturwettbewerb. Dabei wurden sechs Baumeister von Tokio
bis Madrid ausgewählt, um das Kolossalvolumen in Einzelbauten aufzulösen. Das Ergebnis, gerade als Modell fertiggestellt,
wird schon jetzt wie kostbares Museumsgut herumgereicht.
Die geplanten Häuser sehen aus wie eine Weltausstellung internationaler Spitzenprodukte: ein Forum Romanum der Gegenwartsarchitektur.

Doch neben der ästhetischen Aufwertung hat Daimler-Benz
die Stadtinsel nun auch grundbuchlich wieder in selbstständi-
ge Liegenschaften zerlegt. Diese „Realteilung" abgeschlosse-
ner Baueinheiten ist Voraussetzung dafür, daß der Investor

seine Liegenschaften leichter verkaufen kann und das Besitz-
monopol nicht auf ewig festgeschrieben ist.

Ortwin Ratei, als Senatsreferent für innerstädtische Investitionen heute auf dem Platz des ermordeten Hanno Klein, beobachtet bei vielen Projekten: „Die Käufer wollen Einzeleigen-
tum an Parzellen: nach den Großeinheiten entstehen kleinere
Bebauungsformen."

Völlig unerwartet kommt auch die Zunahme des Wohnanteils
in den Büroburgen. Beim Grundstückscoup der Friedrichstadtpassagen hatte der Berliner Senat einen Wohnanteil von
gerade mal 14 Prozent heraushandeln können. Seit dem Potsdamer Platz sind 20 Prozent Wohnungen vorgeschrieben.
Neuerdings übererfüllen die Baumeister ihr Soll: „Die sehen
Wohnungen nicht mehr als Abfallprodukt, sondern als krisen-
sichere Anlage", sagt Investitionslenker Ratei.

So rüttelt sich unter den Sparzwängen der Rezession vieles
von selbst zurecht, was bei anhaltendem Bauboom monströs
mißraten wäre. In Architekturkreisen wird unterdessen weiterhin über den „preußischen Stil" gestritten.

Den Begriff prägte 1916 der konservative Kulturphilosoph und
Nazi-Vordenker Moeller van den Bruck. Er meinte die Adap-
tion des spröden Klassizismus von Baumeistern wie Friedrich
Gilly und seinem Schüler Karl Friedrich Schinkel: steinerne
antikisierende Volumina, klare Symmetrien, sparsamer
Schmuck. Leider machten die Nazis aus dem feinsinnigen
Preußenstil eine hohltönende Kolossalbaukunst.

Bösartig meinte kürzlich der britische *Independent*, Berlin
werde wieder zu einer „Knobelbecher-Stadt", an der Hitler
seine Freude gehabt hätte. Auch der Architekturkritiker Niko-
laus Kuhnert sieht ein ideologisches Rollback: „Weil sich Politik und Kultur in Deutschland mit reaktionären Positionen
noch nicht hervorwagen, üben die Architekten schon mal die
Rolle rückwärts ein."

Nazi-Vorwürfe machen Baudirektor Hans Stimmann rasend.
Seine Vorbilder entstammen, so beteuert er immer wieder,
der Halbzeit der Moderne. Er meint damit jene Zeit nach der
Jahrhundertwende vor dem Bauhaus und dem Konstruktivis-

mus, als in Berlin Peter Behrens, Alfred Messel, Ludwig Hoffmann, Erich Mendelsohn oder Max Taut ihre neusachlich-mo-
numentalisierenden Geschäftshäuser entwarfen.
Trotz dieser schönen Vorbilder macht sich in der Friedrichstadt
die seelentötende Monotonie steinerner Lochfassaden wie im
neuen Hamburg breit. Mit der vielbeschworenen Berliner
Bautradition hat das nichts zu tun. Die war gerade für ihre
Vielfalt aus Historismus, Jugendstil, Archaik und frühem Expressionismus berühmt.
Heute handelt es sich eher um eine Ästhetik der Rezession:
Bei ungünstiger Wirtschaftslage bevorzugen Investoren eben
kommerzielle Trutzburgen. Diese gebauten Stabilitätsverspre-
chen sehen zuweilen wie Zuchthäuser aus. So ließ der Konzern ABB den Italiener Giorgio Grassi am Potsdamer Platz
einen Büroriegel in Form einer Riesenmauer mit winzigen
Schießscharten entwerfen.
Doch die gewünschte Steinästhetik stößt hier auf unerwartete
Widerstände. Damit der zwölfgeschossige Kopfbau nicht in
die darunterliegenden U-Bahntunnel einbricht, soll er jetzt
doch mit einer Glashaut verkleidet werden.
Die Angst vor einer uniformierten Zeitgeist-Architektur
wächst. Mittlerweile gilt schon eine gläserne Allerweltsfassade,
wie sie der Stuttgarter Günter Behnisch, Architekt des neuen
Bonner Plenarsaals, für die Akademie der Künste am Pariser
Platz entwarf, als Befreiungsschlag.
Der Platz am Brandenburger Tor ist das jüngste Schlachtfeld
des Architektenstreits. Dort hatte Stimmann kürzlich eine Ge-
staltungssatzung vorgelegt, um den Wiederaufbau der zerbombten Platzkanten in historischen Bahnen zu lenken.
Doch die Akademie tobt, daß die Satzung ihren Behnisch-Bau
verhindere und nur eine „Architektur der röhrenden Hirsche"
hervorbringe. Erster Beweis: der historisierend-geschmäckleri-
sche Neuaufbau des Grandhotel Adlon, ein Stück Vulgär-Klas-
sizismus wie aus dem Legoland. Und Stadthistoriker Hoffmann-Axthelm verspürt bei den leblosen Pavillon-Entwürfen
des Berliner Architekten Josef Paul Kleihues am Brandenburger Tor einen „fatalen NS-Geschmack".

Mit der Faschismus-Keule ist der neuen Berliner Einfalt allerdings nicht beizukommen. Bedenklicher ist die geringe Inter-
nationalität im Baugeschehen. So arbeiten in der gesamten
Hauptstadt derzeit 150 Architekten, davon 32 Ausländer. Der
architektonische Ausländeranteil von 20 Prozent dürfte bei
der künftigen Ost-West-Drehscheibe ruhig etwas höher sein.
Aber das geht wohl nicht bei einer ästhetischen Debatte, die
sich ausgerechnet um die Suche nach einer regionaltypischen
Berliner Architektursprache dreht. Solch Identitätstümelei und
geistiger Provinzialismus passen schwer zum Berliner Metro-
polenanspruch. Wirkliche Großstädte besitzen für gewöhnlich
kein architektonisches Lokalkolorit; regionalistisches Bauen ist
ein ländliches Phänomen.
Die vielbeschworenen Halb-Modernisten der zwanziger Jahre
hatten seinerzeit ihre Entwürfe erfolgreich bis nach Rußland
und Amerika exportiert. Ein heutiger Berliner Neubau im Stil
des „preußisch durchsäuerten Neoklassizismus", wie der
West-Berliner Architekt Axel Schultes das derzeitige Malheur
nennt, würde in anderen Metropolen nur Kopfschütteln her-
vorrufen.
Vorläufiger Höhepunkt des Berliner Baustreits war im Dezem-
ber 1994 der Wettbewerb um das Kanzleramt im Spreebogen.
Dabei wurden gleich zwei Sieger prämiert, die exakt die Ex-
trempole der laufenden Debatte markieren. Das junge ostdeutsche Team Krüger, Schuberth und Vandreike will mit
einem monolithischen Schloßentwurf hinter tantenhaften
Säulenfassaden die Berliner Baugeschichte um Jahrhunderte
zurückdrehen. Axel Schultes dagegen schlägt ein zeitgemäßes,
selbstbewußtes Kanzlerlabyrinth mit vielschichtigen Raumdurchdringungen vor.
„Berlin wird eng und reduziert sich aus Angst, sich zu verlie-
ren", meint Schultes und blickt hoffnungsvoll nach Bonn. Dort
muß jetzt der Kanzler ein wenig Haussmann spielen. Und dafür sorgen, daß der prominenteste Neubau der Berliner Republik nicht morgen schon von vorgestern ist.

Die Metropole der Mieter:
Wien

Obwohl in Deutschland drei Millionen Wohnungen fehlen, die Zahl der Obdachlosen wächst, Schrebergärten als Notunterkünfte dienen und Immigranten in Containern leben, gilt der soziale Wohnungsbau als auslaufendes Modell. Sechs Millionen anspruchsberechtigten Mietern stehen nur noch drei Millionen Sozialwohnungen zur Verfügung. Jedes Jahr fallen weitere hundertfünfzigtausend Unterkünfte aus der Sozialbindung. Händeringend erhofft sich Bonn mit Investitionsappellen an private Bauherren Auswege aus der Wohnungsnot. Aber trotz Neubaumieten von zwanzig Mark und mehr pro Quadratmeter bleibt der Wohnbau ein Zuschußgeschäft, das weit hinter den Renditen von Geschäftshäusern oder von Anlagen am Kapitalmarkt zurückliegt. Um die Baukosten zu verringern, entstehen Schlichtwohnungen ohne jede Architektenhilfe. Und wenn gebaut wird, gibt es statt konzentrierter Stadterweiterungen immer planlosere Streusiedlungen und Villenkolonien.

Wenn Rudolf Edlinger in Wien die neuesten Notstandsmeldungen aus Deutschland hört, fällt ihn tiefes Mitleid an: „Wie kann so ein reiches Land derart in Schwierigkeiten geraten?" Aus Edlinger spricht die Arroganz des Besitzenden. Der Wiener Wohnbaustadtrat residiert in einer Amtsstube, die eher das Format eines Rittersaales hat und den würdigen Rahmen für einen der größten Hausbesitzer Europas abgibt. Er ist Herr über 220.000 stadteigene Gemeindewohnungen, und sein Ehrgeiz ist, diesen Reichtum jedes Jahr um zweitausend Wohnungen zu erhöhen.

In den zwanziger Jahren wurden Leute wie Edlinger noch als „Rathausbolschewisten" beschimpft. Sein Immobilienvermögen geht auf den Machtwechsel 1919 im Rathaus zurück, als die neugewählte Stadtregierung des Roten Wien ihr „sozialdemokratisches Paradies" errichtete. Sichtbarste Hinterlassenschaft der „Wiener Kommune" zwischen 1919 und 1934 waren 64.000 städtische Sozialwohnungen. Sie wurden als einschüchternde neofeudale Volkswohnpaläste errichtet, um gegen die Bauformen der Monarchie und des Bürgertums einen neuen Herrschaftsanspruch zu erheben. Weil die Stadtpolitiker nicht nur Gutes taten, sondern auch gern darüber redeten, sind bis heute die gewaltigen Arbeiterburgen mit ehernen Lettern geschmückt, die die Namen der Wohltäter verewigen.

Dokumente über die Segnungen des Roten Wien füllen die Archive. Weniger bekannt ist, daß der Wiener Kommunalsozialismus fortlebt und immer mehr neue Sozialbauten die Namen der heutigen Wiener Stadtväter tragen. Besucher aus der Bundesrepublik, die an die Behauptung gewöhnt sind, daß der soziale Wohnungsbau am Ende ist und sich nur durch die Selbstheilungskräfte des Marktes kurieren läßt, vernehmen Edlingers Worte wie Botschaften von einem anderen Stern: „Wohnungsbau ist keine wirtschafts-, sondern eine sozialpolitische Aufgabe, von der wir auch nicht abrücken werden, nur weil Markt und Eigentum gerade in Mode sind", sagt der Sozialdemokrat mit sichtbarer Lust an der Provokation. „Wer bei uns schnell Geld verdienen will, den schicken wir an die Börse; wer dagegen maßvoll und sicher sein Vermögen mehren möchte, den holen wir in den Wohnungsbau." Daß er das mit wachsendem Erfolg tut, zeigt die Zahl der geförderten Wohnungen, die zu den gemeindeeigenen noch hinzukommen: 1992 wurden sechstausend, 1993 achttausend und in diesem Jahr zehntausend Unterkünfte gebaut.

Der Rathausbolschewist geht noch weiter: „Grund und Boden dürfen kein Instrument der Gewinnmaximierung sein." Damit hat Edlinger allerdings leicht reden. Denn er arbeitet unter den Bedingungen einer Planwirtschaft, die sich seit der Ersten Republik 1918 kaum verändert haben. Die Stadt verfügt über ein Einkaufsmonopol am Bodenmarkt: Wer mit öffentlicher Förderung bauen will, muß sein Grundstück vom städtischen „Bodenbereitstellungsfonds" erwerben. Der besteht aus einem Stab von städtischen Grundstücksexperten, die allein zwischen 1987 und 1992 vier Millionen Quadratmeter Boden gekauft, planreif gemacht und danach an Bauwillige veräußert haben. „Damit können wir den Quadratmeterpreis dämpfen, der nicht mehr als umgerechnet vierhundert Mark pro Quadratmeter kosten darf." Man wolle verhindern, daß die Bauträger als Konkurrenten am Bodenmarkt auftreten. Natürlich können Grundstückseigentümer weiterhin auf eigene Faust handeln, aber ohne den Umweg über den Bodenfonds bekommen sie keine Förderung. Der freifinanzierte Wohnungsbau macht in Wien gerade zehn Prozent aus. Edlingers rote Logik kennt noch ganz andere Druckmittel. Kirchengetreu beruft sich der Stadtrat auf die Papst-Enzyklika von der sozialen Verantwortung des Eigentums und berichtet von Warnschüssen, die er regelmäßig gegen Grundstückseigentümer losläßt. „Wer seinen Boden unbebaut läßt oder hortet, bekommt ein Jahr Frist und wird dann enteignet." Daß bislang noch keiner seinen Boden abgeben mußte, freut Edlinger besonders: „Die Drohung reicht."

Die Wohnbaufinanzierung erklärt Edlinger an einem Beispiel: Die reinen Neubaukosten ohne Grundstück betragen in Wien 1993 umgerechnet etwa 2700 Mark pro Quadratmeter Wohnnutzfläche, also rund 250.000 Mark für eine Durchschnittswohnung mit neunzig Quadratmetern. Zur Finanzierung werden vier Geldquellen herangezogen: Mieter, Stadt, Bauträger und Banken. Um Fremdfinanzierungskosten möglichst gering zu halten, zahlt jeder Mieter ungefähr ein Achtel der Nettobaukosten als Eigenanteil; wer diesen Betrag nicht aufbringen kann, bekommt von der Stadt niedrigverzinste „Eigenmittelersatzdarlehen" über zwanzig Jahre. Dazu zahlt die Stadt per Wohnbauförderung etwa die Hälfte als verlorenen Zuschuß, und den Rest finanziert der Bauträger mit oder ohne Hilfe von Kreditinstituten. Das ergibt wegen der günstigen Bodenpreise, der niedrigen Fremdfinanzierung und der längeren Abschreibung Quadratmetermieten von fünf bis sechs Mark monatlich, zuzüglich zwei bis drei Mark Aufschläge für Bauerhaltung und Inflationsausgleich.

Der Preis ist vergleichbar mit deutschen Sozialmieten, nur mit dem Unterschied, daß hierzulande über die gewaltigen Zu-

schüsse lamentiert wird, während in Wien die Subventionie-
rung klaglos als fester Bestandteil der Sozialpolitik akzeptiert
ist. Von den insgesamt 850.000 Wohnungen des 1,6 Millionen
Einwohner zählenden Wien sind die Hälfte Sozialwohnungen; denn zu den 220.000 Gemeindeunterkünften kommen
noch die 200.000 geförderten Wohnungen von achtzig ge-
meinnützigen Bauvereinen und Genossenschaften hinzu.
Anders als Deutschland verfügt Österreich über eine gewaltige
Geldquelle fürs Bauen: Zehn Prozent der Lohn- und Einkom-
menssteuer werden für die „Wohnungsbauförderung" abge-
zweigt. Diese Abgabe hatte der rote Wiener Finanzstadtrat
Hugo Breitner 1923 erfunden. 1993 belief sie sich in ganz
Österreich auf jährlich umgerechnet sechs Milliarden Mark;
davon entfielen auf Wien 1,2 Milliarden. Die gesamten
Wohninvestitionen der Stadt liegen allerdings bei knapp 1,6
Milliarden Mark, zu denen noch die jährliche Renovierung
von durchschnittlich zehntausend Altbauwohnungen für
sechshundert Millionen Mark hinzukommt.
Die Finanzierung der Wohnförderung obliegt Finanzstadtrat
Hans Mayr. Er gilt als der erfolgreichste Stadtkämmerer Europas, weil seine Kommune trotz gigantischer Sozialausgaben
seit Jahrzehnten keine Neuverschuldung aufgenommen hat.
Mayr bekennt sich zum Dirigismus seiner Stadt und hat die
Gebührenpolitik derart stabilisiert, daß die städtischen Betriebe kostendeckend arbeiten. „Zur Wohnbaufinanzierung
haben wir zwei Kapitalfonds für Anleger gegründet, die wie
normale Investmentgesellschaften arbeiten, aber nicht mit Ri-
sikokapital, sondern mit Wohnbau." Mayr nennt sein Modell
liebevoll „Großmutteraktien", wohl wegen der maßvollen Ver-
zinsung der Anleihen, die fünf Prozent Rendite plus Inflationsausgleich bringen sollen.
Erstaunlich hoch sind die Einkommensobergrenzen für Sozial-
mieter. Eine vierköpfige Familie darf bis zu achtzigtausend
Mark jährlich verdienen – fast das Doppelte wie in Deutschland –, um Anspruch auf eine stadteigene Gemeindewohnung
zu haben; bei geförderten Genossenschaftswohnungen liegen
die Obergrenzen um zwanzig, bei subventionierten Eigen-

tumswohnungen sogar um vierzig Prozent darüber. So leben auch Professoren, Beamte und Politiker in Sozialbauten. Das ist für die Bevölkerungsmischung günstig, weil Sozialgettos vermieden werden – für Wiener Politiker allerdings auch. Weil sie für ihren Mißbrauch von Sozialbauten immer wieder kritisiert wurden, zahlen sie eine freiwillige Fremdbelegungsabgabe, die aber mit knapp 350 Mark Aufschlag im Monat sehr maßvoll ist.

Obwohl die Bauförderung in Wien oberste kommunale Dringlichkeit hat – 22 Prozent des städtischen Haushaltes gehen in Bauinvestitionen –, müssen Wohnungssuchende immer noch drei Jahre auf die Zuteilung einer Unterkunft warten. Lange stand Wien unter dem Vorwurf des parteibuchabhängigen Wohnungsschachers. Jetzt organisiert ein Computer die Vergabe. In Bezirksämtern sowie in Banken stehen Bildschirmterminals, auf denen Interessenten ihre Vormerknummer eingeben und Auskunft über ihren Listenplatz sowie die Wartezeit bekommen können. Außerdem gibt der Computer einen Überblick über sämtliche geförderten Neubauprojekte und informiert Neubürger über die Bewerbungsprozedur. Aber trotz aller Vereinfachung und Beschleunigung zählt die Wiener Wohnungsliste derzeit neunzehntausend Vormerkungen. Bei den Genossenschaften warten sogar fünfzigtausend Interessenten.

Auch der Mieterschutz wird in Wien großgeschrieben. Jeder Bewohner hat de facto ein Wohnrecht auf Lebenszeit, weil befristete Mietverträge nur in Ausnahmefällen gestattet und Kündigungen äußerst schwer durchzusetzen sind. Diese extreme Absicherung wird auch mißbraucht. Manche Wiener legen sich den Beruf des Hauptmieters zu und geben angemietete Sozialwohnungen an Dritte gewinnbringend weiter. Solchen Doppel- und Dreifachbewohnern soll jetzt die Computererfassung den Garaus machen. Seit kurzem gibt es eine schnelle Eingreiftruppe der Baupolizei, die Mietern hilft, wenn sie von Eigentümern oder professionellen Hauptmietern schikaniert werden. Zudem werden die Mieten streng kontrolliert. Von umgerechnet fünfzehn Mark im freifinanzierten Sektor an greift das neue Mietrechtsgesetz, das mit dreißig Merkmalen für Zu- und Abschläge den angemessenen Preis bestimmt. Stünde das von einem monarchistischen Weltreich zu einem Kleinstaat geschrumpfte Österreich immer noch im Windschatten der Geschichte, wäre die Sozialbaupolitik ein eher skandinavisch anmutendes Luxusprodukt. Bis Ende der achtziger Jahre verlor die Stadt noch jährlich zehntausend Einwohner. Doch seit der Ostöffnung ist sie bereits um hunderttausend Neubürger und fünfzigtausend neue Arbeitsplätze gewachsen. Der Wiener Stadtplanungsrat Hannes Swoboda rechnet in den kommenden fünfzehn Jahren mit weiteren zweihunderttausend Neubürgern. Er spricht von einer „neuen Gründerzeit" wie vor hundert Jahren, nur mit dem Unterschied, daß keine Ringstraßen, großbürgerlichen Repräsentationsbauten und Weltausstellungsparks mehr entstehen, sondern Wohnstadtteile.

„In welcher deutschen Großstadt ist in den vergangenen Jahren soviel Geld und Geist in den Wohnungsbau investiert wor-

Rob Krier,
Wohnanlage Breitenfurterstraße in Wien, 1990

den", fragte kürzlich die Münchener Architekturzeitschrift „Baumeister" nach einer Häuserbesichtigung in Wien. Weil das Wohnungsbauwunder immer mehr Besucher anzieht, veranstaltet die Stadt zusammen mit dem neugegründeten „Architektur-Zentrum" im Messepalast regelmäßig Sightseeing-Fahrten.

Die Baugebiete sind inselartig über die ganze Stadt verstreut. Das ist angesichts der koordinierten städtischen Bodenpolitik verwunderlich. Aber der privaten Zersiedlung vor allem durch Gewerbebauten am Stadtrand kann die Stadt offensichtlich nur begrenzt entgegenwirken. Grobe Leitlinien sehen vor, Industrie und Gewerbe im Süden und den Wohnungsbau wegen billigerer Grundstücke im Norden anzusiedeln. Durchweg bestechen die Neubauten mit wohltuend nüchternen Formen, die an das beste Erbe eines Adolf Loos oder Otto Wagner anknüpfen. Die Häuser sind weitgehend frei von postmodernen Baumoden und verzichten auf jeden Jägerzaun- und Baumarkt-Kitsch. Zudem erheben sie sich auf Grundrissen

Boris Podrecca,
Wohnbebauung Kapellenweg in Wien, 1993

von erstaunlicher städtebaulicher Sicherheit, obwohl sie meist im Niemandsland der Peripherie stehen.

Das größte Projekt noch aus der Vor-Gründerzeit, das zur letzten großen Stadterweiterung Wiens werden sollte, sind die „Wienerberggründe". Dort sind seit 1978 auf dem 260 Hektar großen Gelände einer ehemaligen Ziegelei im Süden Wiens 2400 Unterkünfte entstanden. Der städtebauliche Entwurf des Wiener Architekten Otto Häuselmayer trägt deutliche Spuren der spät einsetzenden Wachstumszwänge. Der erste Bauabschnitt im Osten besteht noch aus aufgelockerten und verspielten Wohnschlangen und -winkeln. Erst die jüngeren Gebiete weiter westlich weisen strengere und dichtere Stadtqualitäten auf. Die Vorzüge dieser Vorstadt werden erst im Vergleich mit den wilden Kleinhaus- und Villengürteln, Dorferweiterungen und Arrondierungen in Deutschland deutlich. Statt einer Spielwiese privater Bauobsessionen sind hier auf einer verbindlichen städtebaulichen Figur rechtwinklige Straßen und Wege entstanden. Zentrum ist ein steinerner Stadtplatz, der von einem Kindergarten des Architekten Heinz Tesar, einer Schule von Gustav Peichl und einem Ladenzentrum von Otto Häuselmayer fast urban gerahmt werden.

Was die Wiener aus dem Maßstabsverlust des Trabantenstadt-Elends in den sechziger Jahren gelernt haben, ist nicht, die absolute Größe der Bauvorhaben zu beschränken, sondern die Einheiten unter mehreren Bauherren aufzuteilen. Bauträger dürfen nur noch maximal tausend Wohnungen errichten; deren Architekten sollen höchstens 150 bis 250 Unterkünfte aus einer Hand entwerfen. Am Wienerberg fiel die Mischung noch feinkörniger aus: Es gibt Gemeinde-, Genossenschafts-, freifinanzierte und Eigentumswohnungen von einem halben Dutzend Bauherren, die gleich 35 Entwerfer zusammenspannten.

Erstaunlicherweise entstand kein Architektenzirkus, sondern eine vielfältige Einheit aus drei- und viergeschossigen Zeilen, Höfen, Blockrändern und Punkthäusern. Chefarchitekt Häuselmayer bevorzugt einfache Wahrheiten: „Wir haben uns an der qualitätvollen modernen Wiener Architektursprache ori-

entiert – introvertiert, vielschichtig, mit geraden, scharfge-
zeichneten Gesimsen, stumpfen Winkeln und leicht konkaven
Baulinien bei überwiegend horizontaler Bezugsebene." So
können sich rustikale Wohnzeilen von Otto Steidle mit ihren
Laubengängen, Maisonettes, Höfen und Stegen neben Gustav
Peichls jugendstilartigen, tanzenden Mehrfamilien-Eigentums-
villen von fast palladianischer Prägung behaupten. Auch die
mediterranen Terrassenhäuser von Otto Häuselmayer passen
zu den eher dickfelligen Geschoßwohnungen des Wieners
Harry Glück.

Daß die Wienerberggründe trotzdem nur eine abgeschottete
Wohninsel mit reichlich schläfrigen Straßen und Geschäftsle-
ben sind, rührt von der geringen Geschoßflächenzahl von nur
1,0 her. Die geringe Bewohnerdichte wurde zu Zeiten festge-
setzt, als das neue Stadtwachstum nicht absehbar war. Stadtplanungsrat Hannes Swoboda will künftig eine Mindestdichte
von 2,5 durchsetzen: Pro hundert Quadratmeter Grundstück
sollen 250 Quadratmeter Wohnfläche entstehen. Die traditionelle europäische Stadt besitzt wohlgemerkt die doppelte bis
dreifache Masse.

Denselben Mangel zeigt die vielgeliebte Anlage „Pilotengasse"
im Stadtteil Aspern von 1991. Hier haben im ausfransenden
Wiener Norden der Architekt Adolf Krischanitz, die Basler
Herzog & de Meuron und der Münchener Otto Steidle eine
Reihenhausinsel mit zweihundert geförderten Einfamilienhäusern entworfen. Auf einem sechs Hektar großen Rechteck legten sie außen jeweils eine Reihe von standardisierten Villen
und innen sechs gegensinnig gekrümmte Zeilen an. Die Mitte
ist nur angedeutet, weil die Architekten im Fegefeuer der Peripherie nicht der Illusion eines künstlichen Stadtzentrums
nachhängen wollten. Die rein private, autofreie Siedlungsge-
meinschaft hat keine Öffentlichkeit und bekennt sich zu dieser Raum- und Stadtlosigkeit. Mangels Kontext hält sich die
papageienbunte Anlage an ihre selbsterzeugte Geometrie und
erzeugt Raumdynamik, auch ohne daß die Zeilen aus der
Reihe tanzen. Aber bei der Geschoßflächenzahl von 0,5 stellt
sich Friedhofsruhe von selbst ein.

Das extremste Beispiel des Wiener Inseldenkens ist das Meisterstück an der Traviatagasse von Raimund Abraham, Carl Pruscha und fünf anderen Wiener Planern mit 170 Wohnungen auf 3,6 Hektar. Auch hier, im südlichen Wiener Gewerbegürtel, wollten sich die Architekten nicht mehr mit der zerstörten Umgebung versöhnen, sondern schufen eine autonome Geometrie als letztes Ordnungsprinzip. Den zufälligen Grundstückszuschnitt überlagerten sie mit einem Idealschnitt einer abstrakten äußeren Mauer aus Hauszeilen und einem quergestellten inneren Massivblock von Atriumhäusern. Die Vielfalt der Wohntypen mit Maisonettes, Stiegenhäusern und kleinen Wohntürmen steht in der Tradition von Adolf Loos' „Raumplan". Loos, einst auch Wiens oberster Siedlungsarchitekt, hatte erstmals die herkömmliche horizontale Grundrißordnung in die Höhe geöffnet.

Pruschas fassadenloser Innenblock mutet düster und labyrinthisch wie ein arabischer Soukh an, aber er ist das wohl kompromißloseste neue Stück Stadt seit langem. Die 36 wie im Schraubstock zusammengepreßten Einheiten sind abgeschlossene Häuser mit eigenem Hof, aber aneinandergebaut wie Geschoßwohnungen. Sie haben eine massive Außenfassade ohne Fenster, werden von schulterbreiten Gassen erschlossen, von inneren Hoffenstern belichtet und bekommen Fernblick durch einen schrägen Wohnturm auf dem Dach.

Pruscha orientiert sich an archetypischen Bauformen der Dritten Welt, weil er im modernen Wohnungsbau nur „Container und Sklavenschiffe" sieht. Er propagiert die „Rückkehr zur Wohnung als Zelle und Mutterleib". Das Faszinosum seiner Anlage ist nicht bloß, daß er auf den Kleinparzellen von 54 Quadratmetern jeweils dreigeschossige Häuser mit 127 Quadratmetern Wohnfläche errichtete. Es ist vor allem der Widerspruch zwischen der drangvollen Enge der städtebaulichen Großform und der größtmöglichen privaten Abgeschiedenheit der Wohnhäuser. Die Einheiten stehen mit dem Rücken zueinander und bekommen durch die Vertikalorientierung und die eingehängten Terrassen über den Gassen mindestens soviel Licht und Luft wie aufgelockerte Zwanziger-Jahre-Zeiten.

Statt mit nutzlosen Vorgärten und Grünstreifen stattete Pruscha seinen Wohn-Kumulus mit einem Maximum an Grenzen und Trennwänden aus, was den subjektiven Raumeindruck enorm erweitert.

Auch die „Stadtmauer" des Architekten Boris Podrecca am Kapellenweg bringt in der Großform einer zweihundert Meter langen linearen Grenze achtzig Sozialwohnungen unter. Architektur und Städtebau hängen zusammen wie die Glieder einer Kette und warten darauf, mit weiteren Neubauten im noch leeren Umfeld des Stadtrandes zusammenzuwachsen.

Weitaus schlichter gibt ein Reihenhausriegel am Pappelweg von Roland Hagmüller einer ungeordneten Einfamilienhaussiedlung ein neues Rückgrat. Innen wurden nicht nur die Grundrisse mit offenen Durchgängen vom Wohn- und Eßbereich zum Garten hin „befreit". Auch die in Reihenhäusern meist schwierige dunkle Mittelzone erhellte der Architekt durch einen vertikalen „Tageslichtkamin".

Seinen ebenfalls ruppigen und trotzdem eleganten Sozialbauriegel schirmte der Architekt Helmut Richter an der vielbefahrenen Brunner Straße mit einer Art Glaswintergarten ab. Trotz der symbolarmen Form entwickelt sich hinter der transparenten Hülle eine abgestufte Privatheit, die schrittweise über Laubengänge, Stiegenhäuser und Vorratsräume zu jeder Wohnung führt. Eine zweite Haut haben auch Dieter Henke und Marta Schreieck vor ihren Block an der Frauenfelderstraße gezogen: große verschiebbare Balkon-Sichtblenden, die über zwei Geschosse aufgerissenen Glasfronten gegen zudringliche Nachbarblicke schützen. Derart freie Grundrisse und vertikale Öffnungen wie hier gibt es im deutschen Wohnungsbau nur als seltenen Luxus.

Frühe Wiener Wohnbauten der achtziger Jahre sind noch deutlich der postmodernen „Wiedergewinnung der Heimat" verpflichtet. Am Biberhaufenweg haben Heinz Tesar, Carl Pruscha und Otto Häuselmayer bereits von 1981 an ein künstliches Dorf mit 43 Wohneinheiten mit Torhaus, Platz, Gasse und Gemeindeanger gebaut. Die idyllische Kleinform setzt sich nicht aus nostalgisch-verträumten Butzen zusammen, sondern zwängt moderne Bauten in eine tradierte Gemeinschaftsform. Auch die 324 Wohnungen an der Breitenfurter Straße, die Rob Krier, Hedwig Wachberger und Peter Gebhart von 1982 an entwarfen, sind dem nachmodernen Gedanken von Umschließung und Identitätsstiftung verpflichtet. Die mit Brunnen und zehn monumentalen Skulpturen geschmückte Hofanlage collagiert die Superblocks des „Roten Wien" mit bildhafter Erker- und Giebelromantik. Doch wegen des geschrumpften Maßstabes wirken die klösterlichen Wohnhöfe wie ein Legoland der Baugeschichte.

Im Gegensatz zu diesen Ausweichmanövern an der Peripherie will Planungsstadtrat Hannes Swoboda das weitere Stadtwachstum zur Hälfte wieder in der City unterbringen. Wichtigstes Vorhaben ist die neue „Donau-City" an der Stelle der gescheiterten Weltausstellung neben der UN-City an der „Neuen Donau". Dort werden bald 1850 Wohnungen und Büros für dreitausend Arbeitsplätze gebaut. Damit soll die bislang um die Stephanskirche konzentrierte Stadt ein zweites „bipolares" Zentrum bekommen. Planreif ist der aufgelassene Nordbahnhof, wo auf siebzig Hektar ein Wohn- und Arbeitsstadtteil für zwanzigtausend Menschen entsteht. Damit die neue Gründerzeit auch „ökologisch und sozial" ist, fördert Swoboda viele experimentelle Vorhaben. An der Carminenstraße entsteht Europas größtes „Frauenwohnprojekt" mit 380 Wohnungen, das von der Wiener Altmeisterin Grete Schütte-Lihotzky betreut wird. Ein „Niedrigenergiehaus" an der Engerthstraße soll 333 geförderte Sparwohnungen umfassen. Und im Donaufeld an der Saikogasse entsteht gar ein „Solarstadtteil" mit 650 geförderten Unterkünften.

Warum Wien anders als andere Großstädte soviel Ehrgeiz in anspruchsvollen neuen Wohnbau setzt, erklärt Wohnungsbaustadtrat Rudolf Edlinger mit purem Eigennutz: „In unseren Sozialbauten bekommt meine Partei regelmäßig Wählerstimmen bis zu siebzig Prozent".

Ort ohne Eigenschaften:
Frankfurt

1982 hatte das Frankfurter Kulturamt zum Ideenwettstreit „Frankfurt 2000" aufgerufen. Auf Film oder Video sollten die Bürger ein möglichst phantasievolles Zukunftsbild ihrer Stadt entwerfen. Doch anstelle lebendiger urbanistischer Visionen kamen nur Horrorbilder einer toten, vergifteten Retortenstadt heraus. Der enttäuschte Kulturdezernent Hilmar Hoffmann mußte den ersten Preis dem apokalyptischen Streifen „Der letzte Frankfurter" geben, in dem eine Art „Blade Runner" die leeren Schluchten der Stadt entlanglief.

Heute würden die Frankfurter sicherlich erfreulichere Phantasien entwickeln. Vergeben und vergessen sind die düsteren Bilder von Abrißorgien und Großbaustellen, von Häuserkämpfen und Demonstrationen gegen den Flughafenausbau. Niemand spricht mehr wie in den sechziger Jahren vom Bankrott der unregierbaren Städte. Dennoch ist die Rückkehr in die Stadt mehr ein Bewußtseinsphänomen, das über die weitere Entvölkerung der Cities hinwegtäuscht.

Der Wandel vom Häßlichkeitsidol zur Schönheitskönigin hat sich nirgends so radikal vollzogen wie in Frankfurt. Jahrzehntelang hatten die Frankfurter nur Mitleid erregt. Heute fühlen sie sich geschmeichelt, wenn sie sich werktags im Bild der neuen Hochhäuser spiegeln und am Wochenende die Perlenkette der vierzehn neuen Museen zu beiden Seiten des Mains besuchen. Der Stadtumbau der achtziger Jahre fordert den Vergleich mit den „Grand Projets" in Paris heraus, nur daß die Frankfurter City auf viel engerem Raum mit weitaus mehr Einzelprojekten glänzte: die neue Alte Oper, der rekonstruierte historische Rathausplatz, das modernisierte Messegelände, das Museumsufer, die Sanierung von Wohnvierteln im Westen, neue Bade- und Sporthallen am Stadtrand, ein halbes Dutzend Bürgerhäuser und Kulturzentren, dazu ein perfektes „urban design" vom Bodenbelag bis zur Straßenlaterne und, nicht zu vergessen, die gewaltigen privaten Investitionen in Hochhäuser, Büroblocks und Geschäftszentren. Jetzt werden überall sogar die Betonkisten der sechziger Jahre mit Marmorverkleidungen und Spiegelfassaden auf den Geschmack der neuen Üppigkeit getrimmt. Das öffentliche und private Frankfurter Bauvolumen liegt bis heute mit 4095 Mark Investitionen pro Einwohner weit über München (2178 Mark pro Kopf) und sogar Berlin (1862 Mark). Äußeres Kennzeichen dieses Architekturfiebers sind die Materiallager und Kiesgruben der großen Baukonzerne, die sich unbemerkt in den geschützten Frankfurter Stadtwald hineinfressen und mit ihren Baggerlöchern neue Seenlandschaften im Süden geschaffen haben.

Die historischen Rekonstruktionsbemühungen in Frankfurt haben kaum ein authentisches Baudenkmal in seiner ursprünglichen Form bestehenlassen. Neben der ausgebrannten Oper und dem ruinierten Römerberg wurden schon früh das Goethehaus und die zerstörte Karmeliterkirche wiedererrichtet. Auf dem alten Judengetto entstand jetzt die neue städtische Strom- und Gasanstalt, und das romantische Relikt des Bethmann-Parks erstrahlt in neuen Glanz.

Dem Gedächtnisverlust fallen auch Erinnerungen an die ältere Stadtgeschichte zum Opfer. Obwohl in Frankfurt von 1562 bis 1792 die Kaiser gekrönt wurden, blieb die winzige Freie Reichsstadt ohne jedes Hinterland völlig auf sich allein gestellt und muß bis heute auf einer äußerst begrenzten Gemarkung zurechtkommen. Die heutige Konzentration von 420 internationalen Banken erscheint als bruchlose Fortsetzung der Rothschild'schen Glanzzeit, als Frankfurt Europas Finanzzentrum war und nicht nur das Geld für den amerikanischen Bürgerkrieg, sondern auch für den großen Eisenbahnbau weltweit lieferte. Vergessen ist, daß die Stadt von der Reichsgründung 1871 bis zum Ende des Zweiten Weltkriegs als Finanzplatz fast ausgedient hatte und nur als Kriegsgewinnler nach 1945 zum Trost für die verpaßten Hauptstadtwürden die Bank Deutscher Länder und damit auf Kosten Berlins alle Vorteile des Geld- und Wirtschaftszentrums bekam.

Diese von außen importierte Wichtigkeit spiegelt sich heute darin, daß es europaweit keine Stadt gibt, die bei vergleichsweise geringer Bevölkerungszahl von 634.000 Einwohnern über ein derart hypertrophes Verkehrsnetz verfügt. Sie ist Schnittpunkt der deutschen Auto- und Eisenbahnen, Standort des (nach London) größten nichtamerikanischen Luftverkehrskreuzes der Welt und verbindet den Großschiffahrtsweg zwischen Donau und Rhein. Ein solcher Durchlauferhitzer kann kaum Geschichtsringe ansetzen. Frankfurt gleicht eher strategischen Zirkelpunkten wie dem amerikanischen Atlanta oder Neugründungen wie dem australischen Canberra.

Als nach dem Krieg das zerbombte Frankfurt Hauptstadt werden sollte, scherten sich die örtlichen Planer wenig um den historischen Grundriß der weitgehend enteigneten Innenstadt. In Erwartung der Berliner Administration stemmten sie fünftausend Wohnungen und 3500 Büros hoch. Einen Durchbruch durch den alten Kern nannten sie hoffnungsvoll „Berliner Straße", einen weiteren Einschnitt nach dem Kanzler Adenauer. Als der jedoch in Bonn blieb, wurde das Regierungsviertel um den Dom kurzerhand zur gehobenen Sozialwohnungswüste umgewandelt. In das bereits errichtete Parlamentsgebäude am Dornbusch zog der Hessische Rundfunk ein. In den Sechzigern fielen dem Frankfurter Karrieredenken das klassizistische Bahnhofsviertel und die Villengegend des Westends zum Opfer, nur damit ausreichend Hochhäuser für die Finanzdienstleister emporwuchsen. Und noch in den siebziger Jahren sollten der Bahnhofspalast von 1888 mit einer Betonplatte für Parkplätze überdeckelt und der Alleenring in einer Tunnelautobahn begraben werden.

Bis heute profitiert Frankfurt von diesen pubertären Wachstumsexzessen, die mit einer immer ausgreifenderen Landnahme an der Peripherie einhergingen. Doch dem Schicksal der Eingemeindung, wie es den Bezirken von Groß-Hamburg und Groß-Berlin schon früher widerfahren war, konnte das Rhein-Main-Gebiet entgehen. Anstelle zu einer zentralistischen „Regionalstadt" namens Groß-Frankfurt wurden 1975 insgesamt 43 Städte und Gemeinden zu einem „Umlandverband" zusammengefaßt, der für die Infrastruktur und den Interessenausgleich sorgen soll. De facto herrschte die Stadt über das Land, trocknete für ihr Trinkwasser den halben Vogelsberg aus, schlug ihre Autobahnrüssel quer durch alte Dörfer und saugte immer mehr Pendler in die City. Dauerfolgen dieses Eigennutzes verspüren die südhessischen Gemeinden in der Einflugschneise: Mit Putzkolonnen müssen sie den Kerosinschleim von jährlich 350.000 Flugzeugen aus ihren Freibädern kratzen.

Die brüchige Einheit zwischen Stadt und Umland ist auch der Grund für einen geistigen Provinzialismus, der weder ein ausgeprägtes Regional- noch ein echtes Stadtbewußtsein hat entstehen lassen. Die Diskussionszirkel sind seit den Tagen der „Frankfurter Schule" familiär begrenzt und schwierig aufzufinden. Die Öffentlichkeit ist quartiersbezogen und räumt der Verkehrsberuhigung an der nächsten Ecke höheren Wert ein als gesamtstädtischen Zukunftsfragen. Die Oberschicht hat sich auf die Feldherrenhügel des Taunus zurückgezogen. Die Menschen benutzen die Stadt tagsüber wie Touristen und verschwinden abends in tausend Winkeln. Das neue Heer der „urban professionals" aus aller Welt hat das Verschleißtempo noch gesteigert: hochqualifizierte Dienstleister, die in vollausgestatteten City-Apartements Quartier nehmen, kurzzeitig die Kunst- und Konsumnachfrage steigern und plötzlich wieder an andere Wirtschaftsplätze abberufen werden. Gegen diese Spurlosigkeit vermag auch Frankfurt bundesweit höchster Kulturetat (1991: 582 Millionen Mark) wenig ausrichten.

Eigentlich müßte der Frankfurter Oberbürgermeister der Direktor des Umlandverbandes sein, damit aus dem kleinstädtischen Flickenteppich des Rhein-Main-Gebietes eine Großstadt zusammenwachsen könnte. Doch ängstlich auf Grüngürtel und Frischluftschneisen bedacht, besteht die Kernstadt zu mehr als der Hälfte aus urbanisierten Wiesen und Feldern – von dem Kleinstadtgemenge ringsum ganz zu schweigen. Frankfurt hat nur gut ein Zehntel der Bevölkerungsdichte von Paris.

Das einst parasitäre Verhältnis des Zentrums zu seiner Peripherie kehrt sich allmählich um. Die Stadt verlor zwischen

1970 und 1987 11,6 Prozent ihrer Bevölkerung, wobei vor allem der alte Kern innerhalb des Anlagenringes sich überproportional stark entvölkert. Wenngleich die Immigrantenwelle die Entvölkerung derzeit gestoppt hat und die Verwaltung den Abriß von Wohnungen oder deren Umwandlung in Büros verbietet, konzentrieren sich im Stadtgebiet über fünfhunderttausend Arbeitsplätze, die nur besetzt werden können, weil täglich dreihunderttausend Menschen zur Arbeit in die Stadt strömen – ein Pendleranteil, der prozentual doppelt so hoch ist wie in New York. Der akute Fehlbestand von mindestens zwanzigtausend Wohnungen und die extremen Mietsteigerungen führen zu einer Entmischung der Stadt, die selbst die Verfasser der „Charta von Athen" mit ihrem Plädoyer für monofunktionale Zonen erstaunt hätte.

So entsteht das Paradox, daß eine Stadt an ihrem eigenen Reichtum zu ersticken droht, weil die Zentralität der Arbeitsstellen jede nicht-kommerzielle Nutzung – abgesehen von Museen – verhindert. Die Wohnbevölkerung wandert immer mehr in den Städtekranz des Umlandes ab. Diese Siedlungen bestehen nicht aus Satellitengründungen wie den „Villes Nouvelles" in Paris oder den britischen „New Towns", sondern aus gewachsenen Ortskernen, an die die Neubaugebiete angehängt wurden und die sich in bescheidener Autarkie von der Kernstadt loslösen. Dort bestreiten die Kommunen heute fast achtzig Prozent des Wohnungsbaus der ganzen Region. Mittlerweile leisten sie aber auch über die Hälfte des gesamten Büro- und Gewerbebaus. Seit einigen Jahren gibt es auch eine Dezentralisierung von Arbeitsstätten, die die Randgebiete begünstigt. Mit Hilfe neuer kleiner Unternehmer – als Musterbeispiel gelten EDV- und Softwarehäuser – sind die Gemeinden zum Teil sogar wohlhabender als Frankfurt geworden.

Der Stadtplaner Albert Speer beschrieb einmal diese Stadtzersplitterung. „Die Menschen wohnen in Darmstadt, arbeiten in Frankfurt, kaufen in Wiesbaden ein, gehen in Mainz ins Theater und fahren am Wochenende in den Taunus". Diese Zellteilung vormals stadträumlich geschlossener Lebenszusammenhänge ist nur der urbanistische Ausdruck einer arbeitsteiligen

Industriegesellschaft, die mit zunehmender Spezialisierung ihre eigenen inneren Abhängigkeiten nicht mehr erkennt. Stadtanalytiker sprechen von den Interdependenzen gleichrangiger „Global Cities", in denen die Entmaterialisierung der Produktion und „Tertiarisierung" der Arbeit immer weiter fortschreitet. Doch diese Monokultur der reinen Konsum- und Verwaltungszentralen führt zu einem dramatischen Anschauungsverlust der sozialen und ökonomischen Wirklichkeit. Gerade Frankfurt mit seinem Spitzenwert von über siebzig Prozent Dienstleistungsberufen lebt in einem Luftschloß, in dem das Bewußtsein technisch-industrieller Systemzwänge ebenso schwindet wie das Wissen um die real vorhandenen Industrien.

Zwar betreibt der Frankfurter Chemiegigant Hoechst nur noch zum Teil Produktionsanlagen und immer mehr Forschungs- und Entwicklungseinrichtungen im Stadtgebiet. Auch die Metallgesellschaften Lurgi oder Degussa haben sich von Industrie- zu Technologie-Konzernen entwickelt. Doch diese Firmen sind heute für die Wirtschaftskraft Frankfurts nicht weniger wichtig als Banken oder Consultingfirmen. Wenn die Europäische Zentralbank nicht nach Frankfurt kommt, dürfte die Attraktivität des europaweit wichtigsten Finanzplatzes schnell schwinden. Nicht auszudenken, was passiert, wenn mit dem Schuldenerlaß für die Entwicklungsländer ernst gemacht wird und eine Bankenkrise ausbricht. Der jüngste Zusammenbruch des New Yorker und Londoner Finanzgewerbes, dem eine Immobilienkrise folgte, zeigt die Anfälligkeiten ökonomischer Monokulturen.

Während Frankfurt auf mustergültige Weise sein städtebauliches Bild zurückgewonnen hat, droht die Stadt ihrer praktischen urbanen Inhalte verlustig zu gehen. Mit größtem Elan treibt die Verwaltung derzeit das Recycling von Gewerbeflächen voran, um Bauland für gemischte Wohn- und Büroquartiere zu gewinnen. Rings um die Stadt liegt ein Kranz neuer Projekte: Für den Schlachthof, Güterbahnhof, die beiden Mainhäfen, die Großmarkthalle sowie die beiden Messeparkplätze sind längst hochrangige, internationale Architektenwettbewerbe entschieden worden, noch bevor die Bauplätze überhaupt freigeräumt sind. Nach der Verdrängung der Wohnbevölkerung stehen die neunziger Jahre im Zeichen der Verdrängung des produzierenden Gewerbes. Doch wenn Lehrlinge, Industrie- und Facharbeiter keine praktischen städtischen Jobs mehr finden, wird das soziale Gleichgewicht der Stadt genauso gestört wie einst durch den Exodus der Mieter. Für Boomstädte wie Frankfurt scheint es keinen dritten Weg zu geben.

Dabei verfügt Frankfurt anstelle historischer Schlösser und Gärten über ein bemerkenswertes industrielles Bauerbe. Von Hans Poelzigs schloßartiger Hauptverwaltung der ehemaligen IG-Farben, Martin Elsässers eindrucksvoller Großmarkthalle, Peter Behrens' Verwaltungsbau für Hoechst, Max Tauts Gewerkschaftshaus und den berühmten Arbeitersiedlungen des Stadtbaumeisters Ernst May hatte sich einst die gesamte Architekturmoderne am Main versammelt.

An die Leerstelle traditioneller Monumente sind die Hochhäuser getreten, die anfangs noch als Stachel im Fleisch der Stadt verpönt waren. Doch je dichter die Skyline wird, desto mehr bewundern die Bürger die abstrakte Sinnlichkeit dieser Landmarken. Damit hat der Frankfurter Turm-Avantgardismus auch anderen Städten eine Lektion erteilt. Die versprengten Hochhausstandorte der siebziger Jahre zerstörten das Stadtgewebe, ohne neue, eigenständige Akzente zu setzen; auch das spätere Achsenkonzept, das Turmreihen entlang der Ausfallstraßen vorsah, hat sich ästhetisch und funktional als wenig sinnvoll erwiesen, weil es Bau-, Menschen- und Verkehrsmassen zerstreut statt verdichtet.

Heute forciert die Stadt die Konzentration der Türme im zentralen Bankenviertel. Erst mit der Versammlung auf engstem Raum hat Frankfurt als einzige deutsche Stadt den urdeutschen Expressionisten-Traum von der vertikalen Stadtkrone verwirklicht und auch eine populäre Attraktion gewonnen. Der eindrucksvoll ausgestatteten Architekturbühne dieser Stadt ohne Eigenschaften drohen allein die Akteure auszugehen. Die gespenstische Vision des Filmes „Der letzte Frankfurter" bleibt vorerst aktuell.

Öko-Modellstadt:

Schwabach

Reiseprospekte beschreiben Schwabach bei Nürnberg bislang als „schönste Goldschläger-Stadt mitten in Franken. Zentrum für Feinwerktechnik, mit einem der schönsten fränkischen Marktplätze. Barocker Brunnen von 1716, historisches Rathaus auf Sandsteinarkaden von 1528. Evangelische Stadtpfarrkirche, eine der schönsten gotischen Hallenkirchen in Franken ...".
Seitdem das Bundesbauministerium Schwabach 1992 zum Schauplatz des „Planspiels Modell-Stadt-Ökologie" auserkoren hat, müßte die Stadtbeschreibung erweitert werden: „Schwabach, 21.000 Fahrzeuge, 32.000 Jahrestonnen Müll, Kohlendioxyd-Ausstoß jährlich 300.000 Tonnen, 2,85 Millionen Tonnen Abwasser, Stromverbrauch 1.150.000 Kilowattstunden, Recyclingquote fünfzig Prozent ...".
Die Daten stammen aus dem neuesten Umweltbericht der Stadt Schwabach. Seit Jahren verfassen deutsche Kommunen diese Zahlenwerke, die nur wenige kennen und verstehen, weil sie an Umfang und Komplexität mittlerweile die Haushaltspläne übertreffen. Früher vor allem für die Altlasten- und Biotop-Kartierung erfunden, beziehen die Umweltberichte heute den vollständigen Stoffwechsel von Stadt, Land, Fluß und Menschen mit ein. Noch nie war das Niveau der Umweltanalysen so hoch wie heute. Und in Schwabach dürfte ein Maximum der Arbeit erreicht sein, die eine Kleinstadt jemals in umweltverträgliche Planungspolitik gesteckt hat.
Ein Jahr lang sind regelmäßig Baubeamte aus Bonn und Planungswissenschaftler von der TU Berlin nach Schwabach gereist, im „Löwenhof" oder im „Schwarzen Bären" abgestiegen und haben Seminare, Bürgerversammlungen und Gemeinderatstreffen abgehalten. Dort sprachen sie über flächenhafte Verkehrsberuhigung, umweltverträgliches Bauen, Landschaftsschutz, Energieeinsparung und Abfallverwertung. Resultat sind dicke Broschüren und Gutachten, deren Lektüre für

den Oberbürgermeister und seine 41 Gemeinderäte zuweilen zur intellektuellen Zerreißprobe wird.

Sinn der Aktion war zunächst nicht der praktische Stadtumbau, sondern die Einübung neuer Verwaltungsverfahren und die Schärfung des Bürgerbewußtseins. Bis vor einem Jahr bestand Umweltschutz für Schwabachs SPD-Oberbürgermeister Hartwig Reinmann darin, Verkehr, Energieverbrauch und Bodenversiegelung zu drosseln und Abfall wiederzuverwerten. Nach Abschluß des Planspiels verfügt er jetzt über einen ganzen Strauß neuer Verwaltungsinstrumente: einen Fahrradbeauftragten mit eigenem Beirat, einen Energiebeauftragten, ein Schulhofbegrünungsprogramm, einen Biotopvernetzungsplan, ein Schafbeweidungskonzept und ein Nachtfahrverbot in der Altstadt. Dazu wird es Dienstfahrräder, Anruf-Sammeltaxis und einen Biobauernmarkt geben, jährlich einen Umweltpreis und die Teilnahme der Stadt am bayerischen „Aktionsplan zur Förderung der vom Aussterben bedrohten Fledermäuse". Wichtigste Neugründung ist der kommunale Landschaftspflegeverband, für den jeder Bürger jährlich zwei Mark zahlt. Er soll sich um den Stadtrand kümmern, wertvolle Flächen pflegen und die naturnahe Landwirtschaft fördern.

Gerade auf kommunaler Ebene ist der Nachholbedarf an ökologischer Planung überaus groß. Denn Haushalte verbrauchen vierzig Prozent der Gesamtenergie. Aber zugleich sind Städte nur die Auspufftöpfe der weltweit produzierten Energie- und Warenströme. Deshalb entbehrt das Planspielmotto „Global denken – in Schwabach handeln" nicht der Komik, als wolle der Schwanz mit dem Hund wedeln.

Unbestreitbar ist, daß ein Viertel der Weltbevölkerung drei Viertel der Weltressourcen verbraucht und daß von dieser privilegierten Minderheit wiederum drei Viertel in städtischen Siedlungen wohnen. Warum aber ausgerechnet Schwabach eine repräsentative Spitzenstellung in dieser globalen Wohlstands- und Verschmutzungspyramide zukommt, bleibt unklar. Ähnliche Ansatzpunkte für ökologische Hebelwirkungen könnten auch Gifhorn, Viernheim oder siebzehn andere Städte abgeben, die sich ebenfalls in Bonn als Versuchskaninchen be-

worben hatten. Zur Wahl Schwabachs erklärt das Bauministerium nur: „Als mittelgroße Stadt ist Schwabach repräsentativ
für die in Deutschland vorherrschende Siedlungsform." Zudem habe sich die Stadt vorbildlich in der umweltverträglichen
Stadtentwicklung engagiert.
Die Kleinstadt am Südrand Nürnbergs gehört wegen ihrer ster-
benden Nadel-, Schrauben- und Federnindustrie zu den
bayerischen Städten mit dem geringsten Steueraufkommen.
Großen praktischen Spielraum bot die eine Million Mark aus
Bonn für die Planspiel-Finanzierung nicht. Aber dafür verfügt
die Stadt jetzt über ein eigenes Modell zur „Umweltverträg-
lichkeitsprüfung" bei Neubaumaßnahmen: die „Schwabacher
Prüfliste", die mit zwanzig Analyseschwerpunkten die Vielzahl
und Undurchsichtigkeit kommunaler Umweltuntersuchungen
noch erhöht. Dazu gibt es die Schwabacher „Leitlinien zur
Stadtökologie", die sich wie eine UN-Umweltcharta lesen.
Zudem soll jedes Jahr eine Konferenz deutscher Kommunen
zur Stadtökologie in Schwabach einberufen werden.
Schon seit Jahren erforscht das Bauministerium experimentellen Wohnungsbau und Stadtökologie. Zur Schlußpräsentation
der neuesten Versuchsreihe kam Bauministerin Irmgard
Schwaetzer persönlich nach Schwabach. Sinn der Aktion, so
erklärte sie, sei nicht die Detailforschung gewesen, sondern
die „Vernetzung der Einzelmaßnahmen und deren Erprobung
mit einer echten Verwaltung". Aber sinnvoller freilich wäre
eine Vernetzung an höherer Stelle. Viele Bonner Umwelt-
initiativen laufen unkoordiniert nebeneinander her. Erst vor
einem Jahr hatte der Bundesumweltminister zur Vorbereitung
der Rio-Konferenz Bürgermeister und Urbanisten aus aller
Welt nach Berlin geladen, die weitaus überzeugendere und
durchgreifendere Ökologie-Stadtkonzepte vorstellten. Und
auch das Bundesforschungsministerium verfügt mittlerweile
über eine eigene „Arbeitsgemeinschaft Stadtökologie". Aber
aus Profilierungssucht vermeiden die Bonner Ministerien jede
Absprache.
Also wird in Schwabach das Rad noch einmal erfunden. Das
müßte wegen der pädagogischen Absicht das Planspiels nicht

einmal ein Nachteil sein. Früher hatten die Gemeinderäte ihre Neubaugebiete meist blind ausgewiesen, während sie sich heute verpflichtet fühlen, auf Artenschutz und Kleinklima zu achten. Während früher Straßenrückbau und Verkehrsverlagerung einzig die kleine dreiköpfige Grünen-Fraktion im Gemeinderat kümmerte, überbieten sich jetzt alle Fraktionen mit Anträgen zu Tempo-30-Zonen und Radwegen.

Größte Planungsaufgabe für Schwabach ist derzeit die Umnutzung eines innenstadtnahen Kasernengeländes der abgerückten amerikanischen Streitkräfte. Aber das Planspiel für diesen Brennpunkt ökologischen Stadtumbaus stimmt wenig zuversichtlich. Anstelle eines konsequenten Weiterbaus der kompakten Altstadt gibt es nur gemüseartige Bebauungsskizzen: ein zerstreutes, bewässertes, begrüntes und durchwegtes Villenquartier mit Ökohäusern, das der „gewachsenen" Dichte des historischen Städtebaus hohnspricht.

Solche Durchgrünungskonzepte wurden bereits in anderen Schwabacher Neubaugebieten realisiert. Allein die Aufzählung der Instrumente zur Stadtbekrautung ist niederschmetternd: „Baumreihen, Alleen, Verkehrsgrün, Ortsrandbepflanzungen, Vorgärten, Wand- und Dachbegrünungen, Wald- und Wiesenvegetation". Daß die Verländlichung und Verniedlichung der Stadt nichts mit Umweltschutz zu tun hat, sondern nur Expansion und Bodenverschleiß fördert, bleibt im Planspiel unbeachtet. Anstelle des konsequenten Flächenrecyclings der alten Kaserne beschlossen die Gemeinderäte denn auch am Tage der Modellstadt-Präsentation, ein neues Baugebiet nebenan am „Weinberg" auszuweisen. Dieser wird selbstverständlich behutsam nach allen Regeln der „Schwabacher Prüfliste" unter dem Wohnviertel begraben werden.

Noch eine der greifbarsten Hervorbringungen der Planspiele ist Klaus Bonn. Früher hätte man ihn Trödler genannt. Bonn leitet den städtischen Recycling-Hof von Schwabach. In seiner Werkshalle am Ortseingang sammelt der junge Unternehmer neben Altmetall und Plastik auch Hausrat, Kleidung und Bücher. Dieses Inventar erinnert daran, daß Recycling früher schlicht die Wiederverwendung von Gebrauchtwaren war.

Diese jahrhundertealte Sparsamkeit ist erst spät zur Stoffaufbereitung und Neuproduktion geworden.

Samstags stehen die Schwabacher oft Schlange, um „Wertstoffe" und Sperrmüll abzugeben, aber auch, um nach Kinderbetten und Elektronikschrott zu suchen. Mit seinen sieben Mitarbeitern schlägt Klaus Bonn jährlich immerhin zwölfhundert Tonnen Altwaren um. Den Sperrmüll reißen ihm die Leute, vor allem Ausländer, aus der Hand. Doch für Papier, Glas oder Aluminium findet er seit Einführung des Dualen Systems immer weniger Abnehmer, weil die Depots der Verwertungsindustrie überquellen. Sein monatlicher Zuschuß durch die Stadt beträgt mittlerweile 35.000 Mark.

Bei der Planspiel-Präsentation in der Schwabacher Stadthalle meldeten sich die Bürger zu Wort. Drei Stunden kämpften Anwohner der Bachgasse um deren Sperrung und Schulgassen-Anwohner um die Aufhebung der Schulgassen-Durchfahrt, während der örtliche Gewerbeverein vor beiden warnte, weil der Einzelhandel leiden könnte. Am Ende der Debatte bat Oberbürgermeister Reinmann händeringend: „Können wir nicht wenigstens eine Minute statt über Verkehrsberuhigung auch über das Ökologie-Konzept sprechen?"

Ebenso unbeholfen waren die Umweltschutz-Vorschläge, die die Stadtplaner der TU Berlin per Fragebögen eingeholt und in einem Handbuch dokumentiert hatten. Auszug: „Feuerwerkskörper abschaffen, Nachttöpfe wiedereinführen, mit weniger Wasser kochen, Kerzen statt Glühbirnen benutzen, Schaufensterbeleuchtungen abschalten, nur sichtbar getragene Kleidungsstücke bügeln, Kopfsteinpflaster abschaffen, Rauchen verbieten …".

Abends wurden in der Stadthalle die Umweltpreise vergeben. Familie Holluba, die zum „umweltfreundlichsten Haushalt Schwabachs" gekürt wurde, versprach, auch künftig beim Biobauern einzukaufen, naturgemäße Kleidung zu tragen, Vollwertnahrung und möglichst wenig Fleisch zu essen, Regenwasser zu sammeln und WC-Wasserspartasten zu benutzen, nur mit vier Personen Auto zu fahren, mit der Bahn Urlaub zu machen und zu wandern.

Gottfried Benn hatte 1941 die deutsche Eigenschaft verspottet, etwas Gutes so konsequent zu verfolgen, bis etwas Absurdes daraus wird: „Kleinbausiedlungen, darin durch Steuergesetze begünstigten Geschlechtsverkehr, in der Küche selbstgezogenes Rapsöl, selbstbebrüteten Eierkuchen, Eigengraupen, am Leibe Heimatkurkeln, Grauflanell, ein Turnreck im Garten und auf den Höhen Johannisfeuer – das ist der Vollgermane". Das mag noch eine Drohung gewesen sein. Aber in Schwabach, wo das Bauministerium die Erneuerung des Heimatschutzes in ökologischer Absicht zum bundesweiten Stadtmodell erheben will, wird Ernst damit gemacht.

Das Versailles der Lüfte:
Der neue Großflughafen München

Das Gebilde sieht aus der Luft aus wie eines der riesigen Götterzeichen, die die Nazca-Indianer vor 1500 Jahren in die Hochebene der Anden gruben. Jahrhundertelang waren die peruanischen Geoglyphen in Vergessenheit geraten, bis eine luftfahrtbegeisterte Spätkultur die astronomischen Tier- und Himmelsbilder als Landebahnen für fliegende Götter mißdeutet. Wenn über den neuen Großflughafen „München II" in fernen Generationen wieder das Moorgras wächst, könnten seine vernarbten Erdmale ebenso falsch verstanden werden. Der verschobene, H-förmige Grundriß des Flughafens ließe sich vieldeutig lesen: als Huldigung des blauen Planeten an das chemische Zeichen für Wasserstoff, als spätindustrielle Land-Art, vielleicht auch als Ruine einer barocken Palastanlage, die dreihundert Jahre nach Ludwig XIV. die Herrschaftsarchitektur von Versailles noch übertreffen wollte.
Aber auch heute schon hat der neue Münchner Flughafen höchsten Symbolwert. Er ist das wohl letzte technische Bauwerk dieser Größenordnung in Europa. Auch wenn danach noch der Ärmelkanal-Tunnel und der Main-Donau-Kanal eröffnet werden, Berlin seine Flughäfen gewaltig ausbaut und

ganz Osteuropa technisch nachrüstet, wird mit „München II" das Zeitalter der industriellen Megastrukturen im Abendland beendet sein. Dann wird es allenfalls noch Nachrichten aus dem fernen Hongkong oder Osaka geben, wo die letzten Riesenairports entstehen. Dreißig Jahre lang ist der Münchner Großflughafen geplant, gebaut und immer wieder von Gerichten gestoppt worden. In einer weniger wachstumsgläubigen Zukunft dürfte ein solches Projekt ein Vielfaches an Zeit und Geld kosten, so daß es schon wirtschaftlich gesehen ein Desaster würde, von sozialen und ökologischen Konflikten ganz abgesehen.

In einer unberührten Wiesen- und Moorlandschaft dreißig Kilometer nördlich von München hat der Technologiekonzern namens „Freistaat Bayern" zusammen mit dem Bund einen neuen Luftverkehrsknoten für fünfzehn Millionen Passagiere und 250.000 Tonnen Luftfracht gebaut, der im Mai 1992 eröffnet wurde. Anschließend gab es rund um den stadtnahen alten Münchner Flughafen in Riem ein Volksfest, weil dort nach fünfzig Jahren Fluglärm endlich Ruhe einkehrte. Was 1960 nach dem Absturz eines britischen Flugzeugs über München als Ersatzflughafen für Riem mit zwei Milliarden Mark Baukosten geplant war, hat sich in dreißig Planungsjahren zum zweitgrößten Luftkreuz der Bundesrepublik mit Gesamtkosten von 8,5 Milliarden Mark entwickelt.

Für die neuen Flughafen-Nachbarn in 44 Gemeinden rund um Erding, Freising und Landshut ist schon lange vor Aufnahme des Flugbetriebs eine neue Zeit angebrochen. Aus den einstigen Kraut- und Rübenfeldern der Landgemeinden im Norden, die immer im Schatten des wohlhabenden Münchner Südens standen, ist Bauerwartungsland für achtzigtausend Neubürger geworden. Die Bodenpreise, die vor zehn Jahren noch bei dreißig bis fünfzig Mark pro Quadratmeter lagen, sind auf fünfhundert bis tausend Mark und mehr geklettert. Schon von weitem sind auf dem brettflachen Land die Rudel von Baukränen für neue Büroparks, Gewerbegebiete und Hotels zu sehen. Die Märchengeschichte vom armen Landmann, der durch den Verkauf seines Hofes zum Millionär geworden ist, füllen die Spalten der lokalen Zeitungen. Die Mietpreise für Wohnungen erreichen Münchener Rekordhöhe. Denn die Planer haben vergessen, mit der neuen Flughafenstadt auch Unterkünfte für die Neubürger zu bauen, was selbst die wachstumsfreudige Bauministerin Schwaetzer scharf kritisiert hat. Das blieb allerdings genauso folgenlos wie die Klagen des Münchener OB Kronawitter, der der Flughafengesellschaft „Geheimdiplomatie" vorwarf.

Kaum einer in München und Umgebung konnte die Planung des Airports mitverfolgen, dessen Expansion fast so unkontrol-

Flughafen München, Terminal 1, Sammelwarteraum, 1995

liert wie ein Naturereignis verlief. Dabei stellt das heutige Riesenformat bereits eine Schwundstufe dar. Von den ursprünglich zweitausend Hektar Fläche mit drei Landebahnen sind nach vier Jahren Baustopp und Gerichtsentscheid 1984 noch 1400 Hektar und zwei Parallelbahnen übriggeblieben. Sie liegen mit 2,3 Kilometern Abstand allerdings immer noch doppelt so weit auseinander wie flugtechnisch nötig. Dazwischen erstreckt sich der Querriegel eines tausend Meter breiten Terminals, dazu die größten Fracht- und Wartungshallen Deutschlands und ein ganzes Industriegebiet für insgesamt zwölftausend Flughafenmitarbeiter.

Den Kritikern, die dem Flughafen groteske Überdimensionierung und irreale Wachstumshoffnungen vorwerfen, macht es „München II" denkbar leicht. Er liegt so weit außerhalb der Stadt und ist so schlecht angebunden, daß man mit dem Wagen auf der ohnehin überlasteten Nürnberger Autobahn mindestens eine Stunde braucht und auch mit der einzigen S-Bahn-Linie vom Münchner Hauptbahnhof aus nicht viel schneller dort ist. Für Inlandspassagiere wird München künftig schneller auf dem Landweg zu erreichen sein. Auch die maximale Kapazität von hundert Starts und Landungen in der Stunde – Frankfurts Hochleistungs-Airport schafft gerade siebzig – dürfte in den kommenden Jahrzehnten bestenfalls zur Hälfte ausgenutzt werden. Denn fast sämtliche europäischen Flughäfen bauen kräftig aus. Großraummaschinen könnten die Flugfrequenz um ein Drittel drosseln. Auch die Erweiterung des europäischen Höchstgeschwindigkeitsnetzes auf insgesamt dreißigtausend Kilometer wird die Hälfte des Inlandverkehrs auf die Schiene verlagern. Und zudem ist zu befürchten, daß auch im Luftverkehr längst die Grenzen des Wachstums erreicht sind. Der Verbrauch von Kerosin übertrifft selbst die Energieschleuder Auto und wird, zumindest auf Kurz- und Mittelstrecken, unvertretbar.

„München II" muß man als Meisterwerk einer längst abgetretenen Generation von Planern und Politikern ansehen, deren zentralistisches Vermächtnis sich aufgrund der Massenträgheit solcher Riesenvolumina weder schneller entfalten noch vorzeitig aufhalten ließ. Der Flughafen beginnt heute, daß seine Existenzberechtigung immer fraglicher wird, eine Selbstzweckhaftigkeit auszustrahlen, die die ästhetische Perfektion seiner städtebaulichen, architektonischen und technischen Anlagen ins Künstlerische steigert. Daß ein Planungsgedanke der ausgehenden sechziger Jahre nicht das häßliche Gesicht des damaligen Großbauwahns zeigt, der vom Aachener Klinikum über die Ruhr-Universität bis zum Pariser Centre Pompidou eine Ära verunstaltet hat, verleiht ihm eine zeitenthobene Schönheit.

Wer sich der Baulandschaft über den zentralen Zubringer von Westen nähert, spürt die beruhigende Achsenwirkung barocker Symmetrie. Zu beiden Seiten tauchen hinter Baumalleen risalitartige Flügelbauten auf. Es sind großzügige Hangars und Verwaltungsgebäude, die den Weg zum Passagierterminal wie einen gigantischen Ehrenhof fassen. An einer aufgeschütteten Erdpyramide als Aussichtsplattform für Besucher gabelt sich die Zufahrt und führt in weitem Bogen unter den Rollfeldern hindurch an das querliegende Terminal. Man betritt die königliche Empfangshalle (Entwurf: von Busse, Blees, Büch, Kampmann) von hinten und gelangt über vier zentrale Abfertigungspunkte schon nach wenigen Metern zu den zwanzig Flugsteigen. Ihre schrägen Fassaden springen wie die Terrassen von Versailles auf das Rollfeld hinaus. Die großen Glasflächen feiern die wartenden Flugzeuge wie Ausstellungsstücke in einem Spiegelsaal. Wegen seiner vielfältigen Abschrägungen könnte man den tribünenartigen Baukörper auch als Sportstadion ansehen, was nur eine zeitgemäße Lesart für inszenatorische Festarchitektur ist. Anstelle von endlosen Fingerflugsteigen wie in Frankfurt oder labyrinthischen Satellitenterminals wie in London eröffnet das tausend Meter breite Bandterminal gewaltige Durchblicke und vermeidet wegen seiner extremen Streckung jeden Großhallenlärm. Die lichtlose Kellerpassage darunter ist nach dem Vorbild des Flughafens von Chicago mit einer eindrucksvollen seriellen Lichtplastik des amerikanischen Künstlers Keith Sonnier ausgestattet.

Statt in die Höhe wurde die gesamte Anlage in die Breite geplant. Selbst der achtzig Meter hohe Tower, die einzige Dominante, wirkt so gedrungen wie ein Wachturm. Daß die Münchenchener Flughafenplaner von Krawallen wie in Wackersdorf und bei der Frankfurter Startbahn West verschont geblieben sind, hat seinen Grund sicherlich auch in dieser Duckhaltung. Zwar ist es ein Tribut an die endlose Weite der Moorflächen, daß man die Bauten möglichst horizontal in die Landschaft einbettete. Aber die optische Reduktion auf 25 Meter Bauhöhe hatte auch den Vorteil, dem Volkszorn keine weithin sichtbare Angriffsfläche zu bieten. Und weil im Erdinger Moos kaum Bäume gefällt werden mußten, blieben Waldschlachten wie an der Frankfurter Startbahn West aus.

Die landschaftsbezogene Flächigkeit des Flughafens, die mit enormer Bodenversiegelung erkauft wurde, bemerkt der Passagier am deutlichsten in den niedrigen Abfertigungssälen. Im gesamten Terminal fehlt sichtlich ein Stockwerk für Installationen, die wegen der reduzierten Höhe nicht versteckt werden konnten, sondern zuweilen knapp über den Köpfen verlaufen. Dafür wurde die Konstruktion zum Ornament gesteigert. Das modulare Ordnungsraster wird durchkreuzt von einem verwirrenden Geflecht aus Stahlrohrfachwerk, unterspannten Eisenträgern und endlosen Schrägstützen. Überbordendes Metallefeu schmückt auch den Bau außen, wo eine zweite Fassade die Jalousien und Wartungsbalkone trägt. Diese Detailfülle erinnert mit ihren unzähligen Lichtschrägen, Winkeln und Nasen an Solararchitektur. Wie München hüllt sich die gesamte neue Generation von Flughäfen – etwa Stuttgart, London-Stansted oder Chicago – in strahlendes Weiß, um die Passagiere mit Naturlicht zu blenden. Mit ihren Baumstützen und facettierten Glaskorsetts wirken diese Airports wie Wintergärten oder Gewächshäuser. Es mag Ausdruck des schlechten Planergewissens sein, die umweltschädlichste Transporttechnik in die naturnächste Baumetapher zu hüllen. Die zehntausend Parkplätze, denen alle Flughäfen einen Großteil ihrer Einnahmen verdanken, wurden in eleganten offenen Parketagen hinter dem Hauptterminal mit Erdaufschüttungen halb vergraben. Dazwischen liegt auch das Zentralgebäude mit Läden, Schaltern und einer S-Bahn-Station im Keller, wo die Passagiere würdevoller empfangen werden als etwa in der Bahnhofs-Kanalisation des Frankfurter Flughafens. Seine überwältigende ästhetische Einheitlichkeit verdankt der Flughafen seinen „Gestaltungsbeiräten", die wie einst die Hofkünstler an königlichen Residenzen die gesamte Bauplanung überwachten. Unter Führung des 1991 verstorbenen Graphikers Otl Aicher, der schon die Münchener Olympia-Bauten 1972 betreut hatte, wurde ein spätfunktionalistisches Totaldesign für Schrifttafeln, Uniformen, Inneneinrichtungen, Maschinen, Lichtführung, Farbwahl (Weiß, Grau, Blau) und sogar die Landschaftsplanung erarbeitet. Die vorgeschriebene Reduktionsästhetik hat das übliche Formenchaos heutiger Großbauten gebändigt. Auch die Flugzeughallen hängen elegant mit Schrägseilen an wohlgeformten Pylonen. Die Technikzentrale hüllt sich in wertbeständige silberne Wellblechkarosserien. Das Verwaltungsgebäude wurde gar zu einer Mischung aus japanischem Teehaus und Expopavillon, das hoffentlich dem Fahrtwind der Jumbos standhält.

Doch dem Flughafen fehlt bislang das kommerzielle Herzstück: ein Airport-Center mit Mietbüros, Kongreßzentrum und Hotel. Weil viele der heutigen Geschäftsreisenden gar nicht erst in die Städte fahren, sondern ihre Verhandlungspartner gleich im Flughafen treffen und auch die Umsteiger die Airport-Inseln nicht mehr verlassen, ist „München II" ein Torso. Abhilfe soll in einigen Jahren eine pharaonische Großpassage des Architekten Helmut Jahn schaffen, in der Hotel, Businesscenter und eines fernen Tages ein neuer Fernbahnhof untergebracht sind.

Das ist allerdings schon die zweite Ausbaustufe des Flughafens, die ebenso lautlos begonnen werden soll wie alle früheren Expansionen. Daß die Planer schon wieder von einem längst verworfenen zweiten Terminal träumen, das den ersten Querbau spiegelsymmetrisch nach Osten verdoppeln soll, gibt Aufschluß über die Suggestivkraft großer Planfiguren. Die ungenutzte Fläche zwischen den extrem gespreizten Schenkeln der Landebahnen schreit geradezu nach Vervollständigung. Wohl deshalb wurde dem Flughafen auch das Riesenformat eines absolutistischen Palastgrundrisses gegeben, damit man intern noch kräftig zulegen kann.

Auch die Nazca-Indianer oder Ludwig XIV. hatten ihre Anlagen weit über die Erfordernisse des Tages hinaus geplant. Was auch immer von dem Münchener Luftschloß in fernen Zeiten übrigbleiben wird, eines wird diese Ruine von übermorgen gewiß verkünden: den unbedingten Willen einer technikbesessenen Spätkultur, ihre Macht und Herrlichkeit bis zuletzt auszukosten.

Das kontinentale Wasserspiel:
Der Main-Donau-Kanal

Der Installateur Erich Kügel lebte bis vor wenigen Jahren in der letzten Märchenlandschaft Deutschlands. Im abgelegenen Altmühltal mit seinen verträumten Dörfern und einsamen Bauernhöfen, mit bizarren Felswänden und unbezwingbaren Burgen war die Zeit stehengeblieben. Die achtziger Jahre jedoch wurden für Erich Kügel zur Hölle auf Erden. Über 25 Jahre hatte das treue CSU-Mitglied am Stammtisch und im Rathaus die örtlichen Geschicke mitgelenkt. Doch als die Bayerische Staatsregierung beschloß, eine 55 Meter breite Schneise, so groß wie eine achtspurige Autobahn, durch das enge Tal zu schlagen, trat er aus Protest aus seiner Partei aus. Er wurde beschimpft und von Freunden geschnitten, und schließlich wäre beinahe sein Handwerksbetrieb pleite gegangen. Aber das Schlimmste für den Installateur aus Riedenburg-Prunn im Altmühltal war der Baubetrieb vor seiner Haustür. Jahrelang lebte Erich Kügel im Lärm und Gestank der Bagger und Lkw-Kolonnen, die vor seinem Dorf einen direkten Wasseranschluß nach Istanbul verlegten.

Obwohl der Kanal mittlerweile längst fertig und der Streit abgeflaut ist, hat Erich Kügel vor zwei Monaten seinen Betrieb verpachtet – „damit wieder mehr Aufträge kommen und meine Mitarbeiter ihre Arbeitsplätze behalten". Wenn der unfreiwillige Frührentner heute aus seinem Haus tritt, unter dem immer noch ein kristallklares Bächlein in den Altmühlkanal fließt, wendet er sich von der Talsohle ab und geht den Hang hinauf, weil er den Anblick nicht erträgt. Wovon sich Erich Kügel schaudernd abwendet, muß ungefähr dieselbe Stelle sein, über die ein ZDF-Team vor einigen Jahren eine herzzerreißende Reportage gemacht hatte. „Auch diese Idylle wird zerstört", hatte der Fernsehreporter beklagt – nicht wissend, daß es sich nicht um die alte Altmühl, sondern ein längst fertiggestelltes und üppig wiederbegrüntes Stück des neuen Rhein-Main-Donau-Kanals handelt, in dem nur Eingeborene wie Erich Kügel eine „Schande" sehen.

„Das renaturierte Altmühltal ist eine der schönsten Kanalstrecken der Welt", sagt Konrad Weckerle von der Rhein-Main-Donau AG (RMD) in München. Es wäre wirklich alles wunderschön, wenn es solche Querulanten wie Erich Kügel nicht gäbe. Solche Leute tauchen überall auf, wo Großbauten geplant werden. Mal kämpfen sie gegen eine Autoteststrecke im schwäbischen Boxberg, mal gegen die neue Ostsee-Autobahn zwischen Lübeck und Rostock, mal verzögern sie den Bau eines Riesenflughafens wie in München um Jahrzehnte. Immer sind sie in der Minderheit, immer nehmen sie ein elendes Spießrutenlaufen in ihren Dorfgemeinschaften auf sich, und immer bekommen sie die fast einzige Unterstützung aus den großen Städten, wo Naturschutzverbände und Bürgerinitiativen jenen Widerstand organisieren, den die schweigende Mehrheit am Ort wie eine ferngesteuerte Invasion empfindet. Daß Großtechnik heute mit Vorliebe in dünnbesiedelten Gegenden installiert wird, hat Methode. Nirgendwo sonst können Politiker und Ingenieure sich noch so als Glücksbringer fühlen wie auf dem flachen Land, wo Erschließungsprojekte wie ein Geschenk der Götter angenommen werden.

Seitdem der 171 Kilometer lange Kanal zwischen Main und Donau nach dreißig Jahren Bauzeit eingeweiht wurde, ist ein über tausend Jahre alter Traum in Erfüllung gegangen: die Verbindung von Nordsee und Schwarzem Meer, die durchgehende Schiffbarkeit von Rhein, Main und Donau auf insgesamt 3600 Kilometer. Der Jahrtausendbau, für den schon Karl der Große im Jahr 793 ein Teilstück bei Weißenburg hatte ausheben lassen, überquert auf seinem schwierigsten Abschnitt zwischen Nürnberg und Regensburg ein Mittelgebirge und ist am Scheitelpunkt mit 406 Metern über dem Meeresspiegel die höchste Wasserstraße Europas. Da können selbst der Panamakanal mit seinen bescheidenen 81,6 Kilometer Länge und 26 Meter Höhenunterschied oder der gleich lange, aber schleusenfreie Suezkanal nicht mithalten. Seit dem 25. September 1992 kann man vom Bosporus bis nach Rotterdam quer durch Europa fahren, ohne einen Fuß aufs Land zu setzen, jetzt liegen Budapest und Aschaffenburg an einer gemeinsamen Wasserstraße, jetzt ist der Passagierverkehr zwischen Istanbul und Köln freigegeben. Bei aller Freude über diese neuen Möglichkeiten stellt sich nur die Frage, wer das wirklich will und braucht.

Wer den Kanal vom Main bei Bamberg bis zur Donau bei Kelheim befährt, macht nicht nur eine Reise durch den Landschaftsraum des fränkischen Juragebirges, sondern durchquert zugleich einen wichtigen Abschnitt der jüngsten Geschichtszeit. Die Wasserstraße beginnt in der brutalen Technik-Steinzeit der sechziger Jahre und endet in der heutigen Ökologie-Ära: Die Gestaltung des Kanals ist ein Spiegel der wachsenden Kritik an diesem Projekt. Die 1972 fertiggestellte Nordstrecke Bamberg-Nürnberg besteht noch überwiegend aus einer linearen Betonwanne mit versiegelter Natur und schütteren Rasenstreifen als Randbegrünung. Auf dem höchsten Punkt bei Hiltpoltstein, wo der Kanal über elf Schleusen 175 Meter bergauf geflossen ist und die europäische Wasserscheide überquert, kulminiert auch die Trostlosigkeit der Ingenieurbaukunst.

An dieser kontinentalen Linie, die die Wasserzuflüsse von Nordmeer und Südmeer trennt, hat der Bauherr ein Land-Art-Monument des Künstlers Hannsjörg Voth errichten lassen. Es ist eine mächtige quergestellte Granitwand, die sich zu beiden Seiten tief in die Deichwände des Kanals bohrt und auf Fernwirkung konzipiert ist. Jährlich können Millionen Autofahrer auf der wenige Kilometer entfernten Autobahn Nürnberg-München diese Mauerskulptur im Osten sehen, aber nur die wenigsten wissen, was sie bedeutet. Die Steilwand auf dem Hochplateau und die aufgestaute Wasserader in einer kahlen Höhenlage, wo nie ein Fluß floß, bieten einen wahrhaft surrealen Anblick. Sie sind genauso gespenstisch wie die insgesamt sechzehn westwallartigen Schleusenbollwerke mit bis zu zwanzig Meter Hubhöhe, die alle zehn Kilometer diese kontinentale Wasserkunst im Gleichgewicht halten.

Erst später, bei Berching, wo der Kanal auf seinen letzten 64 Kilometern in das Sulz- und Ottmaringer Tal eintaucht und bei Dietfurt in den Unterlauf der Altmühl mündet, macht sich der gewandelte Ökologie-Zeitgeist durch verstärkte landschaftsgestalterische Bemühungen bemerkbar. Installateur Erich Kügel und seine Mitstreiter könnten eigentlich froh darüber sein, daß sie an den jüngeren Abschnitten der Wasserstraße leben, wo die Münchener Bauherren bis zu zehn Prozent der Baukosten für „ökologische Ausgleichsmaßnahmen" ausgaben. Hier wurde nicht bloß eine isolierte Schneise durch das ehemalige Urstromtal der Donau geschlagen, sondern die gesamte Landschaft so konsequent umgeformt, daß kaum jemand mehr zwischen alten Restbeständen und neuen Einbauten unterscheiden kann. Das zwiespältige Kunststück, eine Kunstnatur geschaffen zu haben, die so aussieht, als habe es sie schon immer gegeben, ist den renommierten Nürnberger Landschaftsplanern Reinhard Grebe und Rosemarie Mehler gelungen.

„Wir waren anfangs Kanalgegner", sagt Grebe. „Aber als der Kanal nicht mehr zu verhindern war, haben wir das Beste daraus gemacht." Der eher fundamentalistische Grünplaner von der Statur eines Konrad Lorenz, der sich schon als Gegengutachter gegen die Startbahn West in Frankfurt unbeliebt gemacht hatte, bekam 1972 aus München den Auftrag für etwas, was es vorher nicht gab: einen Landschaftsplan für einen Verkehrsweg zu entwerfen.

Statt nur die Randstreifen zu begrünen, bezog Grebe den gesamten Talraum mit ein. Er ließ die künstliche Wasserkante ausfransen, bewahrte Altwässer und Nebenarme, schüttete Inseln für „Stillwasserbereiche" auf, um Brut- und Laichplätze vom Wellenschlag der Schiffe zu verschonen. Mit bis zu dreißig Meter tief eingegrabenen Spundwänden sicherte er Moorgebiete gegen das Auslaufen in die Kanalmulde ab und veränderte sogar die Streckenführung, um Biotope zu schonen. Die insgesamt 93 Millionen Kubikmeter Erdaushub des gesamten Kanals ließ Grebe in seinem Planungsabschnitt im Altmühltal nicht auf Deponien abfahren, sondern erhöhte damit ganze Talsohlen, damit der Kanal nicht zwischen den Deichen, sondern ebenerdig wie ein Fluß verläuft.

Grebe hat eine komplette Ersatzlandschaft geschaffen, die den ortsunkundigen Besucher heute staunen läßt, wie natürlich das umstrittene Megaprojekt in der Landschaft liegt – zumindest auf den letzten vierzig Kilometern im Altmühl-Paradiestal. Doch für Ökologen wie Hubert Weiger vom Bund Naturschutz in Nürnberg sind dies alles nur „Blumensträuße auf dem Leichensarg der Natur". Aus einem lebenden Fließgewässer sei ein toter Stausee geworden; die Hälfte aller Altwässer und Feuchtgebiete sei zerstört und die Artenvielfalt halbiert.

Nur die wenigsten wissen, daß es den Rhein-Main-Donau-Kanal schon einmal gab und daß die romantische Altmühl ein bereits kanalisierter Fluß ist. Der bayerische König Ludwig I. hatte 1846 den „Ludwig-Main-Donau-Kanal" eröffnen lassen, der in ähnlicher Streckenführung das Juragebirge bis zur Donau überquerte. Allerdings fügten sich die 101 winzigen, handbetriebenen Schleusen und die bloß fünfzehn Meter breite Wasserader harmonisch in die Landschaft ein. Gegenüber der neuen Mega-Trasse stellen heute die wenigen, nicht zerstörten Reststücke des seit dem Zweiten Weltkrieg verfallenden Ludwig-Kanals Musterbeispiele eines naturnahen Wasserbaus dar, der längst unter Denkmalschutz steht.

Die Bayerische Staatsregierung und die Main-Donau-AG unternahmen alles, um der Landbevölkerung den neuen Moloch schmackhaft zu machen. Sie zahlten doppelte Marktpreise für Grundstücke auf der Kanaltrasse, um langwierigen Enteignungsverfahren zu entgehen. Die nur für den Naturhaushalt wichtigen, aber für die Landwirtschaft wertlosen Feuchtwiesen wurden durch Absenkung des Wasserspiegels um bis zu fünf Meter zur Freude der Bauern in fruchtbares Ackerland verwandelt. Aber darauf blühen heute meist nur Mais-Monokulturen; der Nitrateintrag in den Kanal wird durch Überdüngung schon wieder zum Problem; immer mehr Häuser bekommen durch die Grundwassersenkungen schwerwiegende Fundamentrisse.

Die Bauherren legten überall neue Trinkwasserbrunnen, Abwasserkanalisationen und Kläranlagen für die Altmühl-Dörfer an. Das war auch nötig, weil die Selbstreinigungskraft des Kanals so gering ist, daß zusätzliche Nährstoffe sofort zur Algenblüte führen. Reichliche Städtebauförderungsmittel flossen in die Gemeinden, die sich damit ihre Häuser renovierten, Fußgängerzonen möblierten, Sporthallen, Campingplätze und Radwege bauten. Aber man kann nur schwer sagen, was empfindlicher in die Landschaft eingreift: der Kanal oder die insgesamt 120 neuen Brückenbauwerke mit ihren gewaltigen Rampen. Überall wurde das Straßennetz erweitert, und die ausgebaute Staatsstraße parallel zum Kanal ist längst zur Rennstrecke für die Landjugend geworden. „Das Altmühltal war früher eine verkommene Kloake", behauptet RMD-Chef Konrad Weckerle in München. „Es ist heute schöner und sauberer als je zuvor und entwickelt sich zur Touristenattraktion."

Das empfinden viele Bewohner im Altmühltal genauso. Bürgermeister Michael Schneider in Riedenburg zeigt stolz seine Ortskernsanierung vor. In Riedenburg wäre beinahe der Kanalbau zu Ende gewesen, weil der damalige Verkehrsminister Volker Hauff die Wasserstraße („das dümmste Projekt seit dem Turmbau zu Babel") stoppen wollte. Doch mit dem Ende der Bonner SPD/FDP-Regierung 1982 setzte Franz Josef Strauß den Weiterbau durch. Wo früher die Altmühl durch den Ort mäandrierte, trennt jetzt die Kanalschlucht die beiden Stadthälften, die nur durch gewaltige Brückenbauwerke zu erreichen sind. Mit ihrem neuen Reichtum haben die Riedenburger ihren ganzen Ort zur Puppenstube gemacht: mit Aufpflasterungen und Grüninseln zur Verkehrsberuhigung, mit einem künstlichen See zum Spazierengehen und einer neuen Häuserfront zum Tal, die fast doppelt so hoch werden mußte wie die alte Bebauung, damit sie vom fünf Meter abgesenkten Talgrund noch zur alten Giebelhöhe hinaufreicht. Wirtschaftliche Impulse erwartet Bürgermeister Schneider eher durch Touristenströme als durch Wirtschaftsverkehr und Gewerbeansiedlungen. Sorge bereiten ihm weniger künftige Binnenschiff-Kolonnen als der Ansturm der Freizeitkapitäne, für die ihm die Bauherren kanalaufwärts einen eigenen Sporthafen mit Badesee spendiert haben. Daß der Finanzimpuls auch den Neubau anregt und die vormals geschlossenen Ortskerne in zerstreute Siedlungsbänder verwandelt, kommt dem Bürgermeister gerade recht.

Auch in Berching, einem altfränkischen Stadtjuwel mit vollständig erhaltener Stadtmauer und stolzen Wehrtürmen, trennt der Kanal den alten Kern von einer großen Neubausiedlung der Nachkriegszeit. Die muß jetzt mit aufwendigen Infrastrukturplanungen ihre isolierte Randexistenz sichern. Dafür hat Berching auf acht Kilometern gleich sieben neue Brücken bekommen und dazu eine historisierende Komplettmodernisierung für 25 Millionen Mark. Berchings zweiter Bürgermeister Rudolf Eineder schwärmt von den Segnungen des Kanalbaus, ohne die sein Ort kein Geld für die Stadtbildpflege und die Anlage von Wasserspielen nach Freiburger Art bekommen hätte.

Berching ist ein Musterbeispiel für den fast schizophrenen Widerspruch zwischen altertümlichem Beharrungsvermögen und Modernisierungsdrang. Während innerhalb der Stadtmauern die Stufengiebel und Fensterformate, die Häuseranstriche und sogar die Geschäftsreklamen („Bleib heimattreu, trink Bärenbräu") auf alt getrimmt wurden, rauscht draußen in einem sogenannten „Trockental", wo früher nur ein lauschiger Wiesengrund lag, die futuristische Kanalstraße vorbei. Schwere „Blendschutzsteine" und zinnenartige Mauern säumen die neue Wasserkante. Denn die Schiffer sollen nicht durch Irrlichter vom Kurs abgelenkt werden. Wie die Bewohner es verkraften, daß die Topographie völlig umgestülpt wurde und ihr Festland plötzlich maritim geworden ist, bleibt ein Rätsel.

Nicht nur wegen seiner großtechnischen Präzisionsplanung, sondern vor allem wegen der politischen Durchsetzung ist der Rhein-Main-Donau-Kanal eine Glanzleistung. Wohl nur in Bayern konnte solch ein Projekt breiten Konsens in der Bevölkerung finden. Die Landesväter sind seit jeher Meister in Kompensationsgeschäften. Sie hüllen ihren futuristischen Ehrgeiz in glaubwürdige Folklore und haben es mit Bierzelt und Blasmusik, Trachtenwams und Jodlerhut geschafft, ihren Freistaat zum obersten deutschen Technologiekonzern zu machen. In Bayern wird selbst Naturzerstörung noch als Heimatliebe verstanden, und Fortschrittsressentiments können bei soviel ausgleichender Traditionspflege gar nicht erst aufkommen.

Neue bayerische Wirtschaftsprojekte, vom gescheiterten Wackersdorf bis zum Flughafen München II, werden nie bloß mit technischen Sachzwängen und ökonomischen Wachstumshoffnungen gerechtfertigt, sondern gelten als Beweise von Landesstolz und Politikergröße. Daß seinerzeit Franz Josef Strauß den Kanal „nicht als ökonomische, sondern als politische Entscheidung" durchgeboxt hatte, räumt sogar Gerhard von Haus ein, Geschäftsführer des deutschen Binnenschiffahrtsverbandes in Duisburg. Angesichts des derzeit rückläufigen Transportaufkommens auf Schiffen rechnet er in den nächsten Jahren mit höchstens 2,5 Millionen Tonnen Fracht auf dem Kanal, die im günstigsten Fall zur Jahrtausendwende auf sechs bis sieben Millionen Tonnen Fracht jährlich steigen könnten. Doch der Kanal ist auf eine maximale Kapazität von achtzehn Millionen Tonnen ausgelegt. Konrad Weckerle von RM-AG dagegen sieht diese Obergrenze bald schon übertroffen: „Wir haben von Anfang an die Einbahnschleusen für den Ausbau zum Parallelverkehr geplant und werden bald erweitern."

Wäre der Bauwille der Kanalherren genauso schwankend gewesen wie die Bedarfsprognosen, hätte bis heute kein einziger Wassertropfen die europäische Wasserscheide überquert. Schon 1966 hatte der Oberste Bayerische Rechnungshof festgestellt: „Ein wirtschaftliches Bedürfnis für den Weiterbau der Schiffahrtsstraße über Nürnberg hinaus ist nicht feststellbar." 1976 schätzte das Deutsche Institut für Wirtschaftsforschung (DIW) ein Transportaufkommen von 3,7 Millionen Tonnen, 1982 ergab eine aktualisierte Berechnung des DIW nur noch 2,7 bis 3 Millionen Tonnen. Rentabel wird die Wasserwanne allerdings erst ab 15 Millionen Tonnen jährlich. Größte Hoffnungen setzen die Bayern jetzt auf die Öffnung Osteuropas. Allerdings bricht dort gerade wegen der Währungsumstellung der Schiffstransport völlig zusammen. Zudem ist unklar, welche Massengüter künftig verschifft werden sollen und wie die meist fernab von der Donau liegenden Industriegebiete Südeuropas den Weg aufs Wasser finden sollen.

Einer der fachkundigen Kanalgegner ist der Wirtschaftsgeograph Eugen Wirth von der Universität Nürnberg–Erlangen. Er wohnt nur zweihundert Meter von der Kanaltrasse im Norden Erlangens entfernt, aber Sorge, daß die Ruhe in seinem Villenviertel künftig von Schwerlastkolonnen gestört wird, hat er nicht: „Da wird sich so wenig bewegen, daß wir nicht wie die Hamburger sagen, ‚Schiff ahoi', sondern eher ‚Oha, ein Schiff'." Er wirft dem Kanal nicht ökologischen, sondern volkswirtschaftlichen Raubbau vor, weil die auf fünf bis sieben Milliarden Mark geschätzten Baukosten reine Verschwendung seien. Wirth hat berechnet, daß die kleinen Binnenschiffe vom Schwarzen Meer nach Rotterdam über Donau, Main und Rhein viermal soviel Zeit brauchen und zehnmal mehr kosten als die großen Seeschiffe, die via Mittelmeer, Gibraltar und Ärmelkanal fahren – und das, obwohl der Seeweg doppelt so lang ist. Zudem ist der Transport von Massengütern rückläufig, weil nicht mehr Rohstoffe, sondern zunehmend Halbfertigprodukte geliefert würden, die mit der Bahn schneller ans Ziel kommen. Ein Güterzug braucht von Mainz nach Passau maximal zehn Stunden, ein Binnenschiff 103 Stunden. „Ein Kanal muß nicht wie ein Stromkabel an beiden Enden angeschlossen sein", sagt Wirth. „Kanäle erschließen bevorzugt Hinterländer; die bestehenden Wasserstraßen auf Main und Donau hätten auch ohne Lückenschluß in Franken funktioniert."

Je unsicherer die Bedarfsprognosen für den Wassertransport wurden, desto mehr heben die Kanalbauer andere Nutzungen des Wasserweges hervor. Er wird jährlich 125 Millionen Kubikmeter Wasser aus den regenreichen Donau-Gebieten in das niederschlagsarme Franken leiten – was jedoch mit Pipelines weitaus landschaftsschonender und ungleich billiger geschehen könnte. Er soll als renaturierte Freizeitlandschaft für Wanderer, Radfahrer, Angler, Segler und Motorbootkapitäne dienen – was den sanften Tourismus im Altmühltal verdrängen wird. Und er könnte zur Hauptader der Ost-West-Personenschiffahrt werden – worüber es merkwürdigerweise noch keinerlei Bedarfsrechnung gibt.

Mit der Fertigstellung der Strecke Nürnberg–Kelheim ist kein Schlußpunkt, sondern wiederum nur die Voraussetzung für eine weitere Großtat geschaffen: den weiteren Ausbau von Main und Donau. Die 1921 gegründete Rhein-Main-Donau AG ist heute ein leistungsfähiges Consulting-Unternehmen mit 1100 Mitarbeitern, das sich nach der Erfüllung seiner historischen Mission nicht in Luft auflösen kann. Auf der Suche nach Folgeaufträgen hat sie zahlreiche Tätigkeitsfelder gefunden.

Zwischen Aschaffenburg und Bamberg müssen jetzt die Mainschleifen ausgebaggert und verbreitert werden. Noch schmerzlicher als der Eingriff in das Altmühltal wird die Kanalisierung der Donau zwischen Straubing und Vilshofen sein, der letzten naturbelassenen Flußaue Europas. Dort steht das Wasser an 200 Tagen niedriger als zwei Meter, so daß die Lastkähne abladen müssen. Für Hubert Weiger vom Bund Naturschutz ist es gleichgültig, ob dort die Donau durch einen Nebelkanal erweitert und somit in „eine Kette zerhackter Laufstauseen" verwandelt wird oder ob ihre gewaltigen Flußauen eingedämmt werden: „Die anstehende Donau-Kanalisierung ist nach der Eindeichung des Wattenmeers die größte Naturzerstörung der Gegenwart." Und wenn dieses Donaustück ganzjährig befahrbar ist, dann wartet der nächste Engpaß in Österreich, wo das weitgehend naturbelassene Tal der Wachau ebenfalls reguliert werden muß. Und wenn das geschafft ist, wird man die Ungarn dazu bewegen müssen, wegen ähnlicher Niedrigwasserprobleme die gerade wegen Massenprotesten eingestellten Bauarbeiten an der Staustufe Nagymaros wiederaufzunehmen. Und nach Norden hin blockiert das „Binger Loch" die ganzjährige Rheinschiffahrt mit ärgerlichem Niedrigwasser, weshalb auch dort die Baukolonnen aufräumen müßten.

Die Folgen des Altmühlkanals für den Naturhaushalt sind bislang nicht abzuschätzen. Aber überdeutlich wird der gewaltige übernationale Systemzwang einer durchgängig befahrbaren Wasserstraße. So sehr die Schiffahrt das natürlichste und energiesparendste Transportmittel ist, so aufwendig ist die Streckenführung über nichtnatürliche Strecken und Ländergrenzen hinweg. Wasserstraßen sind Verkehrsketten, die so stark sind wie ihr schwächstes Glied; jedes Teilstück muß so homogen sein wie die Gesamtstrecke. Zwischen Nordsee und Schwarzem Meer wird jetzt eine durchgehende Ordnung und Kontrolle herrschen, so daß kein Landstrich und kein Ort in seiner organischen Eigenständigkeit verbleibt. Obwohl sich die Münchner Bauherren alle Mühe mit Land und Leuten gegeben haben, ist ein Systembauwerk wie ein Kanal jenseits aller Wirtschaftserwägungen auch ein Disziplinierungsinstrument. Das Altmühltal, wo früher Fuchs und Hase sich gute Nacht sagten, ist jetzt unentrinnbar in eine Gesamtlogik eingebunden, von der man nur schwer sagen kann, ob sie noch Vision oder schon Wahnsinn ist.

Die Straße als Gummizelle:
Über Verkehrsberuhigung

Wenn die Sommerurlauber bald heimkehren, werden sie ihre Stadtviertel oft nur mit Mühe wiedererkennen. Die Bauämter haben die Straßen und Wege gründlich aufpoliert. Wo früher nur Kanalisation und Straßenbeläge repariert wurden, geht es jetzt um die Veränderung des gesamten Straßengrundrisses.

Anstelle der klar gefaßten Fassadenwände und Bordsteinkanten weist der öffentliche Raum überall Nasen und Winkel, Buckel und Polster auf. Die Stadtoberfläche ist schründig und welk geworden, als sei sie künstlich gealtert. Überall werden Bürgersteige verbreitert, Steinteppiche ausgerollt, Stufen nivelliert, Einmündungen aufgepflastert, Gummiwülste geklebt, Parkstreifen ausgebuddelt. Dazwischen stehen die Bäumchen, Kübel und Poller, die die neue Ordnung stützen.

Für den guten Zweck der Verkehrsberuhigung greifen die Bauämter zu den häßlichsten Mitteln. Von allen Nachkriegsmoden des Städtebaus ist die Behinderungsästhetik der neuen fußgänger- und fahrradgerechten Stadt die fatalste. Sie kostet Millionen, taugt nichts, ist fast irreversibel und verzerrt das ohnehin geschundene Stadtbild zur Unkenntlichkeit.

Wenn Verkehrswege die Kontur von Minigolfplätzen annehmen. Straßen wie Spielplätze möbliert werden und die Bekrautung ausbetonierter Erdlöcher ganze Viertel in Friedhofsgärtnereien verwandelt, dann hat sich ein neues urbanistisches Ideal durchgesetzt: Es ist nicht mehr bloß die „verordnete Gemütlichkeit", sondern ein umfassendes Bewegungsverbot, das den öffentlichen Raum zum Altersheim macht.

Jahrzehntelang konnten in den deutschen Wiederaufbaustädten die Straßen nicht breit genug sein. Kein Stadtkern blieb von den Durchbrüchen für die autogerechte Stadt verschont, kein Fußgänger konnte die Städte durchqueren, ohne an Kreuzungen oder Bahnhöfen in deprimierende Tunnel, B-Ebenen oder Passerellen verbannt zu werden. Für Milliarden werden noch bis heute gigantische U-Bahn-Strecken gebaut, bloß um die Straßenbahnen abzuschaffen und den Asphalt für Autos freizumachen.

Kaum scheint der Autowahn endlich eingeschränkt, da rollt der umgekehrte Irrsinn auf die Innenstädte zu. Anstatt aus dem verfehlten Perfektionsdrang der Vergangenheit zu lernen und vorsichtiger zu planen, werden Straßen nicht bloß gesperrt oder umgeleitet, sondern schon wieder von Grund auf demoliert. Wo simple Fahrbahnmarkierungen oder Leitplanken völlig ausreichen würden, werden große Installationen errichtet, als handle es sich um Skulpturenparks. Verbreiterte Trottoirs und Bordsteinkanten schnüren das Wegenetz derart ein, daß oft nicht einmal mehr Fahrräder ungehindert durchkommen. Wie Spitzenklöppler entwerfen die Bauämter Pflastersteinmosaike, die jede Radfahrt zur nervenden Rütteltour machen. Dafür verwenden sie gern Altmaterial aus Ostdeutschland, wo bei der Asphaltierung herrlicher Landstraßen derzeit jede Menge schöner „Katzenköpfe" anfallen.

Die Bremsmanöver begannen 1988, als Dutzende deutscher Städte befristete Modellversuche zur Einführung von „Tempo 30" unternahmen. Aus den erfolgreichen Tempo-30-Probeläufen, bei denen Lärm, Staus und Unfallraten deutlich zurückgegangen waren, zog der Deutsche Städtetag die Konsequenz, Tempo 30 als Grundgeschwindigkeit in den Straßen zu fordern. Nur auf den Durchgangs- und Vorfahrtsstraßen sollte Tempo 50 beibehalten werden. Nur knapp ein Drittel aller Stadtstraßen gehören zum „Grundnetz", das achtzig Prozent des Verkehrsaufkommens bewältigt. Auf zwei Dritteln der Straßen wäre der Verkehr beruhigt worden.

Doch die von den Städten geforderte Generallösung scheiterte an den autobegeisterten Verkehrsministern. So gibt es heute die pervertierte Lösung, die Mehrzahl der Stadtstraßen, die allmählich zu Tempo-30-Zonen erklärt werden, als Ausnahmen zu kennzeichnen, statt die Minderzahl der schnelleren Verkehrsweg herauszuheben. So weisen München und Frankfurt bereits jeweils zweihundert Tempo-30-Zonen aus, Hamburg gar sechshundert. Jede Zone wird an allen Einmündungen mit Dutzenden von Schildern (Stückpreis tausend Mark) markiert umgebaut, bepflastert und bepollert.

Hinter der Verkehrsberuhigung steckt ein Sicherheitsdenken, das mit der Ausmerzung aller Risiken allmählich auch die Eigentätigkeit der Menschen zu tilgen droht. Nicht mehr dem Individuum wird aktive Verantwortung abgefordert, sondern der gesamte öffentliche Raum prophylaktisch zur Gummizelle gemacht.

Autoritär ist diese Kollektiv-Vorsorge, weil Ordnungsrecht mit Baumaßnahmen durchgesetzt werden soll. Ob die bürger-

kriegsähnlichen Palisaden und Barrikaden auch den erforderlichen Bewußtseinswandel fördern, muß bezweifelt werden.
Wenn statt auf Einsicht auf Konditionierung gesetzt wird,
wächst mit der objektiven Sicherheit umgekehrt immer auch
die subjektive Risikobereitschaft. Teils durch bloße Ermüdung,
teils durch absichtlichen Nervenkitzel gehen die Fahrer noch
größere Gefahren ein; immer häufiger sieht man modische
Off-Road-Jeeps über die künstlichen Stolperschwellen genüß-
lich wie über freies Gelände brettern.

Da die Hälfte aller Stadtfahrten heute nur einen Maximal-
radius von fünf Kilometern umfaßt, die mit dem Fahrrad spielend zu bewältigen sind, wäre jedes zweite Auto im City-Dau-
erstau eigentlich überflüssig. Kilometergeld nicht nur für Ar-
beitsfahrten mit dem Auto, sondern auch mit dem Zweirad
würde das Umsteigen erleichtern. Nicht die Verschandelung
der Städte, sondern nur eine Ächtung unnötigen Autoge-
brauchs schafft Abhilfe. In Berlin müssen Autofahrer, die sich
bei Passanten nach dem Weg erkundigen, neuerdings damit
rechnen, angeschnauzt zu werden: „Stehen Sie gefälligst auf,
wenn Sie mit mir reden."

Spitzenreiter des Stadtumbaus ist neben Hamburg derzeit
Frankfurt am Main. Dort hat die Stadtverwaltung einen „Tem-
po-30-Leitfaden" veröffentlicht, der jedem Bezirk die Pla-
nungsinstrumente zur Verbarrikadierung seiner Wohnstraßen
an die Hand gibt. Trotz seiner Fußgänger- und Fahrradfreund-
lichkeit äußert sich Planungsdezernent Martin Wentz mittlerweile erschrocken über das Ausmaß an Bauanträgen: „Was als
Bürgerbeteiligung gedacht war, entpuppt sich jetzt als Ver-
drängungsmechanismus nach dem St.-Florians-Prinzip." Früher wollte jeder einen Autobahnzubringer vor der Haustür,
heute soll es eine autofreie Spielstraße sein. Die Summe des
individuellen Genusses hat abermals den kollektiven Kollaps
zur Folge.

In München sind ähnliche Kompetenzen der Bezirksaus-
schüsse kürzlich auf Weisung des Landes begrenzt worden.
Aber die Stadt stachelt die Umbauwut noch an, indem sie
möglichst perfekte Baumaßnahmen anstrebt. Aus dem chro-

nisch finanzschwachen Köln kommt die erleichternde Nachricht, daß kürzlich der Finanzausschuß aufwendige Straßenumbauten verboten hat und man sich mit Farbmarkierungen und Schildern begnügen muß. In Berlin hebt der autofreudige Verkehrssenator Haase die vom rot-grünen Vorgängersenat eingerichteten Tempo-30-Zonen rücksichtslos wieder auf, schränkt dabei aber auch vernünftige Restriktionen wie die Busspur auf dem Ku'damm ein. Wie einfach man Verkehrsberuhigung erreichen kann, zeigen die perfektionistischen Japaner, die jedes Wochenende ihre „Ginza"-Einkaufstraße mit schlichten Leitplanken zur Fußgängerzone machen.

In kaum einer internationalen Großstadt gibt es solche Deformationen des Straßenraumes wie hierzulande. Weder umgebaute Dauer-Fußgängerbereiche, Grünkübel noch „urban design"-Zierat stört das steinerne Stadtbild in Frankreich oder Italien, das die Deutschen so sehr lieben, daß sie es sommertags millionenfach besuchen. Daß es in Amerika wenig passive Sicherheitsvorrichtungen im Stadtverkehr gibt, liegt an der hohen Eigenverantwortlichkeit der Autofahrer, denen die Straßenverkehrsordnung allerdings mit einem empfindlichen Strafkodex eingebleut wird. Ruhender und fließender Verkehr sind dort untrennbar verwoben, weil alle Straßenränder Parkraum sind. Hierzulande verjagen Heere von Politessen die Falschparker, an deren Stelle dann die deprimierenden Poller, Winkel, Nasen und Blumenkübel errichtet werden.

Funktionierende Metro-Systeme wie in Paris, London oder New York sind in Deutschland schwer einzuführen, weil deutsche Städte für einen effizienten Massentransport zu dünn besiedelt sind; die deutschen Nahverkehrsbetriebe holen nicht einmal die Hälfte ihrer Kosten herein. Und Verkehrsverlagerung auf Taxis, wie sie von Barcelona bis New York den Stadttransport bequem und preiswert machen, scheitert daran, daß die Fuhrunternehmer-Zunft hierzulande Zulassungsbeschränkungen hat wie der Hartmannbund.

Der schier endlose Regelungsbedarf im deutschen Straßenverkehr will so gar nicht zu den neueren Bestrebungen zur Deregulierung des öffentlichen Sektors und der Stimulierung von Privat-

initiative passen. Während auf dem liberalisierten Wohnungs-
markt der Mieterschutz gelockert wird und Umwandlungswel-
len rollen, während beim Fernstraßenbau neue Beschleuni-
gungsgesetze für gewaltigen Durchzug sorgen und die freie
Höchstgeschwindigkeit auf Autobahnen unantastbar bleibt,
macht sich in den Städten kompensatorischer Zuchthauseifer
breit. Stadtteilbewohner fühlen sich mit dem Rücken an die
Wand gedrängt und versuchen, wenigstens vor ihrer Haustür
Sicherheit und Ordnung zu schaffen. Ihre Verteidigungskämpfe
werden um so erbitterter, je bedrohlicher sie die Umwelt empfinden, Verkehr wird zum Ersatzfeind Nummer eins.

Das verordnete Kriechtempo und die auf Kleinstradien be-
schränkte Mobilität laufen auf eine Infantilisierung des Stadtlebens hinaus. Abgesehen von einer weiteren Verödung der
Zentren erleiden die umgebauten Straßen durch das Gewirr
an Schmuckformen und Sekundär-Architektur einen Maßstabssprung. Diese Miniaturisierung verändert die Stadtwahr-
nehmung. Subjektiv wachsen die Stadtgrenzen, weil vormals
geringe Distanzen zu Gewaltmärschen werden. Objektiv
schrumpft der Lebensraum auf isolierte Stadtteile, weil der
Austausch mit anderen Quartieren blockiert ist. Die Nahwelt
vor der Haustür wird zur selbstgenügsamen Idylle, zum halb-
privaten Schrebergarten, während das immer unfaßbarer erscheinende Stadtganze als bedrohlicher Fremdkörper fern-
rückt.

Noch ist die gigantische Stadtverformung aufzuhalten, noch
kann man die begonnenen Bauarbeiten einstellen und mit
Farbpinsel und Sperrgitter dasselbe erreichen. Verkehrsberuhigung, die nicht in den Köpfen der Menschen, sondern am
Körper der Stadt ansetzt, leitet nur ein weiteres Stadium der
Stadtauflösung ein. Nicht mehr bloß zwischen Mitte und Peripherie, sondern innerhalb der Stadtviertel selbst zerfällt der
Zusammenhang. Die Teile nehmen, jeder für sich, Abschied
vom Ganzen. Auch wenn der Verkehr nicht Inbegriff, sondern
nur Schrumpfform des öffentlichen Lebens war, stirbt mit ihm
ein weiteres Stück Urbanität aus.

Stadtverschandelung:

Über Kunst am Bau

Die ideale Skulptur im öffentlichen Raum, schrieb der Städtebauer Camillo Sitte 1889, sei der Schneemann. Weil Kinder ihre Schneemänner dort bauten, wo der Schnee noch nicht festgetreten sei, stünden sie stets an Orten, wo niemand sie umrennt. Damit befolgen Kinder unbewußt, so Sitte, die antike und mittelalterliche Regel, „Monumente stets an den toten Punkten des Platzverkehrs aufzustellen". Einen Hauptvorteil von Schneemännern ließ der Städtebauer unerwähnt: Sie halten höchstens einen Winter lang.

Heute bauen Kinder in großen Städten kaum noch Schneemänner, und auch die Gesellschaft errichtet sich keine Denkmäler mehr. Statt dessen ergießt sich über die Städte eine Flut von „Kunst am Bau"-Objekten und öffentlichen Skulpturen, die zumeist mitten im Wege stehen. So besitzt Hamburg achttausend Kunstwerke und Denkmale im Stadtraum, Frankfurt siebenhundert, Oldenburg immerhin dreihundert. Von ihnen sind schätzungsweise mehr als die Hälfte der „Kunst am Bau"-Förderung zu verdanken. Der Horror vacui in den Städten ist so groß, daß kein Platz unverkübelt und unbekunstet bleibt.

Die „Richtlinien des Bundes für Baumaßnahmen" schreiben seit 1950 vor, „bis zu zwei Prozent der Kosten der (staatlichen) Bauwerke für Aufträge an bildende Künstler vorzusehen". Das Programm erklärte sich damals aus dem Nachholbedarf Deutschlands nach dem nationalsozialistischen Kahlschlag.

Es begann schüchtern mit schmiedeeisernen Möwen an der Hauswand, Mosaiken im Behördenfoyer oder Brunnen-Bronzen zwischen Neubautürmen. In den sechziger Jahren setzte man neokonstruktivistische Großmobiles vor Rathäuser und Stadthallen und bemalte ganze Schulen. Beängstigende Ausmaße erreichten Riesenaktionen wie die „Umweltakzente" in Monschau 1970, das „Experiment Straßenkunst" in Hannover 1971 bis hin zum Mega-Happening des Berliner „Skulpturenboulevards" 1987. Solche Veranstaltungen waren zwar nicht durch die Bonner Zwei-Prozent-Klausel finanziert worden, zeigten aber wie eine Mustermesse, welcher Gestaltreichtum auf die öffentlichen Bauten im Lande zukommen sollte.

Die Richtlinie für Kunst in und an Bundeseinrichtungen gilt auch für Länder und Gemeinden. Doch es gibt keine Übersicht über das jährliche Förderungsvolumen. Die einzige konkrete Angabe aus Bonn nennt für die Zeit von 1979 bis 1982 seine Summe von 35 Millionen Mark für die Kunstförderung bei Bundesbauten, die auch Gemälde und Sammlungen einschließt. Fachleute schätzen, daß die Länder noch einmal jährlich dreißig bis vierzig Millionen Mark an Kunstgeld verteilen. Über das immense Mäzenatentum der Städte liegen keine Zahlen vor, über die noch größeren freiwilligen Morgengaben privater Bauherren wie Banken und Versicherungen auch nicht.

Zwar gab es von Monschau bis Berlin immer wieder Vandalen, die nachts die Skulpturen und Installationen demolierten. Doch einen vergleichbaren Skandal wie in New York, als die „Tilted Arc"-Skulptur von Richard Serra 1985 wegen öffentlicher Proteste von der Federal Plaza entfernt werden mußte, hat die Bundesrepublik noch nicht erlebt.

Doch die Liebe zur Raumkunst hält sich auch hierzulande in Grenzen. So konnte der „Staatspreis für bildende Kunst" in Rheinland-Pfalz vor einigen Jahren nicht vergeben werden, weil die Jury keine preiswürdige Skulptur fand. Regelmäßig schimpfen Architekten auf die künstlerischen „Anstecknadeln", freilich mit der fragwürdigen Begründung, gute Architektur sei immer schon Kunst. Selten arbeiten Architekten und Künstler noch so zusammen wie Balthasar Neumann und Tiepolo bei der Würzburger Residenz oder wie Frank Gehry und Claes Oldenburg heute.

Wer sich über unverständliche Schrottmonumente und abstrakte Bildwerke in den Städten beschwert, muß aufpassen, daß er nicht dieselbe Tonlage wie die Nazis anschlägt, die die Autonomie der modernen Kunst brechen und sie in den Propagandadienst nehmen wollten. Und wer die künstlerischen Stolpersteine gar als überflüssig und störend empfindet, übersieht gern, daß die übermotorisierte Blechlawine die Städte noch mehr verschandelt.

Das Ärgernis der „Kunst am Bau" ist keine Prinzipienfrage, sondern rührt von praktischen Mängeln her. Die Applikation von Objekten an Bauwerke, wie es der Gesetzgeber in den kargen fünfziger Jahren wollte, ist heute kein sinnvoller künstlerischer Beitrag mehr zur Architektur. Die glatten Fassaden der modernen Architektur haben die Bauplastik verdrängt; die Karyatiden, Atlanten und Schmuckformen sind heimatlos geworden und nicht durch neues Dekor ersetzbar.

Die folgerichtige Abkehr von der „Kunst am Bau" hin zur „Kunst im öffentlichen Raum" haben zuerst Hamburg, Bremen und Berlin vollzogen. Während in Süddeutschland noch gemäß der alten Praxis einzelne Bauwerke mit Kunst verziert werden, fließt in den Stadtstaaten das Geld in einen „Globalfonds" für Kunstwerke im Stadtraum. Dieser Etat beträgt in Hamburg eine Million Mark jährlich; Frankfurt, wo ein ähnlicher Fonds geplant ist, peilt die gleiche Summe an. Den Finanzpolitikern kommt die neue Praxis allerdings sehr entgegen. Das Kunstgeld in „Globalfonds" kann leicht gestrichen werden, während die in vielen Baumaßnahmen versteckten Mittel für „Kunst am Bau" dem Zugriff der Finanzverwaltung verborgen bleiben. Dabei sind gerade hier Geldverschwendung und Stadtverschandelung am größten.

Wettbewerbe und Finanzpools könnten zumindest den gröbsten Unfug bei der Auftragsvergabe ausschließen. Denn in vielen Städten, vom pseudoavantgardistischen Neptunbrunnen in Paderborn bis zur Männeken-Pis-Replik in Rastatt oder Offenburg, konnten inkompetente Beamte und Bürgermeister nach Gutdünken ihre Heimatkünstler fördern. Die Stadtstaaten haben zusammen mit den „Globalfonds" auch Jurys und Kunstkommisionen gegründet, die die Künstler zu ordentlichen Kunstwettbewerben einladen und ausschließlich prämierte Entwürfe realisieren. Nur dürften die Jurys nicht von Bürgermeistern oder Verwaltungsbeamten besetzt werden. Dann ließen sich auch die Umtriebe von geschäftstüchtigen Großkünstlern eindämmen, die jede zweite deutsche Kreisstadt mit Farbstelen, Brunnenlandschaften und Möbiusbändern möbliert haben.

Der Streit um Kunstwerke im öffentlichen Raum muß nicht gleich die moderne Kunstautonomie erschüttern. Viel banaler geht es zunächst um die Autonomie der bildenden Künstler selber, ihre Existenzsicherung. Ein Drittel seiner fünfzehntausend Mitglieder, so schätzt der Bundesverband Bildender Künstler in Bonn, lebt heute direkt von Aufträgen durch die öffentliche „Kunst am Bau". Die Grenze zwischen Kunstförderung und Sozialfürsorge verschwimmt. Das staatliche Mäzenatentum wird zur Arbeitsbeschaffung. Besonders deutlich wird dies jetzt bei der Forderung des Kunstrates im Deutschen Kulturrat, den 1981 eingestellten „Ergänzungsfonds" für die Kunstförderung bei öffentlichen Bauten von etwa vier Millionen Mark jährlich wieder einzusetzen. Dies soll allerdings nur für die Regierungsgebäude in Ostdeutschland gelten. Da dort Häuser zumeist nur instand gesetzt werden, und von den schmäleren Bausummen nur geringe Kunstanteile anfallen, ist die Bedürftigkeit der Künstler besonders groß.

Mit Jurys, Wettbewerben und der Prüfung jedes Auftrages könnte zumindest die Wahllosigkeit in der öffentlichen Kunstausstattung beendet werden. Auch würde es nicht schaden, wenn manche Künstler aus ihrem Schmollwinkel herauskämen. Anstatt immer wieder Sehgewohnheiten aufzubrechen oder geometrische Etüden über die nicht-euklidische Synthese von Raum und Geschwindigkeit vorzulegen, könnten sie ihre Kreativität zuweilen der praktischen Verbesserung des Stadtbildes widmen, um die unzähligen Scheußlichkeiten der „Sekundärarchitekturen" zu mildern. Die Frankfurter Gruppe „Formalhaut" beispielsweise scheut sich nicht, für ein neues Behördenzentrum ein raumkünstlerisches Leitsystem zu entwickeln; der New Yorker Künstler Keith Sonnier installierte Lichtskulpturen als Orientierungshilfe im neuen Münchener Flughafen. Über freie Stadtkunst wird heftig debattiert, aber um Banalitäten wie Straßenmöbel und Metrostationen hat sich seit den Zeiten von Otto Wagner und Hector Guimard kein Künstler mehr gekümmert.

Ein Frankfurter Kunstakademielehrer schlug zu seinem Amtsantritt vor einigen Jahren vor, alle öffentlichen Monumente
erst einmal abzuräumen, sie in einer großen Halle aufzustellen und dann zu sehen, was den Straßen und Plätzen fehlt.
Schon die bloße gedankliche Abwicklung von überflüssigen
Objekten im Stadtraum wäre segensreich. Denn sie könnte
dazu verhelfen, daß man bei der Aufstellung neuer Kunstwerke eines Tages ähnlich sorgfältig arbeitet wie Kinder beim
Bau von Schneemännern.

Las Vegas bei Leipzig:
Einkaufszentren in Ostdeutschland

Das Feindesland beginnt für die Stadtplaner im Berliner Bezirk
Hellersdorf auf der gegenüberliegenden Straßenseite. Jenseits
der Bezirksgrenze steht das Shopping-Center Kaufland, für das
der Stadtplanungschef der Ostberliner Großsiedlung Hellersdorf beinahe verprügelt worden wäre. Als der Berliner Beamte
Rainer Zeletzky im Herbst 1990 auf einer Bürgerversammlung
in der brandenburgischen Nachbargemeinde Eiche seine Bedenken gegen die Ansiedlung des riesigen Einkaufszentrums
vortrug, wollten ihm die Bauern von Eiche ans Leder: „Die
mochten von unseren Bauplänen für ein neues Stadtzentrum
in Hellersdorf nichts hören," erinnert sich Zaletzki. „Statt dessen feierten sie den Supermarkt-Investor, verschleuderten ihre
Äcker zu Billigpreisen und warfen uns aus dem Saal."
Das Ergebnis des Bauernaufstandes von Eiche ist im November 1994 in Betrieb gegangen. Das Shopping-Center Kauf-
Park an der Landsberger Chaussee am östlichsten Stadtrand
von Berlin versammelt 75 Großmärkte und Einzelhandelsge-
schäfte auf 45.000 Quadratmetern und ist mit viertausend ko-
stenlosen Parkplätzen der Publikumsmagnet des Berliner
Ostens. An strategisch günstiger Stelle zwischen den Traban-
tenstädten Hellersdorf, Marzahn, Hohenschönhausen und

dem Landkreis Frankfurt/Oder angesiedelt, erschließt der Kauf-Park Eiche ein Reservoir von 700.000 hungrigen Konsumenten.

Für die 135.000 Einwohner von Hellersdorf hat das schnelle Konsumvergnügen besonders schwerwiegende Folgen. Denn der riesige Shopping-Flachmann sabotiert die Großreparatur der sozialistischen Plattenbau-Planungsruine. Mitten in die Wohnzeilen sollte eigentlich ein neues Geschäfts-, Verwaltungs- und Kulturzentrum gebaut werden, um die Schlafstadt von ihrer parasitären Abhängigkeit von der Berliner Innenstadt zu befreien. Für diesen Zweck hatten bereits die DDR-Planer eine 22 Hektar große Stadtglatze mitten im Wohngebiet freigehalten.

Aber erst nach der Wende wurde die Nachbesserung in Angriff genommen. Die Berliner Architekten Brandt und Böttcher schlugen ein großstädtisches Bauensemble um einen quadratischen Platz mit 120 Meter Kantenlänge vor, der so groß werden sollte wie der Pariser Platz am Brandenburger Tor. Die Architekten nannten ihren Entwurf „Plaza Mayor" in Anlehnung an vergleichbare Marktplätze in Spanien.

Das Forum sollte in Blockrandbauten und vereinzelten Türmen über vierzigtausend Quadratmeter städtische Funktionen mitsamt Rathaus und Schulen nachliefern. Geplantes Investitionsvolumen: zwei Milliarden Mark. Doch seitdem der gleich große Kauf-Park ein paar hundert Meter entfernt – Investitionsvolumen 200 Millionen Mark – täglich 40.000 Menschen anzieht, drohen einige Investoren, von dem bereits schlüsselfertig geplanten „Hauptzentrum Hellersdorf" abzuspringen.

Selten stoßen die Interessen von Stadt und Land, von Planern und Bürgern so hart aufeinander wie im Osten Berlins. Läge das Einkaufszentrum dreihundert Meter näher auf Berliner Gemarkung, hätten es die Berliner Planer verhindern können. So blieb ihnen nur eine Klage vor dem Kreisgericht Frankfurt/Oder, wo im Oktober 1992 ein Vergleich ausgehandelt wurde (Az.: 5 D347/91). Ohne dieses gerichtlich verfügte Einlenken hätte der Investor, die Discounter-Kette Lidl & Schwarz aus Neckarsulm, nicht nur 45.000, sondern gar 110.000 Quadratmeter Shopping-Paradies gebaut. Doch der Investor Lidl & Schwarz, der mit 51 großflächigen Einzelhandelsstandorten in Ostdeutschland Marktführer ist, wiegelt ab. „In Berlin sind genug Kunden für alle da." Das Unternehmen baut am anderen Ende Berlins in Dallgow nahe Spandau ein ebenso großes Einkaufszentrum wie in Eiche und plant noch insgesamt weitere siebzehn Niederlassungen im Osten.

Warnungen vor der Stadt- und Landschaftszerstörung durch Einkaufszentren gibt es seit dem Mauerfall. Doch die Proteste von Planern, Kommunalverwaltungen und Einzelhändlern haben nicht genützt, im Gegenteil. Nach Schätzungen von Holger Wenzel, Geschäftsführer des Hauptverbandes des Deutschen Einzelhandels in Bonn, sind die neuen Länder längst in eine irreparable Schieflage geraten: „Während im Westen das Verhältnis von innerstädtischen Einkaufsflächen und Großmärkten an der Peripherie immer noch bei siebzig zu dreißig liegt, verhält es sich im Osten mittlerweise fast umgekehrt." Das heißt, daß nahezu drei von fünf Ostkunden dem darbenden City-Einzelhandel den Rücken zugekehrt haben und die Wiederbelebung der ramponierten Innenstädte ein frommer Wunsch bleibt. Zu den vierzig bestehenden Großeinkaufszentren im Osten kommen nach Berechnung des Einzelhandelsverbandes bis 1997 weitere 27 hinzu. „Das große Drama steht uns noch bevor," befürchtet Wenzel.

Das Aussterben von Handels- und Gewerbebetrieben ist keineswegs bloß eine Frage von Konsumgewohnheiten und Alltagsbequemlichkeiten – es trifft den Lebensnerv der Städte. Der kommerzielle Warenaustausch war seit alters die Uridee urbaner Ansiedlungen. Erst durch die Verleihung des Handelsrechtes stieg ein Dorf zur Stadt auf. Griechische Stoa-Markthallen, römische Portici-Ladenstraßen oder mittelalterliche Marktplätze waren von den politischen Versammlungsstätten – Agora, Forum und Rathausplatz – nicht zu trennen. Orte ohne Handel waren historisch immer anti-städtische Gebilde: Burgen für Verteidigungszwecke oder Klöster als Enklaven der Selbstversorgung. Die Doppelbedeutung des lateinischen „commercium" – Handel und Verkehr – zeigt den engen Zusammenhang von Güteraustausch und Kommunikation, von Waren und Worten. Ohne Handel verliert eine Stadt ihren öffentlichen Charakter. Ohne Kommerz gibt es keine urbane Kultur.

Doch erst spät haben die deutschen Städte auf die Gefahr der Auszehrung reagiert. So einigten sich Berlin und Brandenburg 1993 auf ein Bau-Moratorium. Die seit der Wende im Speckgürtel der Stadt geplanten fünfzig Einkaufszentren – geschätzte Gesamtfläche: zwei Millionen Quadratmeter und damit genauso groß wie der gesamte Westberliner Einzelhandel vor der Wende – wurden auf sieben Großprojekte mit 290.000 Quadratmetern reduziert. Leipzig hat mit Mühe die Bauanträge für 1,88 Millionen Quadratmeter Handelsfläche innerhalb und außerhalb der Stadt auf 820.000 Quadratmeter reduziert.

Für kleinere Städte wie Magdeburg dagegen ist es bereits zu spät. Dort haben seit vergangenem Jahr gleich drei neue Riesencenter – Elbe-, Flora- und Bördepark – mit zusammen 152.000 Quadratmeter Fläche vier Fünftel der Magdeburger Handelsfläche aus der City an die Peripherie ausgelagert. „Das sind sämtliche Projekte, die im gesetzlosen Zeitraum zwischen der Währungsunion und dem 3. Oktober 1990 genehmigt wurden", beklagt Gisela Dyrna von der Magdeburger Industrie- und Handelskammer. „Die kriegen wir nicht mehr weg."

Als Flucht nach vorn haben Stadt und Handelskammer eine Studie namens „Magdeburger Märktekonzept zur Steuerung der dezentralen Handelsentwicklung" erstellt. Darin wird empfohlen, die neu entstandenen Riesengebilde nicht zu bekämpfen, sondern zu „Stadtteilzentren" zu erklären, die „verdichtet und attraktiver gestaltet" werden sollen. Die Stadtentwicklung soll künftig also den Flachmännern auf der grünen Wiese hinterherlaufen – das ist Realismus gepaart mit Galgenhumor.

Auch in und um Chemnitz waren nach der Wende 800.000 Quadratmeter Handelsfläche geplant. Zwar ist es der Stadt gelungen, die Flächen auf 490.000 Quadratmeter zu reduzieren. Aber das Überangebot wird mit vier Quadratmetern pro

Kopf viermal so hoch sein wie die Durchschnittsversorgung in westdeutschen Städten, wo auf jeden Einwohner etwa 1 bis 1,5 Quadratmeter Handelsfläche kommt.

Nicht die Städte allein, sondern weitaus mehr leiden die Dörfer und kleineren Gemeinden unter dem Staubsaugereffekt der Shopping-Center und Großmärkte. Von 30.000 kleinen Konsum- und HO-Geschäften haben nach der Wende nur 5000 überlebt. In einem Drittel der ostdeutschen Orte gibt es keine Läden mehr, so daß heute bereits 420.000 Menschen ohne örtliche Nahversorgung leben und zu den Großzentren pendeln müssen.

Daß die Rettung der Innenstädte nicht mehr nur ein Anliegen von Kleinhändlern, Denkmalschützern und bauhistorisch interessierten Architekten ist, sondern höchste Wirtschaftskreise beschäftigt, zeigt ein neugegründetes Forschungsinstitut. Im Herbst 1993 riefen das Bonner Wirtschafts- und Bauministerium zusammen mit den ostdeutschen Wirtschaftsministerien das „Deutsche Seminar für Städtebau und Wirtschaft" in Bonn ins Leben. Dort erarbeiten acht Mitarbeiter eine großangelegte Studie über die „Revitalisierung der Innenstädte in Ostdeutschland".

Peter Gonschior, einer der Studienleiter, will den ostdeutschen Kommunen die Leviten lesen. „Die Städte müssen sich schleunigst zusammenraufen und den Konkurrenten an der Peripherie offensiv begegnen" – mit Stadtmarketing, erhöhtem Bautempo, Planungserleichterungen und vor allem Verkehrsausbau. „Solange die Städte weiterhin mehr Geld für Politessen als für Kundenwerbung ausgeben, kommen die Kunden nicht zurück." Und wenn wie in der Magdeburger City für den Bau eines nur 9000 Quadratmeter großen Geschäftszentrums am Bahnhofsvorplatz seit fünf Jahren 108 Rückführungsansprüche von Alteigentümern geklärt werden – die künftigen Verzögerungen durch Denkmalschutz und Bauwettbewerbe nicht mitgerechnet – dürfe man sich über den Exodus von Investoren und Kunden an die Peripherie nicht wundern.

Das ist die Kehrseite des Versuchs von Denkmalschützern und Planungsämtern, die ostdeutschen Kommunen vor ähnlichen

Bauorgien zu bewahren wie in den westdeutschen Nach-
kriegsstädten. In Dessau gab es beispielsweise heftige Widerstände dagegen, das Stadtzentrum mit einem Großhotel am
Theater und einen Kaufhauskomplex am Romanjukplatz zu-
zubetonieren. Doch Oberbürgermeister Jürgen Neubert hatte
gute Gründe, die Brocken trotzdem bauen zu lassen: „Sonst
wären die Investoren nach draußen gezogen."

Auch der sozialdemokratische Berliner Senatsbaudirektor
Hans Stimmann hat angesichts der Bauexplosion am Stadtrand seine Feindbilder revidiert. Der frühere Baudezernent
von Lübeck erinnert sich, wie es in den sechziger und siebziger Jahren gerade in SPD-Kreisen zum guten Planerton gehörte, die klobigen Kaufhäuser als Stadtzerstörer zu brandmar-
ken. Mittlerweile freut sich der konservative Stadtliebhaber
über jede neue Kaufhof-Filiale. „Die Warenhaus-Konzerne
halten als einzige Handelsunternehmen kompromißlos an
Citylagen fest", beobachtet Stimmann. „Das sind die letzten
Städter und deshalb unsere Verbündeten." Wirkliche Gefahr
droht, wenn selbst die Konsumelefanten in die Knie gehen. So
hat Karstadt kürzlich in Brandenburg und Schwerin wegen der
Konkurrenz auf der grünen Wiese alle City-Pläne storniert.

Städtebauliche, ästhetische, ökologische und soziale Ein-
wände zählen für die Inverstoren und Handelsketten an der
Peripherie nicht. Sie bauen auf die Abstimmung mit den Fü-
ßen. So ist selbst sonntags zu beobachten, wie Tausende von
Menschen aus der Leipziger Region in Deutschlands größtem
Einkaufsparadies Saale-Park (97.000 Quadratmeter) einen
Schaufensterbummel machen – und das, obwohl die Läden
geschlossen sind und in den Auslagen nur das austauschbare
Sortiment von Filialisten und Handelsketten wie überall prä-
sentiert wird.

Die Attraktivität der Shopping-Zentren muß von etwas herrühren, was es in den Innenstädten nicht gibt. Man könnte es
als Nevada-Effekt bezeichnen: jenen Trick, dem der amerikanische Wüstenstaat seinen Aufstieg zur Touristenattraktion
verdankt. Aus Mangel an Sehenswürdigkeiten mußte sich
Nevada künstlich interessant machen und alles erlauben, was

anderswo verboten war – freies Glücksspiel-, Heirats- und Schußwaffenrecht. Auch die deutschen Shopping-Zentren leben von der Aushebelung nahezu sämtlicher zivilisatorischen Gebote, die den Kunden in den Cities auferlegt werden – von der Kleiderordnung über das Preisniveau bis zum Parkverbot. Dasselbe gilt für die Investoren, die auf der grünen Wiese keinen Ärger mit Bauordnungen und Nachbarschaftsrechten haben. An der Peripherie ist eben alles erlaubt, was im Zentrum verboten ist. Zwar können sich die Besucher deutscher Kaufparks noch lange nicht so enthemmt benehmen wie Touristen in Las Vegas oder Reno. Aber die Shopping-Zentren sind ähnliche Outlaw-Regionen: Orte organisierter Regellosigkeit, in denen es keine Anstandsregeln und keine Ablenkung vom Kaufrausch gibt.

Aus den eilig hochgezogenen Konsum-Karawansereien, Zeltlagern und Wellblechhallen der Nachwende-Zeit werden zunehmend stabile Ersatzstädte. Mit immer mehr Kinos, Kneipen, Discos und Flanierstraßen entwickeln sich die Kaufparks vom Röhrsdorf-Center bei Chemnitz bis zum Saale-Park bei Leipzig zu transplantierten Innenstädten auf der grünen Wiese.

So fühlt sich der Chemnitzer Baudezernent Béla Dören bereits an Wild-West-Städte erinnert. Einziger Unterschied: die Durchgangslager der amerikanischen Cowboys und Händler wurden nach wenigen Jahren wieder aufgegeben, die ostdeutschen Außenposten bleiben. „Wenn sich die Shopping-Center immer mehr städtische Funktionen zulegen," fürchtet Dören, „dann können wir unser Rathaus bald dorthin verlegen und die City dichtmachen."

Bauen im Schweinezyklus:
Wider die architektonische Monokultur

Der Büroklotz neben dem Rathaus war ein architektonisches Wunderwerk. „Noch nie habe ich etwas Schwierigeres gebaut, denn die Fundamente stehen im Fluß, fast in der Luft", stöhnte der Architekt Giorgio Vasari. Aber die Beamten der Stadtverwaltung waren mit ihren neuen Büros überaus zufrieden, und dem Bauherrn gefiel sein neues Offizium so sehr, daß er die obere Loggia zur privaten Kunstgalerie ausbauen ließ. Als die Sammlung immer größer wurde und die Familie keinen männlichen Erben mehr hatte, wandelte sie den ganzen Bau in ein öffentliches Ausstellungshaus um. So wurde aus der Verwaltungsburg der Medici bereits Ende des 16. Jahrhunderts eines der schönsten Museen der Welt: die Uffizien zu Florenz.

Heute käme niemand mehr auf die Idee, aus Büros ein Museum zu machen. Daß nicht einmal mehr der einfachere Schritt praktiziert wird, Büros in Wohnungen umzuwandeln, wirft ein schlechtes Licht auf Architekten, Bauherren und Stadtplaner. Die Bauvorschriften und -konstruktionen sind hochspezialisiert, die Investoren interessieren sich ausschließlich für hohe Gewerbemieten, und die Planungsgesetzgebung hängt allem Gerede von der neuen Urbanität zum Trotz immer noch dem modernen Ideal der funktional gegliederten Stadt an, in der alle Lebensbereiche arbeitsteilig wie in einer Fabrik organisiert sind.

Doch in deutschen Großstädten beginnt zaghaft das Nachdenken über die Umwandlung von Gewerbeprojekten in Wohnungen. In Hamburg bahnt sich der größte Umschwung an. Dort ist seit 1993 auf einer Hafeninsel namens Kehrwiederspitze das Hanseatic Trade Center im Bau. Mit hunderttausend Quadratmetern neuer Bürofläche wird es das größte und letzte Gewerbeprojekt in der City sein – und bald vielleicht das erste mit einem Mindestmaß an urbaner Vielfalt.

Anfangs hatte es heftige Kritik an der Bürowüste gegeben, die ohne jede städtische Nutzungsmischung das Herz des historischen Hafens blockieren würde. Doch Stadt und Investoren wiesen damals auf den teuren Cityboden und die hohen Baukosten hin: Das Baugebiet liege im Überflutungsbereich, die Fundamentierung im Flußschlamm sei – fast wie einst in Florenz – äußerst kostspielig und deshalb nur eine Büronutzung denkbar.

Das soll plötzlich alles nicht mehr wahr sein. Ende August 1995 kündigten die Investoren, die britisch-amerikanische Gruppe P&O/Citibank, auf der Kehrwiederspitze die Kehrtwende an: Für die zweite Bauphase ist jetzt ein Turm mit bis zu 200 Wohnungen geplant.

Mit abnehmender Büronachfrage und sinkenden Gewerbemieten werden plötzlich auch Wohnungen wieder rentabel. Daß in Hamburg freilich keine Sozialbauten, sondern teure Eigentumswohnungen für die betuchte Klientel der Großvorlage an der Hamburger Wasserkante geplant werden, versteht sich für die Investoren von selbst. Doch je mehr sich Büromieten der Untergrenze von dreißig Mark pro Quadratmeter nähern, desto konkurrenzfähiger wird das Geschäft mit gehobenen Unterkünften. Zudem gewährt die Stadt den Investoren das Trostpflaster, anstelle ihres ursprünglichen Büroturms mit achtzehn Geschossen einen Wohnturm mit 22 Etagen zu bauen. Der Zugewinn wegen der niedrigeren Geschoßhöhe beträgt immerhin 6000 Quadratmeter, die die Stadt dem Investor schenken will.

Auch in anderen Städten geraten halsstarrige Bauherren in Bewegung. So hat die Münchner Hypo-Bank Mitte 1995 die Schweizer Architekten Herzog & de Meuron auserkoren, ein 14.300 Quadratmeter großes Geschäftskarree an der Theatinerstraße hinter dem Münchener Rathaus mit einem Wohnanteil von knapp zwanzig Prozent zu bauen. Bisher hatte das Wohnquantum in dem dortigen Nachkriegs-Altbau, der demnächst abgerissen werden soll, nicht einmal drei Prozent betragen. Direkt nebenan will auch die Bayerische Vereinsbank nicht nachstehen und läßt den Italiener Ivano Gianola ein gro-

ßes Büroprojekt namens Schäfflerblock ebenfalls mit zwanzig
Prozent Wohnungen planen.
Die neue Durchmischungsfreude begann nach der Wende zuerst in Berlin. Beim ersten Großprojekt der drei Kaufhaus- und
Büroblöcke namens Friedrichstadtpassagen am Berliner Gendarmenmarkt hatten die Investoren gerade mal einen Wohnanteil von vier Prozent zugestanden. Beim nächsten Bauvorhaben der Daimler-Benz-Tochter am Potsdamer Platz gelang
es der Stadt, die Investoren zum Sprung auf die Zwanzig-Pro-
zent-Marke zu ermuntern – wenngleich die Unterkünfte meist
nur als Krüppelwohnungen unter dem Dach entstehen werden. Doch jetzt, so beobachtet Investitionslenker Ortwin Ratei vom Berliner Senat, beeilen sich immer mehr Bauherren,
bereits im Planungsstadium die abnehmende Büronachfrage
mit erhöhten Wohnungszahlen abzufangen.
So sieht die Kaufhausgruppe Wertheim/Hertie für ihren Block
am Lenné-Dreieck nahe des Potsdamer Platzes bereits vierzig
Prozent Wohnungen vor. Und das große Trümmergrundstück
des Tacheles-Kulturzentrums an der Oranienburger Straße will
der Investor Fundus aus Köln sogar zur Hälfte mit Unterkünften bebauen. Ein Wohnquantum von fünfzig Prozent klingt
angesichts der heutigen Misere gigantisch. Aber für Stadtforscher ist es das absolute Mindestmaß für lebendige Quartiere,
weil es noch weit unter den Mischungsverhältnissen historischer Stadtteile liegt.
Hinge die Umnutzung von Bauprojekten allein von der Einsicht der Investoren ab, würden sie bei steigendem Büroleer-
stand schon von selber auf den Wohnungsbau umschwenken.
„So weit ist das Drama allerdings noch nicht", beschwichtigt
der Berliner Investorenlenker Ratei mit Blick auf die derzeitigen Leerstandsquoten. Mit fünf bis zehn Prozent erreichen
deutsche Städte gegenwärtig nur die Hälfte des Büroüber-
schusses, der in amerikanischen Städten als gesunde Reserve
gilt. Doch weil Städtebau ein extrem schwergängiges Gewerbe ist, in dem Wendemanöver bis zu zehn Jahre dauern,
ist bislang noch jede Prognose zu früh oder zu spät, aber noch
nie zur rechten Zeit gekommen.

Allerdings stoßen selbst reaktionsschnelle Bauherren an eine fast unüberwindliche Hürde: die Baugesetzgebung, die für Büroprojekte eine weitaus höhere Bebauungsdichte als für Wohnungen zuläßt. Sie wird in der Geschoßflächenziffer (GFZ) gemessen und bestimmt das Verhältnis von Grundstücksgröße und gebauter Nutzfläche. Obergrenze im Wohnungsbau ist der Faktor drei: Ein hundert Quadratmeter großes City-Grundstück darf höchstens mit dreihundert Quadratmetern Geschoßfläche bebaut werden.

Bei Büros dagegen kann der Faktor das Fünffache und mehr betragen. Die Folge: Sollen genehmigte, hochverdichtete Bürostandorte bereits im Planungsstadium in Wohnungen umgewandelt werden, muß nachträglich die gestapelte Nutzfläche wieder reduziert werden. Für den Investor heißt das, daß – noch vor den Mindereinnahmen an Wohnmiete – zunächst der Bebauungswert seines Grundstückes empfindlich sinkt. Und ein geringerer Beleihungswert des Bodens führt bei den Banken meist zu heftigen Irritationen.

Der Stadtplanungsreferent Michael Kummer in der Bürohochburg Frankfurt am Main kennt solche Einbrüche: „Das führt zu derartigen Kapitalschnitten, daß sich solche Umwandlungen erst nach dem Konkurs des ersten Grundeigentümers rechnen." Allerdings stellt Kummer in Frankfurt mittlerweile eine größere Flexibilität fest, etwa im Bürostadtteil City-West in Bockenheim, wo nach jahrelangen Planungs- und Finanzierungsquerelen die Bauherren ihre Totalabneigung gegen Unterkünfte allmählich überwinden. „Die Krise erhöht die Durchmischungsfreudigkeit."

Verdichtete Projekte mit Arbeits- und Wohnbauten stehen noch vor weiteren Hemmnissen: die vom Naturschutzgesetz vorgeschriebenen ökologischen „Ausgleichsflächen". Denn neuerdings muß versiegelter Baugrund durch benachbartes Grünland ersetzt werden, weshalb Stadtplaner mittlerweile zu immer verwegeneren Tricks greifen. In Berlin wurde, damit der Potsdamer Platz eine halbwegs städtische Baudichte bekommen konnte, einfach das nahegelegene Ökotop des Gleisdreiecks zum Bebauungsplan mit hinzugerechnet. Sol-

cher innerstädtischen Grün-Kosmetik würde Senatsbaudirektor Hans Stimmann freilich die Wiederaufforstung ehemaliger Braunkohlereviere vorziehen. „Aber weil das nicht geht," gesteht Stimmann, „besteht ein Großteil unserer Arbeit in der intelligenten Umgehung der geltenden Bauvorschriften."
In Planerkreisen kursiert längst ein grotesker Vergleich: Würde heute Charlottenburg und Wilmersdorf, um 1890 die größten Stadterweiterungsgebiete Berlins, nach Maßgabe aktueller Naturschutz-, Abstands-, Stellplatz- und Dichtevorschriften neu gebaut, entstünde ein durchgrünter Siedlungsbrei, der weit über die Fläche Gesamtberlins hinauswuchern würde. Als sei das 19. Jahrhundert mit seinen überbevölkerten und unhygienischen Hinterhofslums und seinen Stadtindustrien noch lebendig, schreiben die Baugesetze weiterhin lächerliche Maximaldichten und -größen, aber dafür gewaltige Abstandsflächen für Neubauten vor – von den unerläßlichen Kinderspiel- und Autostellplätzen ganz zu schweigen. So ergibt sich das Paradoxon, daß die heute beliebtesten gründerzeitlichen Wohngebiete eigentlich ein eklatanter Verstoß gegen geltende Bauvorschriften sind.
„Unsere Baugesetze sind immer noch dem Geist der modernen zwanziger Jahre verhaftet," beklagt der Berliner Stimmann. Die Dogmen der Funktionstrennung und Entzerrung sowie die exzessive Forderung nach Licht, Luft und Sonne machen den kompakten Städtebau mit Mischnutzung fast unmöglich. Vorschriftsmäßig gebaute Wohnungen werden regelmäßig zu solchen Flächenfressern, daß sie nicht mehr auf teurem Cityboden, sondern nur noch am Stadtrand entstehen können. „Es ist einfach unmöglich, heute in Berlin ein Wohnhaus zu bauen, das die gleichen Qualitäten wie ein Altbau hat," ärgert sich die Berliner Stadtplanerin Toni Pfeiffer, die das Tacheles-Gebäude bearbeitet: „Die extreme Entzerrung der Bauvolumina erlaubt kaum noch eine traditionelle Hofbildung."
„Nicht nur die Gesetze, sondern vor allem die Investoren sind strukturell blöde," sekundiert der Bauexperte Ulrich Pfeiffer vom Stadtforschungsinstitut Empirica in Bonn. Denn Bauher-

ren würden den Wert ihrer Grundstücke nur isoliert nach ihren eigenen Zwecken berechnen, weshalb ihnen jeder Sinn für die externen Effekte einer gemischten Bebauung abgehe. „Der Ertrag von Mehrzweck-Stadtteilen fällt nur bei der Allgemeinheit an, als vitales Stadtleben, das nicht in Rendite zu messen ist." Daß Mehrzweckquartiere nicht nur kulturelle und alltagspraktische Vorteile haben, sondern auch ökonomisch stabiler sind, wird den Bauherren meist erst in Krisenzeiten bewußt, wenn es bereits zu spät ist. So verleitete der drohende Wohnungsüberschuß Mitte der achtziger Jahre die großen Bauträger, sich auf Gewerbeprojekte zu konzentrieren. Heute steht die Branche umgekehrt vor einer wachsenden Bürohalde. Was in der allgemeinen Volkswirtschaft als Schweinezyklus bezeichnet wird, bietet im Städtebau ein besonders trauriges Bild: leerstehende Wohngebirge in den Satellitenstädten Mitte der achtziger Jahre wechseln sich heute ab mit schwer vermietbaren Bürovierteln von der Hamburger Kehrwiederspitze bis zur Berliner Friedrichstraße. Weil solche Stadtbilder eine fast gläserne Härte besitzen, drohen sie bei Konjunkturumschwüngen wirtschaftlich denn auch als erste zusammenzukrachen.

Die Gefahr, daß ganze Stadtquartiere wegen ökonomischer und funktionaler Unbeweglichkeit leer stehen, ist in der abendländischen Stadtgeschichte ein Novum. Selbst noch die hochspekulativen Mietshaus- und Gewerbehofbauten der Jahrhundertwende, obwohl als reine Renditeobjekte entstanden und bis auf den Quadratzentimeter ausgenutzt, waren Wunderwerke an sozialer und funktionaler Biegsamkeit. Dabei bestanden sie nur aus den simpelsten Materialien: Backsteine und Holzbalken. In der ersten Generation beherbergten sie meist Großbürgersalons in den Vorderhäusern, Dienstbotenwohnungen in den Seitenflügeln, Arbeiteretagen im Hof und Gewerbebetriebe in den Remisen dahinter. Später zogen vorne Etagenpensionen, Anwaltskanzleien oder Büros, hinten Wohngemeinschaften oder Yuppies und in den Gewerbehöfen Künstler oder Computerfirmen ein. Daß jedoch ein Neubau jemals umgenutzt werden konnte, hat es in der gesamten Nachkriegszeit nicht mehr gegeben.

Solche langfristige Wandlungsfähigkeit, eigentlich ein Normalfall in der Baugeschichte, hat sich unter dem Druck der totalen Spezialisierung von Bautypen und der schnellen Amortisierung von Investitionen zur luxuriösen Ausnahme entwickelt. Von wandelbaren Neubauten oder gemischten Projekten, urteilt der Düsseldorfer Großmakler Wulf Aengevelt, will heute kein Investor etwas wissen. Auch die Architekten haben sich um multifunktionelle Bauten kaum gekümmert. Eines der wenigen Projekte, die wahlweise in Büros oder Wohnungen umgebaut werden können, haben die Berliner Architekten Gernot und Jeanne Nalbach auf einem alten Brauereigelände am Prenzlauer Berg entworfen.

„Herkömmliche Neubauten halten dem derzeitigen Umnutzungsdruck nicht stand", sagen die Architekten. Dagegen müsse man schon im Entwurfstadium die Ansprüche an Wohn- und Büronutzungen mit einplanen und ebenso das baukonstruktive Raster wie auch die Haustechnik mit allen Leitungen für beide Zwecke auslegen. Ihr Gewerbe-, Handels- und Wohnzentrum am Prenzlauer Tor besteht aus einer Skelettkonstruktion mit Betonstützen, in die die Sanitärleitungen integriert sind. Variable Trennwände erlauben geschoßweise Kleinbüros, Großraumetagen, Wohnungen oder Appartmenthotels. Ein innenliegendes Sicherheitstreppenhaus und ein freistehender Treppenturm als äußerer Fluchtweg genügen den Sicherheitsvorschriften für Büros und Wohnungen gleichermaßen. Nalbachs schmucklose Lochfassade zählt zwar nicht zur gehobenen Baukunst, aber sie verspricht dafür ein ausreichendes Maß an gebauter Neutralität: als Vielzweckhülle für wechselnde Inhalte.

Statt teurer Klimaanlagen gibt es am Prenzlauer Berg zu öffnende Fenster, und die im Wohnungsbau vorgeschriebenen Balkons werden als Loggien hinter die Fassade gelegt. Auf komplizierten Luxus wie aufgeständerte Bürofußböden oder abgehängte Decken wird verzichtet. Einziger Mehraufwand neben den Leitungssystemen ist die größere Deckenhöhe. Weil für Wohnungen nur 2,50 Meter, aber für Büros je nach Größe mindestens 2,75 bis 3,50 Meter vorgeschrieben sind, bekommen Nalbachs künftige Mischetagen durchweg 3 Meter hohe Decken. Die Raumverschwendung machte Nalbach seinem Investor mit dem Hinweis schmackhaft: „Damit bekommen wir fast die schönen Raumhöhen von Altbauten hin." Die Mehrkosten schätzt der Architekt auf fünf Prozent. Ein Exemplar seiner Multifunktionshäuser hat das Ehepaar Nalbach bereits realisiert: das Gewerbezentrum am Berliner Ullstein-Haus, das derzeit als Modecenter floriert, aber bei Bedarf auch ein Hotel oder Privatwohnungen aufnehmen könnte.

Auch die Berliner Tim Heide und Verena von Beckerath gehören zu den wenigen Architekten, die an einem Mischtyp mit höheren Decken, modulartigen Leitungssystemen und neutralem Konstruktionsraster arbeiten. Ihre Entwürfe, die sie bereits für ein Projekt am Hamburger Elbberg entwickelt hatten, gehen dabei von der Suche nach neuen Wohnformen – Wohngemeinschaften, Loft, Atelier, Wohnbüro – aus. Mit gleich großen Raumunterteilungen wollen sie die Strangulierung durch starre Funktionszuschreibungen in Neubauten – winzige Kinder- und große Wohnzimmer – beseitigen.

Doch für solche Bauten, wissen beide Berliner Architektenbüros, braucht es Investoren, die die Amortisierung ihrer Projekte nicht nach kurzatmigen Abschreibungsfristen oder nach Zinsgewinnen auf dem Kapitalmarkt bemessen. Dafür muß der Bauherr nicht gleich ein kinderloser Sproß der Florentiner Medici-Familie sein, der sein Büromuseum auf Jahrhunderte hin anlegte. In der neueren Stadtgeschichte haben bislang meist dreißig Jahre gereicht, bis sich ein multifunktioneller städtischer Baublock rechnete, immer gerade rechtzeitig, wenn die Kinder der Eigentümer ins Erbenalter kamen.

Raum, Zeit, Geschwindigkeit
Das erste Haus von Zaha M. Hadid

Meilensteine der Architekturgeschichte sind oft zwergenhafte Bauten. Was einst das Grabmal des Theoderich zu Ravenna für die italienischen Futuristen, der japanische Katsura-Pavillon für die Frühmoderne oder der Potsdamer Einstein-Turm für den Expressionismus war, das könnte heute ein Neubau-Winzling in Weil am Rhein für die darniederliegende Bauavantgarde des ausgehenden zwanzigsten Jahrhunderts werden.

Es handelt sich allerdings bloß um die Feuerwehrstation einer badischen Möbelfabrik. Auch die Architektin Zaha M. Hadid, geboren 1950 in Bagdad, war bislang eher ein Papier-Tiger. Ihren Ruf verdankt sie Inneneinrichtungen und intergalaktischen Phantasieentwürfen, mit denen sie Baustudenten weltweit den Kopf verdreht hat.

Die Irakerin aus London ist die rigoroseste Verkörperung des neuen Geistes in der Architektur, der gleichermaßen gegen Spät- und Postmoderne, gegen High-Tech und High-Touch Front macht. Nicht Wiederentdeckung der Geschichte oder Aufbruch zur neuen Bescheidenheit, weder historistischer Totenkult noch puristische Seelenwanderung, sondern die Begründung einer eigenen, nachahmungsfreien und kompromißlos gegenwärtigen Formensprache ist das Motiv dieser Architektur.

Die New Yorker „Dekonstruktivismus"-Ausstellung 1988 hatte dieser Bewegung zu einem schillernden Namen verholfen. „Dekonstruktivismus" meint historisch die Entdeckung der verschollenen russischen Experimentalkunst der Revolutionszeit, ästhetisch die Weiterentwicklung gescheiterter frühmoderner Raumabstraktionen und politisch die Entgrenzung von Funktionszwängen und Traditionsbeständen. Bislang hatte diese isolierte Bau-Elite nur wenige Häuser in Wien, Paris, Den Haag oder Los Angeles gebaut, die einen schwachen Vorgeschmack auf die immer wieder aufgeschobene Erfüllung gaben.

Mit Zaha Hadids erstem Haus hat die Zeit des bangen Wartens ein Ende. Man kann die Tonlage nicht hoch genug wählen: Dieses Betriebsgebäude für die 24-köpfige Firmenfeuerwehr der Möbelfabrik Vitra in Weil bei Basel ist eine Offenbarung, ein Lichtblick nach Nächten der Nostalgie.

Das Haus „spricht" nicht und stellt auch nichts dar. Man könnte es als Starfighter oder Schnellboot umschreiben, als kollabierende Brückenkonstruktion oder explodierendes Raumschiff. Seine diskontinuierliche Gliederung durch ineinander verkeilte Wandpfeile und Deckenflügel ist spektakulär genug, um auf bildhafte Analogien verzichten zu können. Zaha Hadid ist das gelungen, was heute der Choreograph William Forsythe, die Diseuse Laurie Anderson oder der Architekturlehrer Bernard Tschumi ähnlich anstreben: der Durchbruch zu bild- und begriffsfreien Elementarkräften, die Reinigung der Darstellung von allen Schlacken der Semantik.

Das Haus erinnert an die erstarrte Bewegung der Adlerschwingen von Saarinens New Yorker Flughafenterminal, an die fließenden Raumkontinua von Frank Lloyd Wright, Gerrit Rietveld oder Mies van der Rohe. Aber diese Radikalmodernisten schufen immer nur gleichgültig aneinander vorbeifließende Wandscheiben, die sich auf ihrem Weg vom Irgendwo ins Unendliche nur zufällig berührten. Zaha Hadid hat diese Auflösungstendenzen wieder millimetergenau auf den archimedischen Punkt der höchsten Kraftentfaltung zugespitzt.

Wer sich dem zweigeschossigen Flügelbau an der Rückseite des Firmengeländes nähert, macht eine ähnliche Erfahrung wie in der Eingangsszene von Hitchcocks „Vertigo", wo der Hauptdarsteller James Stewart durch eine zurückfahrende und zugleich nach vorn zoomende Kamera mitten im freien Fall wie festgefroren ist.

Das Haus entblättert sich und weicht zugleich zurück. Nadelspitz sticht ein dreißig Meter langes, freitragendes Dach über der Fahrzeughalle hervor, verwandelt sich in den Unterzug eines Obergeschosses und rückwärts in eine geschwungene

Dachterrasse. Darunter entfalten sich strahlenartig die Aufenthalts- und Arbeitsräume, die weder ein geschlossenes Binnenvolumen noch einen bündigen Außenkörper ergeben, sondern wie mit dem Messer aus der Raumstarre der euklidischen Geometrie herausgeschält sind. Jede der bewegten Oberflächen vereint aufsteigend und gekrümmt, konvex und fallend ein ganzes Bündel von Richtungen. Die subjektzentrierte Zentralperspektive ist ausgehebelt, der Raum entwickelt Eigenleben.

Dieses geschwungene Bau-Mobile arbeitet mit derart knappen und präzisen Verschiebungen, daß man die Mikado-Ästhetik anderer Dekonstruktions-Architekten getrost vergessen kann. Es handelt sich auch nicht mehr um die poetische Wirrnis von Schwitters' Merzbau oder Scharouns Grottenarchitektur, nicht mehr um die ärgerliche Verwischung von freier Naturform und strenger Kunstform. Das Haus ist weder ein organisch-expressives Zufallsgebäude noch eine mathematische Klügelei, sondern der eiskalte und zugleich knisternd aufgela-

Zaha Hadid, Feuerwache in Weil am Rhein, 1993

dene Gewaltschlag einer furiosen intellektuellen Brandstifterin.

Zaha Hadid hat ihren früher oft belächelten Anspruch, die experimentellen Raumstudien von Malewitschs „Architektons" oder von El Lissitzkys „Prounen" zu bauen, eingelöst. Sie gibt nicht das wieder, was sie an einem Gegenstand sieht, sondern das, was sie darüber weiß. Sie nährt sich von denselben Abstraktionsenergien wie einst chinesische Maler, die ihre Vogelschau-Landschaften mit doppelperspektivischen Fluchtpunkten endlos weiteten. Ihre Entwurfshaltung ist asketischer als die der Moderne. Transparenz, Befreiung und schließlich Sanitärästhetik – von all diesen Selbstbegründungslegenden der Moderne will sie nichts mehr wissen. Deren hehrer Anspruch, jeder Zeit die ihr angemessene Raumkunst zu geben, um entweder neue Menschen, kluge Maschinen oder bessere Gesellschaften hervorzubringen, hat sich so fabelhaft vor den Karren industrieller Verschleißproduktion und administrativer Zweckmäßigkeit spannen lassen, daß diese Modernität zur affirmativen Propagandakunst wurde.

Zaha Hadid geht hinter diese Nutzbarmachung einst großer Architekturphantasien zurück und destilliert aus ihnen nie gesehene Astralkörper. In ihrer monumentalen und zugleich filigranen Schweigsamkeit strahlen sie ein Höchstmaß an ästhetischer Erregung aus. Aus hundert Kubikmetern blanken Betons hat sie – mit Hilfe des Lörracher Architekten Günter Pfeifer – eine achthundert Quadratmeter große Arte-povera-Raumetüde für nur 2,6 Millionen Mark Baukosten geschaffen. Technik, Wissenschaft und Kunst vereinen sich zu einer ungekannten Poesie der schrecklichen Schönheit des 20. Jahrhunderts.

Solche Risikoarchitektur entsteht nicht allein aus der unbändigen Gebärdensprache ihrer Schöpferin. Das Haus reflektiert ebenso die Topographie der badischen Hügellandschaft wie den kaputten Stadtrandkontext des Fabrikgeländes. Als Synthese von Solitärarchitektur und Urbanismus holt es den Städtebau direkt ins Haus. Aber man versteht die bis zum Zerreißen gespannte Raumkomposition auch ohne Kenntnis der Ableitungsbeziehungen. Die innere Balance der gekurvten Fensterbänke, verjüngten Raumfluchten und projektilartigen Vorsprünge ist nahezu vollkommen. An der Stelle im Obergeschoß allerdings, wo die Horizontal- und Vertikalflügel in ihrem Gravitationszentrum zusammentreffen, läßt die Architektin perfiderweise ein dreieckiges Bodenloch klaffen.

Das banale Spritzenhaus macht klar, warum sich Baukunst weder mit der Bereitstellung dekorierter Kisten noch mit der Beschwörung der Reinheit von „Raum" und „Licht" begnügen kann, wenn dabei die Zeit vergessen wird. Es ist eine Architektur der Geschwindigkeit. Sie schafft eine inspirierende umbaute Leere als geistige Projektionsfläche, einen funkelnden Schleifstein zur Schärfung der Sinne. Früher sind die besten Avantgarde-Entwürfe für Millionärsvillen entstanden. Die Vorhut von heute – Venturi, Koolhaas, Eisenman, Hadid – hat sich ihre Sporen allesamt mit dem Bau von Feuerwehrhäusern verdient.

Diese Unikat-Architektur wird nicht die Welt verbessern und nur stark bleiben, wenn sie nicht in beliebigen „Stil"-Reproduktionen verschlissen wird. Trotz ihrer Bedrohlichkeit strahlt sie jenen unbezwingbaren Optimismus aus, den man braucht, um es mit den ebenso trostlosen wie großartigen Herausforderungen der heutigen Risikogesellschaft aufzunehmen – auch wenn es nur der nächste Schwelbrand im Holzlager einer Möbelfabrik ist.

Bewohnbare Fabrik:

Das Verlagshaus von Gruner + Jahr in Hamburg

In seinem Buch „A History of Building Types" behandelt Nicolaus Pevsner die Entstehung von Bürogebäuden und Warenhäusern als verwandte Bauaufgaben. Die Kontore seien anfangs mit den Lagerstätten der Waren noch identisch gewesen, weil die Verwaltung der Verkaufsvorgänge und die Vorratshaltung der zu verkaufenden Güter nicht zu trennen waren. Das Verkaufsgespräch mußte damals noch in Reichweite der angebotenen Waren stattfinden, die vom Kunden begutachtet, gewogen und bewertet wurden. Als eines der frühesten modernen Dokumente des Lager- und Bürohauses – die Uffizien in Florenz und die niederländischen Tuchhallen grenzt er als Sonderformen ausdrücklich aus – beschreibt Pevsner die Speicherbauten des „St. Katharine Dock" von Philip Hardwick im Londoner Hafen, die 1827 gebaut worden waren.

Diese Kontor-Speicher gleichen völlig den ehrwürdigen Backsteingebirgen der von 1883 an entstandenen Hamburger Speicherstadt: Sie liegen verkehrsgünstig direkt am Transportweg Wasser, sind vertikal organisiert und vereinen Verwaltung, Verkauf und Vorratshaltung unter einem Dach. Zudem bilden sie eine Formensprache aus, die das zeitgenössische Stilvokabular aufgrund der großen Bauvolumina weitgehend reduziert und damit der ökonomischen Zweckbestimmung anpaßt. Jedes moderne Warenhaus ist heute noch geprägt von der Untrennbarkeit von Lager-, Verwaltungs- und Verkaufsraum und folgt der Devise: „What you see is what you get". Deutlichstes Zeichen dieser Bündelung ist, wenn zum Jahresende bei der Inventur nicht nur das Lager, sondern das ganze Haus geschlossen bleiben muß.

Ob sich der Wohnungsspezialist Otto Steidle und der Industriebauer Uwe Kiessler, beide Münchner Architekten, 1982 bei ihrem Entwurf für das neue Verlagshaus von Gruner + Jahr über die Wesensverwandschaft von Kontor und Kaufhaus Rechenschaft abgelegt hatten, steht nur zu vermuten. Zumindest muß sie die Nähe der Hamburger Speicherstadt beeinflußt haben, als sie den spektakulären Büroneubau des Verlages konzipierten. Zwar sind heute nicht nur das produzierende Gewerbe, sondern auch die Lagerstätten längst von den tertiarisierten Funktionen der Verwaltung getrennt. Doch die Anmutungsqualität eines mitgenutzten Kontors, das wie die alten Hafenspeicher zugleich ein kompaktes Stück Stadtöffentlichkeit und Präsentierfläche darstellt, hat ihren Entwurf bis ins Detail geprägt. Zugleich entwickelten Steidle und Kiessler

einen neuen Typus im Verwaltungsbau: anstelle der mono-
funktionalen Bürogettos eine polyvalente, zusammenhängende Lebens- und Arbeitswelt, die schon nach den ersten
Publikationen ihres Projekts als Auftakt einer neuen Epoche
im Bürobau galt.

Lange vor der Fertigstellung verhieß der Entwurf in der Fach-
presse eine völlig neue, schöne Arbeitswelt. Mit wolkigen Tu-
schezeichnungen hatten die Architekten ausgemalt, wie die
Angestellten künftig unter Platanen und Sonnensegeln zu
ihrem Arbeitsplatz flanieren würden. Eine idyllische Bürolandschaft mit Atriumhöfen und Balkonen war dort zu sehen, die
jedem Zimmer einen Platz an der Sonne und den geräumigen
Fluren die Atmosphäre eines Vergnügungsdampfers versprach. Das Haus sollte nicht nur eine Absage an die vertikalen Container der Nachkriegszeit mit ihren leicht kontrollier-
baren Großraumbüros sein. Architekten und Bauherr wollten
auch der nachfolgenden Generation der spätabsolutistischen
Firmenpaläste mit ihren Marmorsälen und Spiegelfassaden
den Kampf ansagen.

Das Haus war gleichermaßen als human, kommunikativ, krea-
tivitätsfördernd und gesund geplant. Was bei diesem Parade-
bau jetzt nach langem Warten herauskam, ist eine Art sokrati-
sches Gymnasium plus Rentabilität. Als gebautes Statement
zur heutigen Arbeitsorganisation und Firmenkultur wirkt das
Haus mehr wie ein großzügiges Internat für die ganze Betriebsfamilie denn wie ein herkömmlicher Bau für Lohnarbei-
ter. Der *corporate identity* von Gruner + Jahr – ein mixtum
compositum aus publizistischer Linksliberalität, hanseatischer
Vornehmheit, englischem Understatement und messerscharf
kalkulierender amerikanischer Verkaufsstrategie – ist das Haus
wie eine zweite Haut angepaßt. Der gegensätzlichen Proveni-
enz der Architekten – Wohnungs- und Industriebau – verdankt der Verlag zudem, daß sein neues Domizil zu einem
stattlichen Zwitter geworden ist: eine bewohnbare Fabrik, die
mustergültig den Wertewandel im Wirtschaftsleben signalisiert. Anstelle eines auftrumpfenden Solitärs entwarfen Steidle
und Kiessler eine innerstädtische Siedlung, einen Mikrokos-

mos mit Flurstraßen, Höfen und Gärten, eine autarke Kolonie, die nicht von ungefähr den Rastergrundriß antiker Kolonialsiedlungen aufweist. Wer hier arbeitet, der könnte fast vergessen, daß es jenseits des Betriebswesens noch eine richtige Welt gibt.

So will denn auch der Münchner Architekturimport auf den ersten Blick gar nicht in die Umgebung zwischen Michel und Elbe am „Baumwall" passen. Er knüpft weder an die norddeutsche Backsteintradition noch an die britisch weißen Alsterhäuser an, sondern tritt von Kopf bis Fuß in einer Ritterrüstung aus silbernen Zinkplatten an die Wasserkante. Doch das kontextfeindliche Kostüm im romantischen Industrielook täuscht. Grundriß und Maßstab des Hauses sind fast beckmesserisch der edlen Hanglage am Hafen angepaßt. Der Bau erweist sich, wenn man den dreihundert Millionen Mark teuren Fremdkörper für zweitausend Menschen erst einmal geschluckt hat, als ideale Stadtergänzung.

Das Haus besteht aus vier parallelen Flügeln des Kopfbaus, die in militärischer Reihung quer zur Elbe Spalier stehen. Sie werden durch zwei gewaltige Querspangen verbunden, die zwei angrenzende Straßenzüge symbolisch durch das Haus hindurchführen. Durch ihre Kompaktheit und Dichte – das offene Geheimnis jeder Urbanität – hebt sich sie Anlage wohltuend von den meisten neueren Firmensitzen ab, die, wie etwa Daimler-Benz in Stuttgart oder Siemens in München, abgeschirmten Barockschlösser mit windmühlenartigen Repräsentationsgrundrissen gleichen.

Der *genius loci* ließ sich bei der städtebaulichen Komposition des Neubaus nur schwer befragen. Der Bauplatz, ein Trümmergrundstück, das einst für die Einfahrt eines neuen Elbtunnels freigehalten worden war, gab keinerlei aktuelle Anhaltspunkte. Jetzt ist eine alt-neu Mischung aus Straßenrand- und Kammbebauung entstanden, die sich gleichermaßen harmonisch wie eigensinnig ins Panorama des Hafenrandes einfügt. Zwischen den Riegeln liegen flache Glashäuser und begrünte Binnenhöfe. Dahinter sticht ein vierzig Meter hoher Turm wie ein Flughafentower in den Himmel. Er leitet als Gelenkstelle

Verlagshaus Gruner + Jahr in Hamburg, 1991

zum abgesplitterten rückwärtigen Baukörper über, der dem
Michel gegenüber liegt. Mit ihrem spitzen Dreiecksgrundriß
gewährt diese Remise dem Bauhistoriker Erinnerungen an
Hoegers Hamburger Chile-Haus; die Angestellten wissen hier
eher zu schätzen, daß hier eine der erlesensten Firmenkanti-
nen Deutschlands untergebracht ist.

Architekten und Verlag wollten kein Firmenbollwerk, sondern
eine *cittá aperta*, eine offene Stadt in der Stadt, aber möglichst
mit lokaler Färbung. Davon legt der Bau reichlich Zeugnis ab,
wenn auch mit unfreiwilliger Komik. Denn man kann hier erleben, wie gebaute Schiffsmetaphern ausfallen, wenn sie von
süddeutschen Landratten imaginiert werden. Die an der Elbfassade sichtbaren Bockstützen stehen in breitbeinigem Ma-
trosengang an der Wasserkante und erinnern etwas aufdringlich an Hafenkräne und Hochbahnbrücken. Die Stützen
stecken zu allem Überfluß in roten Ziegelpantoffeln, um Schu-
machers Hamburger Backsteinlegende wenigstens als Fußnote
zu zitieren. Bullaugen, Relings und Oberdeck-ähnliche Dach-
brücken dürften den vorbeifahrenden Kapitänen der vollauto-
matischen Riesencontainerschiffe ein wehmütiges Lächeln abgewinnen. Das einzig richtig Maritime auf dem Gruner + Jahr-
Gelände empfindet der Verlag als Störfaktor. Es ist die noch
stehengebliebene Baracke des Schiffsausrüsters Schmeding
am Ostrand des Baugeländes. Trotz hoher Abfindungssum-
men wollte er seinen Familienbetrieb nicht aufgeben und
blockiert jetzt den zweiten Bauabschnitt des Verlages für weitere fünfhundert Mitarbeiter. Der Verlagstorso macht städtebaulich deshalb noch keine völlig stimmige Figur. Erst die Er-
gänzung am Ostrand mit der fast spiegelsymmetrisch wieder-
holten Grundfigur des ersten Bauabschnitts wird dem „dekompositorisch" anmutenden Haus seine Balance geben.

Von außen betreibt der Bau mit Camouflage und Anspielun-
gen ein Understatement, das bis zur Irreführung reicht. Die
giebelständigen Riegel greifen die Kontorhäuser der benachbarten Speicherstadt auf. Ihre Silhouetten zwischen Urhütte
und Scheune lassen kaum daran denken, daß hier die Zentrale des drittgrößten deutschen Verlagshauses mit allein elf

Zeitschriften sitzt. Das grob genietete, schimmernde Arte-povera-Blechkleid im Stile der Improvisationsästhetik der neuen Moderne wie bei Gehry wirft Beulen und Falten und wartet sehnsüchtig darauf, eines Tages von der Patina in dezentes Schiefergrau gehüllt werden. Die Fassade ist zugewachsen mit überbordendem Metall-Efeu der umlaufenden Drahtgitterbalkone, Sonnensegel und Geländer. Wehmütig denkt man an die sparsameren Olivetti-Fassaden in Frankfurt zurück, wo Egon Eiermann die gleichen Vorrichtungen weitaus eleganter eingebaut hatte.

Von der geplanten Öffnung des Hauses für die Stadtöffentlichkeit ist nicht viel übriggeblieben. Versteckt zwischen dem Kopfbau und der dreieckigen Remise schneidet ein Spazierweg durch die Anlage hindurch. Anstelle des städtischen Boulevards ist hier eine hohle Gasse entstanden, die eher verschämt vom Michel zum Hafen hinunterführt. Erst nach dem Tod des Schiffsausrüsters Schmeding und der Komplettierung der Anlage durch die Ostkante wird hier ein halbgeschlossener Stadtplatz als Zielpunkt des Flanierweges entstehen. Überhaupt nicht auf Außenwirkung bedacht ist der Haupteingang, der wider Erwarten nicht an der Elbfassade liegt, sondern seitlich in einem Zwickel an der Gelenkstelle des Hauses versteckt wurde, dort, wo eines Tages der Platz entstehen soll.

Das Zwickel-Foyer unterhalb des Towers fiel folglich wie ein Restraum aus und atmet eher die Luft einer Hausmeisterzentrale denn einer Plaza. Der konkurrierende Entwurf der Hamburger Architekten von Gerkan, Marg und Partner, der in dem Wettbewerb zunächst die größeren Realisierungschancen hatte, sah noch eine gewaltige überdeckte Halle als Passage vor – eine Art verkleinertes Züblin-Haus mit Stadtforum. Davon ist bei dem schließlich siegreichen Steidle/Kiessler-Bau bis auf einen schmucken, dunklen Amphitheater-Hörsaal für 120 Gäste nahe des Foyers nichts übrig geblieben. Die Lobby ist viel zu niedrig ausgefallen und bietet keine öffentliche Freifläche, sondern nur einen Verteiler für das verwirrende Wegesystem durch das Haus. Hier ist der anti-repräsentative Gestus zum Vorwand für nachlässige Raumgestaltung geworden. Ersatzweise gibt es im Foyer ein hauseigenes Reisebüro, einen Buchladen und eine Cafeteria, allerdings nur für Betriebsangehörige und handverlesene Gäste.

Der Rastergrundriß der Anlage ist klar und lichtvoll und trotzdem auf wundersame Weise labyrinthisch verwoben. Die vier parallelen Flure mit Mittelerschließung und Oberlicht haben die Architekten wie Galerien vom Dach bis ins Erdgeschoß geöffnet, indem sie sie mit Brücken und Durchblicken perforierten. Diese Transparenz macht aus den im herkömmlichen Bürobau sonst nur zugigen und verwaisten Verkehrsflächen beste Flanier- und Verweilzonen. Vierhundert Treppenläufe, aber nur zehn Aufzüge erschließen das Haus, das seine Redaktionen nicht horizontal und etagenweise, sondern eng verzahnt und vertikal über mehrere Stockwerke angesiedelt hat. Mit dem Treppengewirr wollten die Planer erreichen, daß in der Denkfabrik auch Beinarbeit geleistet wird. Dafür wäre freilich das geplante G + J-Fitneß-Center geeigneter gewesen, wie es in amerikanischen Firmen fast selbstverständlich ist. Doch der Verlag hat dieses Surplus gestrichen; die deutschen Orthopäden wissen das damit produzierte Kundenaufkommen rückengeschädigter Sitzarbeiter längst zu schätzen. Von einem Schwimmbad wie im benachbarten „Spiegel"-Verlagshaus dürfen die G + J-Redakteure jedenfalls nur träumen. Ersatzweise Auslauf bieten die bis zu 160 Meter langen „Erlebnisflure" – als Dorfstraßen fürs Schwätzchen, aber auch als Löwentunnel für Redakteure, die bei Schreibhemmungen dort den rettenden Gedanken hinterherjagen können.

Die Inneneinrichtung wurde ganz dem Werkstattcharakter einer Denkfabrik anverwandelt. Freiliegende Installationsrohre, Lochbleche, Sprinklerleitungen und weiße Armaturen wie im Gewerbebau sollen bei aller Wohnlichkeit den Gewerbefleiß nicht in Vergessenheit geraten lassen. Nur dort, wo der Zimmermann das Loch gelassen hat, springt Buchenholz in die Augen und verbreitet Wohngemeinschafts-Charme.

In den innenliegenden Büros in den Erdgeschossen allerdings herrscht Bergwerksatmosphäre, so daß auch tagsüber Kunstlicht nötig ist. Hier zeigt sich, daß im Haus zuviel auf zu gerin-

ger Fläche untergebracht wurde. Die mit Bambus und Felsen-
birne begrünten Innenhöfe – insgesamt sechzehn – sind zu
schmal, um genügend Licht durchzulassen. Auch die Deckenhöhe – Standard sozialer Wohnungsbau – und die Grundfläche des Büros – durchschnittlich vierzehn Quadratmeter – ist
knapper ausgefallen, als es die große Geste der Stadt in der
Stadt vermuten ließe. Da bieten die individuellen Austritte auf
die nahtlos umlaufenden Balkone auch ohne Brandfall oft den
einzigen Fluchtweg. Um mehr Platz und Licht zu bekommen,
hätte der viergeschossige Flachbau um ein Stockwerk erhöht
werden müssen. Das hätte weniger gegen den Maßstab des
ohnehin voluminöseren Hafenrandes verstoßen als gegen ge-
wisse modische Beschränkungen in den Köpfen der Bauver-
antwortlichen.

Den Prototypen des filigranen, menschengerechten Bürohaus
hatte der holländische Architekt Hermann Hertzberger bereits
1972 mit seinem Versicherungsgebäude „Centraal Beheer" in
Appeldoorn geschaffen. Dort war allerdings die innere Viel-
gliedrigkeit noch mit einer abschreckenden Gebäudegestalt
erkauft, die aus einem wirren Haufen geklonter Würfel bestand. Demgegenüber besitzt das neue Hamburger Verlagshaus eine souveräne und zugleich beruhigende Großform, die
vor allem auch der Stadt gerecht wird. Dem einst als Pionier-
bau gepriesenen Hamburger Verlagshaus mit seiner Flach-
bau-, Licht-, Luft- und Grünphilosophie sind mittlerweile zwar
andere Projekte zuvorgekommen – etwa die Colonia-Versi-
cherung in Köln, die Landeszentralbank in Frankfurt oder, was
die Farb- und Formgebung der Innengestaltung angeht, das in
Design-Geschmacksfragen unschlagbare Haus der Deutschen
Leasing in Bad Homburg. Dafür bündelt der neue G+J-Bau
die Errungenschaften einer befreiten Arbeitswelt so überzeu-
gend, daß man sich fast im falschen Genre fühlt: Was hier im
Bürobau an Komfort eingebaut wurde, müßte zuallererst im
heutigen Wohnungsbau praktiziert werden. Die ambitionierte
Büroarchitektur schafft – verkehrte Welt – traumhafte Wohn-
landschaften, während der reale Wohnungsbau knapp dem
Standard erbärmlicher Nachkriegs-Büroschachteln entspricht.

Doch vielleicht steckt auch hinter dieser „Polyvalenz" der
Kontor-, Flanier-, Lager- und Verweilarchitektur ein allgemei-
nes Konzept: Je häßlicher die Wohnungen sind, desto lieber
halten sich die Leute auch nach Feierabend im Firmen-Am-
biente auf.

Weißer Elefant:
Richard Meiers Stadthaus in Ulm

Es gab Glockengeläute und Chormusik, Fischerstechen und
Festzug mit neunhundert Darstellern aus allen Ständen. Am
meisten beklatscht wurde der Festwagen der Bauhütte mit
dem Grundstein des Münsters von 1377. Das große Dombau-
fest zum 500. Jahrestag des Baubeginns am Ulmer Münster
1877 fiel in die Gründerzeit, als die Deutschen nach einem
Nationalmonument für ihr vereinigtes Reich suchten. Wie
Ulm begannen auch andere Städte, ihre mittelalterlichen Kir-
chenstümpfe zu vollenden. Weil Köln sich 1880 den Weltrekord der größten gotischen Kathedrale gesichert hatte, blieb
den Ulmern nur übrig, ihre Stadtpfarrkirche um vier weitere
Meter auf die Rekordhöhe von 161 Metern zu treiben.
Hundert Jahre später gab es einen ähnlichen Wettlauf. Erst
hatte das denkmalsüchtige 19. Jahrhundert die historische
Randbebauung der Dome abgerissen; dann vollendete der
Bombenkrieg diesen Freilegungswahn auf makabre Weise.
Rund um die Kirchen werden seitdem die Städte zurückge-
baut, etwa mit dem Diözesanmuseum in Paderborn, dem Museum Ludwig in Köln oder der Kulturschirn in Frankfurt. Selbst
das Haas-Haus in Wien, eine Einkaufspassage am Stephansdom, zählt zu dieser Rückkehr der Bürger in ihre fremd gewordenen Tempelbezirke.
Mit der Einweihung des Ulmer Stadthauses geht nicht nur der
hundertjährige Lokalstreit um die Komplettierung des freige-
räumten Münsterplatzes zu Ende, der 1871 mit dem Abriß des

Barfüßerklosters begann. Es ist auch ein Abschied von jener Zeit, als die Städte ihre Zentren noch mit nichtkommerziellen Bauten komplettieren konnten. Wenn jetzt Baukräne auffahren, werden Shopping-Malls, Konzernverwaltungen, Zentralbanken oder Media-Parks entstehen.

Schon in Ulm hatte es Streit gegeben, ob man ein Stadthaus überhaupt noch braucht. Während die baden-württembergische Stadt jüngst ein häßliches Kongreßzentrum mit Großhotel für 62 Millionen Mark an der Donau widerspruchslos hochzog, obwohl längst eines am anderen Ufer im bayrischen Neu-Ulm steht, sehen viele Bürger ihr halb so teures Stadthaus als Geldverschwendung an. Sie hätten ihre Domfreiheit am liebsten als geteerten Parkplatz belassen, um weiterhin mit dem Auto zum Einkaufen zu fahren.

Während die Domverbauungen von Paderborn, Köln, Frankfurt oder Wien klaren Aufgaben dienten, mußte Ulm die Funktion seines Stadt-Schaufensters erst erfinden. Das war ähnlich schwierig wie die Formfindung der Architekten, die

Münster und Stadthaus in Ulm, 1993

mit sechshundert Jahren Dombaugeschichte, hundert Jahren
Münsterplatzstreit und drei Großbauwettbewerben seit 1905
zu kämpfen hatten.

Jetzt hat der New Yorker Architekt Richard Meier eines seiner
bekannten weißen Bauhaus-Schlösser zu Füßen des Münsters
aufgestellt. Das Haus entspricht in seiner Ortsfremdheit,
Selbstzweckhaftigkeit und Zerbrechlichkeit seiner Bestim-
mung: der Selbstbetrachtung und Verständigung einer Stadt-
gesellschaft, die aber für solche gebauten Gemeinplätze keine
rechte Verwendung mehr hat. Meiers Architektur huldigt der
kubischen Durchsichtigkeit und Raumvervielfältigung der
klassischen Moderne. Das ist mittlerweile genauso anachroni-
stisch wie die Bauaufgabe einer Stadtloggia, in der es eine
ähnliche soziale Transparenz und Vielstimmigkeit geben müßte, für die aber kaum mehr Nachfrage besteht.

Schon das Wort „Stadthaus" läßt eher an eine Verwaltung als
an eine Versammlungsstätte denken. Vorbilder, etwa die Loggia dei Lanzi zu Florenz, waren offene Stadtbalkone, die erst
dem Adel zur Selbstdarstellung und dann dem Volk als Treffpunkt dienten. Aber das ist sechshundert Jahre her. Seitdem
sind solche nicht zweckgebundenen Stadträume fast ausgestorben. Statt dessen gibt es immer mehr Kulturzentren und
Begegnungsstätten mit wechselnden Programmen im Dienste
des Frohsinns, wo die Selbstbegegnung der Bürger allenfalls
noch in der angegliederten Kulturgastronomie stattfindet.
Schon wegen seiner Unzeitgemäßheit und Unbestimmtheit
gebührt dem Ulmer Stadthaus das Ehrenprädikat eines weißen Elefanten der Stadtbaukunst.

Es nimmt an der Südwestseite des Münsters eine einmalige
Lage ein. Aber der nach dem Krieg wieder aufgebaute Platz-
rand ist trostlos. Die fünfziger Jahre bescherten der Stadt mit
der Neuen Straße zwischen Münster und Rathaus eine ähnlich
brutale Verkehrsschneise wie Köln, Hamburg oder Frankfurt,
aber ohne die schüchternen Glanzleistungen der Architektur
jener kargen Jahre. Giebelständige Schlichthäuser säumen die
durch Zurücksetzung der Fronten auf 1,3 Hektar vergrößerte
Platzleere. Im Bombenschatten des von den alliierten Fliegern

glücklicherweise verschonten Münsters im Norden sind noch krumme barocke Fachwerkhäuser stehengeblieben – auch keine baulichen Ruhmesblätter.

So war hier mit Geschichtstrunkenheit keine Architektur zu machen. Der damalige zweite Preisträger Gottfried Böhm entwarf in Fortsetzung des Kirchenschiffs einen kompakten Schuppen zwischen Kornspeicher und Markthalle, allerdings auf Stelzen; der mit dem dritten Preis bedachte Alexander von Branca schlug eine gleich doppelreihige Variation der Brauerei-Museums-Architektur seiner Münchener Pinakothek vor. Meiers Siegerentwurf dagegen hatte den Vorteil moralischer und ästhetischer Klarheit: Seine Befürworter konnten diesen stadtfremden Körper aus verquälter Modernitätssucht als Ausdruck seiner Zeit loben, seine Gegner durften ihn aus verstockter Altgier verdammen.

Mit einem Bürgerentscheid hatte der Verein „Alt-Ulm" 1987 den Neubau noch stoppen wollen. Hinter diesem Affront gegen moderne Architektur steckte ein noch größerer Mangel an Vorstellungskraft, was die Aufgabe eines Stadthauses sein könnte. Daß die Befürworter nicht siegten, sondern die Gegner nur ein paar Stimmen zuwenig hatten, zeigte die Lustlosigkeit der Bürger an ihrer neuen Versammlungsstätte.

Meier hebt seine Gemeinschaftsarchitektur durch einen kräftigen Maßstabssprung aus den Bauzellen heraus. Sie steht auf der Südkante des alten Barfüßerklosters und stellt die mittelalterliche Gasse wieder her. Doch nach Norden zur Platzmitte hin und nach Osten zum Münster belegt sie nur die Hälfte der Klostergrundfläche und schafft keinen neuen Platz, sondern nur dessen Verkleinerung. Die Klosterbauten mit Konvent und Schule hatten sich so verquer vor das Münster geschoben, daß sie gleich drei Plätze bildeten. So nahe aber wollte Meier der Kirche aus Respekt nicht zu Leibe rücken. Jetzt paßt die Auffälligkeit seiner Bauskulptur nicht so recht zur Bescheidenheit ihrer Randlage.

Während der Bildhauer Rodin meinte, daß eine Figur an Vollkommenheit gewinnt, wenn man sie einen Berg hinabrollt und alles Überflüssige abschleift, rollt Meier seine Entwürfe wie ein moderner Sisyphos den Berg hinauf, damit sie neue Schichten ansetzen. Er geht stets von schlichten Urgeometrien aus und variiert sie mit Zirkel und Schablone, bis er seine eigene Ausgangsidee nicht mehr wiedererkennt. Aber große Fortschritte macht er damit nicht: Der Ulmer Entwurf ähnelt seinem Grotta-Haus von 1984 in New Jersey wie auch dem späteren Entwurf des Hans-Arp-Museums in Rolandseck von 1990.

Für Ulm entwarf er zunächst einen neuen Granitbelag für den gesamten Münsterplatz mit einem vom Kirchengrundriß abgeleiteten Quadratraster. Kern des Stadthauses ist ein mit dem gleichen Granit verkleideter Kubus, der aber schon von außen nur bruchstückhaft und im Innern gar nicht mehr wahrzunehmen ist. Diesen Kern ummantelte Meier dann mit einer Rotunde, die gleich in drei verschiedene Radien zerspringt. Das ist so akademisch konstruiert, daß man innen fast den Einstichpunkt des Zirkels spürt. Doch entgegen dem Märchen hat der Architekt dort keinen Schatz vergraben, sondern nur eine Idealgeometrie markiert, die zusammen mit dem neu aufgestellten Brunnen auf der nördlichen Platzseite und dem Münsterportal ein gleichseitiges Dreieck ergibt.

Die Rotunde soll die Passanten von der Hirschgasse wie ein bauorthopädisches „Gelenk" zur Weite des Münsterplatzes umleiten. Der gläserne Durchgang zwischen Hauptbau und Seitenflügel steht auf einem Luftgeschoß, und durch die Fassade stoßen Wandscheiben und Stützen – eine Antwort auf das gotische Strebewerk.

Doch statt für tektonische Innovation und konstruktives Risiko interessiert sich Meier für die reine raumsinnliche Wirkung, die bei ihm vor allem über die Optik funktioniert. Zwar entfaltet sich sein türenloses Interieur in der Bewegung, wenn man vom Eingang in der Rotunde über eine – unsinnigerweise eckige – Freitreppe emporsteigt, Lufträume und Durchblicke passiert und immer wieder gerahmte Fensterausschnitte des Münsters sieht. Doch diese gestaffelte Ausbreitung des Kirchenblickes ist fragmentiert: gebaute Stilleben. Statt mit dem Raum auch die Zeiterfahrung zu modulieren, gebaute Pausen oder beschleunigte Transitzonen zu schaffen, friert Meier die Blicke und Bewegungen zu Standbildern ein. Völlig mißlungen ist seine folkloristische Dachlandschaft über der Rotunde: Die drei Sheddach-Giebel passen zum abstrakten Bauleib wie eine Pudelmütze zum Hochzeitskleid. Statt das Haus mit der fünften Fassade eines Dachgartens zu erweitern und die Kirche wirklich zu feiern, sind Austritte und Terrassen zu Resträumen geschrumpft, auf denen man sich wehmütig an die opulenten Stadtbalkone von Gustav Peichls Bonner Kunsthalle oder Hans Holleins Wiener Haas-Haus erinnert.

Auf dreitausend Quadratmetern bietet der Bau im Souterrain eine Dauerausstellung zur Münsterbaugeschichte, in der Rotunde einen Saal für dreihundert Menschen, dazu Ausstellungsräume und im Anbau ein Restaurant mit weiteren Galerieflächen. Außerdem werden das Besucherzentrum für die jährlich 750.000 Münster-Touristen und der Verkehrsverein einziehen. Zu jeweils einem Drittel sollen die freien Räume an Vereine, Kulturamt und private Interessenten vermietet werden. Eine „Europäische Kulturwerkstatt" des Münchener Festspiel-Intendanten Elmar Zorn soll dem Haus eine Grundlast an Aktivitäten sichern, falls die Bürger ihren neuen Treffpunkt zu zögerlich in Besitz nehmen.

Meier ist der Schöpfer idealer Ausstellungsarchitektur für die kontemplative Kunstbetrachtung. Für Versammlungsbauten hingegen, die der zerstreuten Kollektivwahrnehmung dienen, sind seine Preziosen zu leblos, artifiziell und selbstverliebt. Die beiden Flügel greifen ineinander wie Schwungrad und Bremsscheibe und schotten sich ab. All das ist viel Architektur, aber zeigt wenig Vertrauen darauf, daß das Stadthaus allein durch Eigeninitiative des Publikums lebt.

Aber schon der Baumeister Alberti sprach einer Stadtloggia weniger stimulierenden als besänftigenden pädagogischen Nutzen zu: „Es ist ein Ort, wo bejahrte Männer sitzend oder im Gespräch auf und ab gehend den ganzen Tag hinbringen können", schrieb er 1452. „Ihre Anwesenheit würde zugleich die ausgelassene Jugend zügeln und sie vor losen Streichen zurückhalten."

Zwar ist zu hoffen, daß Meiers eitle Eleganz wenigstens auf die losen Streiche heutiger Kommerzbauten zügelnd wirkt. Doch sein Neubau ist kein Bürgerhaus, sondern ein Museum nostalgischer Modernität. Es huldigt unverändert dem Schönheits-Fetischismus der isolierten Skulptur. Meiers beste Entwürfe sind Landschaftsbauten, die vom Gegensatz von freier Naturform und strenger Idealgeometrie leben. Aber im von Alltagssorgen zerfurchten Umfeld der Städte fehlt dieser heiteren Sanatoriums-Architektur einfach der Ernst der Notwendigkeit.

Wandelbares Monument:
James Stirlings Fabrikbau in Melsungen

Als Karl Friedrich Schinkel 1826 nach London reiste, wollte er eigentlich nur Museumsbauten studieren. Doch was ihn im Mutterland der Industrialisierung am meisten beeindruckte, waren die Fabriken und Ingenieurbauten auf dem flachen Land. Der schottische Architekt James Stirling hat 160 Jahre später eine ähnliche Erfahrung gemacht. Eigentlich war er nach Deutschland gekommen, um Kultur- und Museumsbauten zu entwerfen. Doch was er an wirklich Beeindruckendem geschaffen hat, ist eine Fabrik fernab in Melsungen.

Daß einer der prominentesten Museumsplaner einen Industriebau entwirft, ist ein Schlußstrich unter den Kulturboom der achtziger Jahre. Das Spektakel um die insgesamt fünfzig neuen Ausstellungshäuser in der Bundesrepublik hatte prosaischere Bauaufgaben fast vergessen lassen. Dabei gibt es gerade im Industriebau großen Nachholbedarf. Etwa die Hälfte der Gebäudefläche in Deutschland wird industriell genutzt, aber nur zwei Prozent davon stammen von Architekten; der Rest sind Fließbandentwürfe von Fertigherstellern. So breitet sich das Niemandsland der Gewerbebetriebe mit ihren zusammengewürfelten Wellblechkisten und Betoncontainern völlig unkontrolliert aus. Wenn es stimmt, daß der Fortschritt der Zivilisation in der immer schnelleren Umwandlung von Rohstoffen im Müll besteht, dann ist die heutige Gewerbearchitektur das Sinnbild dieser industriellen Müllkultur.

Wer von der Autobahn Frankfurt-Kassel die Abfahrt zum nordhessischen Melsungen nimmt, sieht im Fuldatal eine der besterhaltensten mittelalterlichen Fachwerkstädte Deutschlands. Doch auch hier steckt der Altstadtkern in einem Speckgürtel von Fabriken, Werkstätten und Lagerhallen. Man fragt sich, warum diese Gewerbegebiete mit ihren Stich- und Verbindungsstraßen an Schützengrabensysteme in freiem Felde erinnern. Die Tarnhaltung der geduckten Flachbauten hat etwas von provisorisch aufgeschlagenen Zeltlagern. Die Anlagen erinnern an die Improvisationsästhetik von militärischen Stützpunkten, als würden sie über Nacht errichtet und wieder abgezogen. Statt an langfristigen Investitionen sind die Gewerbetreibenden einzig an schnellen, flexiblen Reaktionen auf das Marktgeschehen interessiert. Ihre Billighangars sind rein stra-

James Stirling, Fabrikbau in Melsungen, 1992

tegisch gewählte Kampfposten. Sie strahlen einen erbärmlichen Mangel an Zukunftshoffnung aus.

Dabei gibt es ermutigende Ansätze, aus der Notdurft des Industriebaus eine ästhetische Tugend zu machen. Dazu zählen erlesene Solitäre wie Reichlins Textillager in Coesfeld, von Seidleins Münchener Druckerei, Fesel & Bayerers Produktionszentrum in Berlin, Gatermann & Schossigs Kölner Kofferfabrik, Grimshaws Möbelwerk in Weil am Rhein oder Kiesslers Lampenfirma in Lüdenscheid. Den Quantensprung vom schönen Einzelbau zu einer wohlkomponierten Fabrikstadt hat jetzt der Pharma- und Medizinhersteller Braun AG in Melsungen getan.

Der internationale Konzern mit einem Jahresumsatz von 2,2 Milliarden Mark war aus einer Dorfapotheke in Melsungen hervorgegangen und arbeitet dort noch heute als Familienunternehmen in der fünften Generation. Wegen seiner Verwurzelung am Ort wollte der Bauherr sich nicht mit einem schnell abschreibbaren Container zufriedengeben. Die Anlage soll auf mehrere Jahrzehnte hin ausbaufähig sein und selbst einem späteren Wandel des Firmenzwecks noch standhalten. Der Irrtum anderer Fabrikherren, Flexibilität durch Leichtbauten und Modulsysteme zu erreichen, wird hier peinlich deutlich. Nicht das schnell umzubauende oder abreißbare Wegwerfhaus, sondern die monumentale, markante, solide Architektur gewährt die unbegrenzte Wandelbarkeit der Funktionen.

Aber Wertarbeit kostet Geld. Für siebenhunderttausend Mark hatte die Firma einen Bauwettbewerb ausgeschrieben, und die Jury (Vorsitz: Max Bächer) schlug schließlich den mit dem zweiten Preis ausgezeichneten, überarbeiteten Entwurf von James Stirling, Michael Wilford und dem Berliner Architekten Walter Nägeli vor. Die schöne, ungewöhnliche Hülle hat 210 Millionen Mark für fünfzigtausend Quadratmeter überbauter Fläche gekostet. Doch die Besitzer führen an, daß die Renommieranlage nur drei Prozent teurer gewesen ist als ein Entwurf von der Stange.

Das 27 Hektar große Fabrikgelände am Südrand von Melsungen ist größer als der historische Altstadtkern und wäre bei

einer weniger umsichtigen Planung zur ernsten Landschaftsverschandelung geworden. Obwohl der Stirling-Neubau bis
1992 nur in der ersten Ausbaustufe fertiggestellt ist, macht
schon der Torso Eindruck. Das weitläufige Ensemble entwickelt sich entlang einem liegenden Kreuz: es sind zwei zentrale Erschließungswege, an der sich zentrifugal die äußeren
Verwaltungs-, Lager- und Produktionsgebäude anlagern. Die
Architekten haben nach ihrem antikisierenden Mißgriff des
Berliner Wissenschaftszentrums (WZB) zu einer Poesie der
Nüchternheit zurückgefunden. Sie überschätzen weder die
Funktion durch dreidimensionale Abbildung der Betriebs-
zwecke, wie es für die häßlichen Architektur-Enten der gesamten Nachkriegsbauten – bis hin zum Berliner WZB – charakteristisch ist, noch dekorieren sie Funktionsschuppen mit
billigen Modeschmuck. Ernst und Spiel halten sich in Melsungen die Waage. Die durchweg plastische Ausformung aller Volumina strahlt eine abstrakte Sinnlichkeit aus, die entfernt an
Pflanzen- oder Tierfossilien erinnert.
Dabei sind die Architekten nicht der Mär aufgesessen, daß
sich Bauten landschaftlich einfügen, wenn sie sich in organischen Schwüngen flach und unscheinbar in die Grasnarbe
drücken. Anstelle von Bundesgartenschau-Ästhetik haben sie
einen eigenwilligen Kontrapunkt in die Tallandschaft gesetzt,
der die Senke wie Brücken überspannt. Hauptakzente bilden
die drei skulptural überhöhten Baukörper des halbrunden
Verwaltungsgebäudes, der tonnenförmigen Produktionshalle
und des elliptischen Auslieferungslagers. Zwar schrumpft die
administrative Kopfstelle angesichts der Gesamtdimensionen
auf das Miniaturformat eines Saurierhirns. Es liegt auch fern
von Produktionsleib und ist nur durch eine lange, fast klösterliche Passage verbunden. Die Stelzen dieser hölzernen
Brückenkonstruktion formen sich mit ihrer wechselnden Neigung dem Bodenrelief an und integrieren Landschaft und Architektur. Doch ihre Randexistenz gleicht die Verwaltung
durch Extravaganzen aus. Sie steht über einem Luftgeschoß
auf umgedrehten Kegelstützen wie auf Zehenspitzen und
macht mit ihrer gebogenen Fassadenwand und zartbunten

Fensterlaibungen eine schwungvolle Begrüßungsgeste zum alten Ortskern.

Am anderen Ende des Werksgeländes öffnet sich die ganz in Kupfer gekleidete Ellipse der Auslieferungshalle wie ein grüngeschupptes Fischmaul und spuckt täglich hundert Containerladungen mit Krankenhausgerät aus. Die Lastwagen legen an ausgestülpten Rampen an, die wie kleine Fangarme oder Pfropfe die Fahrzeuge ansaugen. Selten hat man eine derart banale Bauaufgabe in so einprägsamer Märchengestalt gesehen.

Das dritte Element, das Produktionsgebäude, erinnert im scheunenartigen Querschnitt an Peter Behrens' Berliner AEG-Turbinenhalle und täuscht mit seiner kräftigen Betonstelzen-Konstruktion altgediente Industrieromantik vor. Im Innern gibt es hermetisch abgeschirmte „Clean-Rooms" und keimfreie High-Tech-Armaturen für die Medizinproduktion. Allerdings arbeiten viele Facharbeiter dort noch im Fließbandsystem. Der Fabrikflügel ist linear erweiterbar und würde im Endzustand die gesamte Anlage wie eine großartige Kolonnadenwand abschließen. Bei soviel Fingerspitzengefühl im Detail konnten es sich die Architekten leisten, wenig modifizierbare Elemente wie Hochregallager und Parkdecks im Innern des Geländes ohne ästhetische Überhöhung als Zweckform auszuführen.

In den sechziger Jahren war das Fabrikmäßige in der Architektur oberstes Gestaltungsprinzip. Universitäts-, Wohnbauten und ganze Stadtzentren kultivierten unverhohlene technische Brutalität. Vor allem James Stirling mit seiner berühmten Universität von Leicester war Vorreiter dieser Baugesinnung. Dem Zeitgeschmack gemäß hatte er das Funktionale zu mächtigen spätkonstruktivistischen Baugebirgen aufgetürmt. Von dieser Ästhetik mit dem Vorschlaghammer ist in Melsungen nichts mehr zu verspüren. Hier wird nicht mehr in groben Megastrukturen alles unter einem Dach untergebracht, sondern feingliedrig zerlegt. Der fast dekompositorisch zu nennenden Verteilung und Plastizität der Volumina liegt das modern-klassizistische Bauprinzip zugrunde, mit signifikanten Objekten gleichzeitig auch die Freiräume zu definieren. Die Bauten kommen dabei ganz ohne Symbolismen und Funktionsmetaphern aus und werden zum befreienden künstlerischen Selbstzweck. Auch bei der Materialwahl achteten die Architekten darauf, daß die Baustoffe sich selbst gleich bleiben und in Würde altern können; die durchweg unbehandelten Oberflächen aus Aluminium, Kupfer, Edelstahl und strukturiertem Sichtbeton haben ihre beste Zeit noch vor sich, wenn sie Patina ansetzen. Beim Bauen wurden giftige Stoffe wie Blei oder PVC bewußt gemieden – was für die PVC-Produktpalette des Bauherrn noch nicht gilt.

Mängel der Melsunger Fabrik sind ihr üppiger Umgang mit Freiflächen und die Erschließungsschwierigkeiten durch die Weitläufigkeit der Anlage. Zwar zeigen auch die Parkanlagen mit See und Baumhainen einen wohltuenden Hang zum künstlichen Naturvorbild englischer Gärten. Doch die Expansion und Bodenversiegelung wäre bei größerer Verdichtung der Elemente und Aufstockung der Flachbauten geringer gewesen. Städtisch ist die Fabrikstadt auf dem Lande deshalb noch nicht. Aber sie stellt einen bedeutenden Schritt zu einer neuen Industriearchitektur dar, in der nicht mehr allein die Organisation des Maschinenwesens, sondern das Wohlbefinden der Menschen die wichtigste Produktivkraft ist.

Sterbensmachtwörtchen:

Münchens neue Staatskanzlei

Kein anderes Bauvorhaben in der Bundesrepublik ist derart in Grund und Boden kritisiert worden wie die neue bayerische Staatskanzlei. Zehn Jahre lang boten die Gegner alle erdenklichen Experten und Expertisen auf, die keinen Zweifel daran ließen, daß dieser Neubau kulturgeschichtlich, stadträumlich, funktional und bauästhetisch zur größten Münchner Planungspleite wird. Zum Schluß war die Verachtung riesig, aber

auch der Durchsetzungswille der Landesregierung ge-
schwächt, daß man sich fast wundern muß, welche Kräfte
doch noch für die Fertigstellung dieses Haßobjektes gesorgt
haben.

Zur festlichen Einweihung fehlte denn auch die Siegerlaune.
Man sah einen gebeugten Ministerpräsidenten, der den Einzug in sein ererbtes Domizil politisch vielleicht gar nicht mehr
erlebte, eine hysterische Kanzleiführung, die Kritiker auszu-
sperren versucht hatte, eine über den Planungsstreit mittlerweile ergraute Architekten- und Beraterschar, die sich wie
Pfadfinder zur bestandenen Mutprobe gratulierte, und dazwischen ein heiteres Gewusel aus kleinen Beamten mit fröhli-
chen Gesichtern, die wohl eigentlich Subjekt und Motor dieser Bauunternehmung sind, weil sie sich nach Jahrzehnten in
Notunterkünften jetzt endlich frei entfalten dürfen.

Wenngleich der Name Franz Josef Strauß und der seines
Nachfolgers Max Streibl über der Kuppel des umgewandelten
Armeemuseums schweben, so dürfte die neue Staatskanzlei
trotzdem als anonymes Produkt einer Bürokratie in die Anna-
len eingehen, die allein mit ihrer Beharrlichkeit und Massenträgheit den Neubau über alle politischen Hürden und Ver-
nunftgründe hinweggetragen hat. Das unter dem Dauerbe-
schuß tatsächlich auf die Bauform eines Bollwerks mit Kase-
matten-Sockel und Zyklopenmauern geschrumpfte Haus trägt
nicht mehr die Handschrift von Franz Josef Strauß. Der wollte
sich damals nach seinem Rückzug aus der Bundespolitik mit
einem raumgreifenden neoabsolutistischen Kanzleischloß direkt am Münchener Allerheiligsten von Residenz und Hofgarten entschädigen. Auch Bauherr Max Streibl kann diesen
Zwitterbau aus Festungs-Archaik und Dienstleistungs-Technik
so nicht gewollt haben. Denn seinen Wunsch nach bayern-
typischen Bauformen konnte er nur in einer heimlichen, sau-
naähnlichen Zirbelstube mit Zopfschnitzereien neben seinem
Vorzimmer verwirklichen.

Was da jetzt zwischen nordöstlichem Altstadtring und englischem Garten steht, müßte eher in die „Kunstgeschichte ohne
Namen" des einst in München lehrenden Kunsthistorikers

Heinrich Wölfflin eingereiht werden. Denn es ist weder das, was die Bauherren gewollt, noch das, was die Gegner befürchtet haben, sondern ein unbekanntes Drittes. Es ist ein Produkt von Verwaltungsfolklore, ein bewußtloses Resultat von Liegenschaftsinteressen, Raumprogrammen, amtlichem Selbstbehauptungswillen und einem trotzigen Rest an staatstragender Würdeformel. Wer eine monströse Mischung aus Wackersdorf-Kahlschlag und Politiker-Mausoleum erwartet hatte, sieht sich einer 193 Meter langen Gebäudemauer von erregender Banalität gegenüber, deren Hauptnachteil ihr falscher Standort ist.

Ausgerechnet an der Stelle im Osten, wo Münchens ohnehin unterentwickelte Verteidigungsanlagen historisch am schwächsten waren und jede geordnete Ringstraßenbildung vereitelten, bildet die Staatskanzlei jetzt nachträglich einen Wall mit vorgelagertem Wassergraben. Das rückwärtige Renaissance-Prachtstück des Hofgartens wurde zwar nicht zerstört, aber in seiner gegliederten Freiraumfolge zum Finanzgarten und Englischem Garten hin abgeschnürt. Aber das ist nur die Wiederauflage eines historischen Fehlers, weil an der gleichen Stelle bereits der Riegel der Hofgartenkaserne von 1802 gestanden hatte, dem später ein Festspielhaus-Entwurf von Semper (unrealisiert) und schließlich Ludwig von Mellingers 1905 eröffnetes Armeemuseum folgten. Wer heute vom Diana-Tempel im paradiesischen Vorgarten, umringt von Klenzes Residenzfassade und dessen kreuzgangähnlichen Hofarkaden, nach Osten schaut, sieht hinter Baumreihen wie zuvor nur die restaurierte Domkuppel des Armeemuseum, während die fetten Neubauflügel der Staatskanzlei im tiefergelegten Rasenparterre gnädig versinken.

1984 waren die Münchner Architekten Diethard Siegert und Reto Gansser für den Neubau erwählt worden, denen aber ein unbestellter Konkurrent das Leben schwermachte. Auf eigene Faust hatte der damals 34 Jahre alte Münchner Architekt Stephan Braunfels einen kompletten Gegenentwurf vorgelegt. Die Staatskanzlei sollte aus dem Bürgergarten hinaus an den Odeonsplatz verlegt, der Torso der Armeekuppel als Invalidendom freigestellt und die Planungsruine des Marstalls neben der Residenz nach fast Camillo Sitte'scher Art zu einer Doppelplatzfolge ergänzt werden. Selten hatte eine deutsche Stadt einen bündigeren und konservativeren Entwurf zur Vervollkommnung ihres historischen Zentrums gesehen, der allerdings das Einfühlungsvermögen des damaligen Ministerpräsidenten restlos überfordert. Als Nachbesserer holte sich Strauß den Münchner Kreisheimatpfleger Alexander von Branca hinzu, dessen zittriger Monumentalstrich jetzt die gesamte Neubaufassade durchzieht.

Der Streit hat drei wichtige Verbesserungen hervorgebracht: Die Umklammerung des Hofgartens durch vorspringende Seitenflügel wurde verworfen, die Gartenseite der Kanzlei in eine „Orangerie"-ähnliche Glashalle aufgelöst und die Traufhöhe des breitschultrigen Neubaus optisch reduziert. Jetzt ragt die Kanzlei zwar beidseitig zwanzig Meter über dem Grundriß des zerbombten Armeemuseums hinaus und schließt sich mit zwei hohläugigen Schubfächern als Eckrisaliten ab. Aber sie ist kein Baumonster zwischen Troost und Bofill. An der Ostseite des zugigen Stadtringes, jenes Bauverbrechens der sechziger Jahre, gegen das die Staatskanzlei ein Kavaliersdelikt ist, entfaltet das Haus eine eher ängstliche Kolossalordnung, die über schrägen Steinsockeln, Pfeilern, Stahlstützen und Glasattika nach oben hin fast wegdiffundiert (daß die äußere Pfeilerreihe innen heftig mit den Bürogrundrissen kollidiert und zahlreiche Fenster versperrt, macht diesen vermeintlichen Ehrentempel nur kurioser). Auf der Rück- und Schauseite nach Westen nimmt der wasserfallartige Glassturz des „Orangerie"-Wintergartens die Domkuppel rücksichtslos in die Zange, aber überhöht das ungeliebte preußische Militärrelikt keinesfalls zur Totenburg.

Sicherlich war der Ministerpräsident schlecht beraten, sich als Erbfolger in ein Armeemuseum einzuquartieren. Aber das neue Hauptentree durch die restaurierte Portalkuppel wurde von Schlachtszenen und Säbelgerassel befreit und stahlt jetzt renaissancistische Kirchenwürde aus. Wenngleich die innere Steinordnung nur aufstuckiert und gemalt ist, so springt der Hauptsaal im Obergeschoß über Arkadenreihen mit Palladio-

Motiv, Jochbögen und perspektivisch verjüngter Kassettendecke derart mitreißend in die Höhe, das man hier weniger
eine militante Politikauffassung denn eine Staatslenkung
durch Gottesgnadentum symbolisiert sieht. Daß der Ministerpräsident sich jeden Morgen hier seinen persönlichen Segen
einholt, ist nicht zu erwarten, da sein Dienstweg meist weitab
durch Tiefgarage und Personenaufzug hinaufführt. Der Kritik
am politischen Protzgebaren kann die Kanzlei ganz einfach
entgehen: Sie braucht ihre Kuppelpracht nur so oft wie möglich für städtische Veranstaltungen zu öffnen. Ebenso wird
über die Stadtverträglichkeit dieses Fremdkörper entscheiden,
wie sehr er von den Sicherheitskräften befreit wird, die derzeit
noch ringsum eine skandalöse und überflüssige Bannmeile
ziehen.
Drinnen erstaunen die Neubauflügel mit der unaufdringlichen
Eleganz gehobener Hoteletagen. Dem gewaltigen Luftraum
der Kuppel antworten an beiden Seiten zwei elliptisch geschwungene Lichthöfe, die schwebende, völlig unmonumen-
tale Freitreppen mit gläsernen Brüstungen durchs ganze Haus
führen. In zartrosa und lindgrünen Pastelltönen dämpfen Teppiche, Patinato-Wände, modern-klassizistische Türprofile und
Systemmöbel jedes Machtwort auf postmodernes Geflüster.
Selbst dem „Oval Office" des Ministerratssaales, der durch
eine Panzerglaskanzel nach Norden auf den Englischen Garten blickt, fehlt durch die gedrungene Bauhöhe jeder Feldher-
renhallenglanz, den ersatzweise eine abstrakte flache Decken-
Lichtskulptur nach Christbaum-Art abstrahlt. Streibls Amts-
und Vorzimmer im modernen Kanzleiholzstil liegen unter der
gläsernen Vierteltonne der „Orangerie" zum Hofgarten hin.
Beim Ausfall der aufwendigen Lüftung dürften hier sommertags Brutofen-Temperaturen ausbrechen. Die gesamt Öffnung
des Wintergartens – dessen Stützensystem überflüssigerweise
das palladianische Doppelsäulenmotiv wiederholt – macht die
Kanzleifestung unerwartet zur offenen Galerie mit Wandelhalle und Balkonen.
Man fragt sich nur, wo die Viertelmilliarde Baukosten für diese
8900 Quadratmeter Nutzfläche geblieben sind. Jede Kreis-

sparkasse residiert protziger. Abgesehen von den fünfzig Millionen Mark für die Kuppelrestaurierung wird das Geld wohl in der „Orangerie" stecken, deren Umwandlung vom botanischen zum bürokratischen Bautypus teuerste Technik erforderte.

Jetzt zeigt sich, daß der Kampf gegen die befürchtete Feudalität der Staatskanzlei weniger der Architekturgebärde als dem Gebaren von Franz Josef Strauß galt. Er wollte sich unbedingt gegen den Willen der Stadtgemeinschaft durchsetzen, was selbst der konservative Politologe Kurt Sontheimer als „Arroganz der Macht" empfand. Derart unberaten und einsichtlos hätte Strauß wohl auch mit der Plazierung einer demokratisch-transparenten Pavillonarchitektur Bonner Prägung die Gemüter erregt.

Daß man in München heute dieser baulichen Selbstdarstellung des Freistaates so mißmutig gegenübersteht, mag auch davon herrühren, daß hier die Uhren nachgehen. In anderen Großstädten ist die Herrschaft der Politik längst von der Allgewalt der Ökonomie übertrumpft worden, die sich mit ganz anderen Gewaltschlägen die Städte unterwirft. Angesichts der überwältigenden architektonischen Müllproduktion wäre man anderswo schon froh über einen Baukompromiß wie die Staatskanzlei, die allenfalls ein bißchen leeres Geschichtspathos, aber keinesfalls die unbeirrbare Selbstherrlichkeit heutiger Banken- und Versicherungspaläste entfaltet.

Aber der Kampf geht weiter. Weil der Freistaat das überzählige Bauvolumen der abgespeckten Kanzlei auf dem Marstall-Gelände direkt neben der Residenz und Nationaltheater stadteinwärts unterbringen will, droht dort eine noch empfindlichere Störung der südländisch ausbalancierten Architekturlandschaft Münchens. Das ist die ganz profane Wiederkehr verdrängter Baumassen, die schon die in leidliche historische Proportionen gezwängte Staatskanzlei fast zum Platzen brachten und nebenan am Marstall endgültig aus dem Leim zu gehen drohen.

Leuchtender Grabstein:

Helmut Jahns Frankfurter Messeturm

Hochhäuser sind die unwirtschaftlichste Form der Architektur und dennoch der Inbegriff der Geschäftswelt. Ihre Bau-, Betriebs- und Mietkosten wachsen mit zunehmender Gebäudehöhe derart rapide, daß sie den Zugewinn an Bodenwert und Geschoßfläche fast wieder auffressen. Vollends widersinnig sind Hochhäuser aus der Sicht der Benutzer, die sich gefallen lassen müssen, daß auf minimalster Fläche ein Maximum an Menschen zusammengepfercht wird. Dennoch gilt das Hochhaus zu Recht als urbanistisches Ideal. Hochhäuser müssen deshalb einen gewaltigen Überschuß an Sinn produzieren, damit ihre Irrationalität kulturell akzeptiert wird.

Durch ihre maximal vergrößerte Oberfläche sind Hochhäuser die Architektur der Extroversion. Die auf knappem Grundstück gestapelte Geschoßfläche bekommt virtuell ein unbegrenztes Himmelsstück zugeteilt; erst dadurch wird die banale, oft beengte Innenräumlichkeit erträglich. Die repräsentative Großzügigkeit der Turmgeste muß für die mangelnde Mobilität der Insassen entschädigen; erst recht verlangt die planmäßige horizontale Verstopfung aller Verkehrswege in der City nach einer ästhetischen Kompensation.

All das vermag der neue Frankfurter Messeturm des deutschamerikanischen Architekten Helmut Jahn spielend leisten. Dreieinhalbtausend Menschen, versammelt auf einer Grundfläche von nur vierzig Metern im Quadrat, werden aus dem Rhein-Main-Gebiet hier bald einpendeln. Wenn sie morgens auf den Autobahnen rings um Frankfurt im Stau stehen, können sie bereits aus zwanzig, dreißig Kilometern Entfernung das 256,5 Meter hohe Ziel ihrer Reise sehen, das die anderen Frankfurter Bankenhochhäuser um fast hundert Meter überragt. Mittelalterliche Kirchentürme und selbst frühe Bürohochhäuser markierten noch die Mitte der Stadt als Ort der Macht.

Doch der neue Messeturm steht weder in der City noch am Rand. Seine eher zufällige Positionierung zieht den Schlußstrich unter den traditionellen Städtebau der komponierten Ensemblewirkungen. Daß diese Auflösungstendenzen homogen zentrierter Stadtgebilde allerdings auch neue Freiheiten eröffnen können, darüber hat in Europa das Nachdenken gerade erst angefangen.

Mit einem Schlag hat ein privates Bauwerk sich das Bild einer ganzen Stadt unterworfen. Die einzige Stelle in Frankfurt und Umgebung, von der aus man seinem Anblick entgehen kann, ist der Turm selbst. Das Merkwürdige an diesem überschlanken Haus sind die enormen grafischen Qualitäten seiner Rasterfassade und seiner signifikanten Obelisken-Silhouette. So macht es gleichermaßen aus der Nah- und der Fernsicht mehr den Eindruck eines Modells denn eines wirklichen Bauwerks. Auch umgekehrt entfremdet sich der Anblick der Stadt von den oberen der insgesamt 55 Turmetagen aus, von denen aus die City wie eine Modellandschaft wirkt.

Für ganz reale Schwindelgefühle sorgt der neben dem Turm errichtete neue Haupteingang der Frankfurter Messe, der die drei Kompostionselemente Quadrat, Kreis und Pyramide auf ebener Erde wiederholt, als sei die Turmspitze zu Boden gestürzt – eine formale Binnenreferenz als gelungene Selbstbestätigung dieser ansonsten stadtfremden Körper. Doch so imponierend gleichgültig sich der Turm der Stadt gegenüber verhält, so kleinmütig zerstört sein Fassadendekor die Ausstrahlung.

Alles, was der Solitär an unterkühlten, geometrisierenden Artdeco-Elementen in Erinnerung ruft – die aufgesprengten Ecken, die emporschießenden Erkerblenden, die in Zikkurat-Stufen auslaufende Steinfassade und die projektilartige Dachkrone – wird tonnenschwer zu Boden gezogen durch das Design. Die ganze Kristallinität dieses freistehenden Strebepfeilers wird ruiniert durch die Verkleidung mit rosafarbenem schwedischen Granit, jene Reminiszenz an den Frankfurt-typischen roten Mainsandstein von Kaiserdom und Paulskirche.

Wie bei Anselm Kiefers Flugzeugmodellen aus Blei klafft hier eine fast schizophrene Lücke zwischen Material und Objekt. Vollends unerträglich wird der Zierat der Vorhangfassade mit ihren pilasterartigen Halbsäulen als Fenstersprossen, mit ihren kannelierten Metall-Schmuckleisten und der Textur des abwechselnd glatt polierten und rauh geflammten Granits. Das alles ist reines Interiordesign, Innenvertäfelung, die scheinbar verkehrt an die Außenwand montiert wurde (während der innere Ausbaustandard eher spartanisch ausfiel). Der Bewegungseindruck dieser Fassade ist eher eintönig. Auch hier wackelt der Maßstab, weil der Fassadenornat ganz aus der Nahsicht des Reißbrettes entworfen wurde und auf größere Distanz zum postmodernen Pepita verschwimmt, das den realen Größenverhältnissen widerspricht.

Der Hausdurchmesser ist sehr schmal, weil das deutsche Baurecht gefangene Räume ohne Tageslicht verbietet. Die verfügbare Etagennutzfläche fiel deshalb nur wenig größer aus als der Servicekern mit vierundzwanzig Aufzügen. Mietpreise bis zu neunzig Mark pro Quadratmeter sind die Folge dieses irrationalen Verhältnisses von maximaler Höhe zu minimaler Breite. Dafür bekommt allerdings jeder Mitarbeiter einen exquisiten Logenplatz am Fenster.

Unten macht die vollverglaste Eingangsrotunde mit ihren vier Portalen allein von ihrem Maßstab her Lust auf amerikanische Lobbies, jene öffentlichen Einkaufshallen, die noch den einschüchterndsten Wolkenkratzer ins Stadtleben einbinden. Doch in Frankfurt wurde aus Sicherheitsgründen jede kommerzielle und kommunikative Nutzung verhindert; von den ursprünglich geplanten zweihundert Meter langen unterirdischen Ladenpassagen blieb nur ein toter Winkel beim U-Bahn-Zugang übrig.

Dasselbe Trauerspiel wiederholt sich in der Turmspitze, von der sich grandiose Ausblicke wie beim Landeanflug auf den Rhein-Main-Flughafen bieten. Sie bekam weder die in Amerika beliebte Sky-Lobby noch ein Restaurant und ragt verwaist ins Leere. Nachts steigert sie ihre selbstverliebte Isolation, wenn ihre abstrakte Dreieckspitze wie das mythische Auge Jahwes über der toten City leuchtet. Nicht einmal optisch als Aussichtsturm revanchiert sich der Bürobau bei den Frankfurtern dafür, daß er tagtäglich ihre Blicke so machtvoll okkupiert. Lediglich mit einem Restaurant im zehnten Geschoß macht das Haus eher widerwillig ein Zugeständnis an die Stadtöffentlichkeit. Selbst wenn eine Sky-Lobby nur mit Hilfe städtischer Subventionen finanzierbar gewesen wäre – in Amerika reichen dafür allein die Eintrittsgelder – hätte hier für den Bruchteil eines jährlichen Museumsetats eine neue Stadtkultur entstehen können: ein Stück Selbstbetrachtung einer Kommune.

So entpuppt sich der Messeturm als eine nur formale Übernahme des amerikanischen Bautyps. An die vertikale Mischung, die Lebendigkeit der klassischen Wolkenkratzer, die oft sogar Wohnen, Arbeiten und Freizeitnutzung vereinen, reicht er nicht entfernt heran. Keine Stadt in der Stadt ist hier entstanden, sondern eine private, introvertierte Insel.

Früher gab es bei Hochhäusern noch absurde Konkurrenzen: Als 1930 das knapp dreihundert Meter hohe New Yorker Chrysler Building fertiggestellt wurde, mußte es sich seinen Weltrekord als damals höchstes Gebäude beinahe von der einen Meter höheren Bank of Manhattan streitig machen lassen. Schnell errichtete Chrysler noch einen Metallmast auf seinem Dach. Eine anspruchsvollere Konkurrenz könnte künftig bei dem halben Dutzend noch geplanter Hochhäuser in der Frankfurter City entbrennen: ein Wettstreit um die Publikumsgunst mit Läden, Passagen und vielleicht auch einer wirklichen Aussichtskanzel.

Vogelfrei im Atrium:
Norman Fosters Century-Tower in Tokio

Die Amerikaner haben das Hochhaus erfunden, aber erst die Engländer haben es vollendet. Die historischen Wolkenkratzer aus Chicago und New York zehren von ihrem Fassadenschmuck, doch im Innern werden die Menschen meist wie in

Legebatterien gehalten. Noch das jüngste Beispiel eines amerikanischen Wolkenkratzers, Helmut Jahns Messeturm in Frankfurt, stapelt hinter seiner raketenartigen Art-deco-Fassade auf banalste Weise enge Geschoßflächen, denen jede horizontale und vertikale Transparenz fehlt.

Die Engländer Norman Foster und Richard Rogers, in den sechziger Jahren noch im avantgardistischen Entwurfsbüro „Team 4" vereint, wetteifern heute getrennt um die neuesten und phantastischsten Hochhauserfindungen. Sie wollen den amerikanischen Bautyp nicht nur ästhetisch, sondern auch konstruktiv und funktionell weiterentwickeln. Nach Rogers' Lloyds-Zentrale in London und Fosters Hongkong and Shanghai Bank in Hongkong hat Norman Foster jetzt ein neues Bürohochhaus namens „Century-Tower" in Tokio gebaut. Während konventionelle Büros meist freudlose und überfüllte Orte sind, die entweder in lärmvollen Großraumabteilungen oder stickigen Einzelzellen alle sozialen Kontakte konditionieren, öffnet sich Fosters neuer Doppelturm horizontal und vertikal für Licht, Luft, Sonne, Begegnung und Bewegung. Nicht mehr nur der Blick aus dem Hochhausfenster, sondern die reale Bewegungsfreiheit im Interieur soll das Gefühl des größeren gemeinsamen Maßstabes vermitteln.

Fosters brückenartige Hängekonstruktionen erlauben eine doppelte Emanzipation der Etagen. So entstehen nicht nur in der Horizontalen fast stützenfreie Säle, sondern auch in der Vertikalen offene Durchblicke durch das gesamte Haus. Weder tragende Wände noch Aufzüge, Leitungen oder Treppenhäuser verstellen hier den Raum. Die Konstruktion aus trapezförmigen Querstreben macht sich innen nur durch diagonale Stützen bemerkbar. Die Service-Kerne und gläsernen Aufzüge wurden an die Außenseite verbannt.

Der asymmetrische Doppelturm liegt im nördlichen Stadtzentrum Bunkyo-Ku nahe des Universitätsviertels von Tokio. Er wurde für einen großen japanischen Verlag gebaut, der den Turm auch etagenweise vermietet. Die Teilung des Doppelhauses rührt von den zwei verschiedenen Bauordnungen her, deren Grenze mitten durch das Grundstück führt. Im südli-

chen Teil erlaubte das Baurecht für das dortige Geschäftsvier-
tel eine Höhe von 21 Geschossen, während die Vorschriften
für das gemischte Wohngebiet nördlich nur eine niedrigere,
höchstens zehngeschossige Bebauung vorsah. Foster plante
deshalb, einen Tandem-Bau, dessen Hinterteil aufgestockt
werden sollte, falls die Behörden eine höhere Nutzung erlauben würden. Das geschah kurz vor Vollendung tatsächlich und
der Nordturm kletterte auf 19 Etagen.
Dieser baurechtliche Kontrast wurde zum architektonischen
Glücksfall. Denn der Riß zwischen den Haushälften öffnet ein
gewaltiges vertikales Atrium. Die beiden Türme wurden wie
Sandwiches um die zentrale Leere herumgeklebt. Atrien sind
freilich keine Erfindung von Foster, sondern zählen zum Stan-
dardrepertoire von postmodernen Hotel- und Geschäftsbau-
ten. Doch Foster reiht nicht geschlossene Zellen um gewaltige
Luftlöcher, sondern öffnet auch die gestapelten Büroetagen
auf ganzer Breite und Länge. Diese eingehängten Plattformen
sind als freie Doppelgeschosse zusammengefaßt. Brücken führen über die Lichtschluchten, deren strahlendes Oberlicht bis
in den Keller einfällt.
Das gesamte Haus bildet ein Raumkontinuum, das ein Vogel
in freiem Flug vom Souterrain bis unters Dach durchqueren
könnte. Es ist von der urmodernen Raumauffassung der
homogenen, transparenten Volumina geprägt. Dennoch hat
Fosters Haus nichts mit lärmenden Großraumbüros gemein. In
der gedämpften Akustik und der silbrigen, sanft stimulierenden Farbgebung bewegen sich die Angestellten eher wie in
einem technizistischen Wohnhaus. Von den Brücken und Galerien des zentralen Atriums können sie wie Nachbarn auf
dem Balkon lehnen und das Treiben auf den anderen Etagen
beobachten. Diese offene Bürolandschaft zielt jedoch nicht
auf bessere Überwachung. Die Entfernungen sind groß genug
und die Zwischenwände so flexibel, daß sich die Mitarbeiter
wirksam gegen Beobachter abschirmen können.
Eine Referenz an die amerikanischen Hochhausvorbilder
macht der „Century-Tower" mit seiner funktionalen Mischung.
Im Souterrain und im Foyer hat der Besitzer sein Privatmu-

seum für japanische Kunst eingerichtet. Dahinter schließt sich ein Anbau mit einem gläsern geschwungenen High-Tech-Tempeldach an. Dort hat der Architekt ein Restaurant, einen erlesenen Sportclub und unter dem Dach sogar Privatwohnungen untergebracht.

Die sparsam ausgeführte Fassade teilt eine doppelte Botschaft mit. Das Gebäude wirkt zunächst ein wenig banal, weil man hier die neoklassizistischen oder dekonstruktivistischen Zauberkunststückchen heutiger Kommerzarchitektur vergeblich sucht. Doch gerade diese Zurückhaltung fällt in der chaotischen Bauszenerie Tokios angenehm auf. Dort gibt es wegen der Erdbebengefahr erst seit zwanzig Jahren Hochhäuser. Diese Unerfahrenheit hat der Stadt, die in der Horizontalen unendlich abwechslungsreich ist, vertikal nur die langweiligsten Seifenkisten beschert. Fosters Bau ist – abgesehen von Kenzo Tanges neuem Tokioter Rathaus – das vielleicht erste ernst zu nehmende Hochhaus Japans.

Etwas aufdringlich üben sich außen die sichtbaren Stahltrapeze der Brückenträger in Kraftmeierei. Sie zeigen mit ihrer bulligen Konstruktion, wie sehr sie auf Erdbebenvorsorge bedacht sind. Diese Prophylaxe macht sich auch in den Etagen an den etwas beunruhigenden Gummistoßdämpfern bemerkbar, die im Ernstfall die Erschütterungen abfangen sollen. Dafür geben sich die Seitenfassaden filigraner. Sie bestehen aus einem holländisch anmutenden Vertikalmuster mit kleinen, horizontalisierenden Fensterreihen.

Die Arbeitsteilung im Bürobetrieb heute reduziert jeden Sachbearbeiter auf Detailfunktionen. Das Team von Norman Foster hat als Ausgleich dafür einen Baukörper entworfen, der den Blick- und Bewegungsradius der Angestellten erweitert und dynamisiert. Als wolle der Bau der Entfremdung begegnen, bindet er alle Mitarbeiter zu einer locker geschlossenen Betriebsfamilie zusammen. Nur für eines trägt der britische Architekt keine Verantwortung: Der Bauherr wollte unbedingt ein sichtbares High-Tech-Symbol an der Fassade haben. So mußte der Architekt wider Willen einen antiquierten Fernsehmast in rotweißen Signalfarben auf das Dach setzen.

Dornenkrone:

Die DG-Bank von Kohn, Pedersen und Fox in Frankfurt

Keine vormoderne Zeit hat aufwendigere Türme gebaut als das Mittelalter. Allein Pisa soll im 12. Jahrhundert zehntausend Glocken-, Geschlechter-, Wehr- und Kirchentürme besessen haben. Bei aller Turmfreude und -freiheit achtete das Mittelalter jedoch streng über die Einhaltung des Stadtgrundrisses. Damals waren noch die Dombauhütten für den Städtebau zuständig, die wohl wußten, daß die Türme kommen und gehen, aber der Stadtplan bleibt.

Aus dem Häusermeer heutiger Großstädte in Europa ragen nur noch vereinzelt Kirchen und Bürotürme heraus. Dafür macht sich am Erdboden eine um so größere Regellosigkeit breit. Noch jede Generation seit dem 19. Jahrhundert hat versucht, ihren Stadtgrundriß mit Durchbrüchen, Ringboulevards und Straßenüberbauungen auszuradieren. Solche Schamlosigkeit im Umgang mit dem Wegesystem, dem Langzeitgedächtnis der Stadt, wurde im deutschen „Wiederaufbau" auf die Spitze getrieben.

Merkwürdigerweise protestiert bis heute kaum jemand, wenn Straßen durchbrochen, aufgelassen oder durch Neubaublöcke abgeschnürt werden. Dafür herrscht höchste Aufregung, wenn ein Hochhaus entsteht. Weil sich sämtliche deutschen Städte bislang brüsten, Bollwerke gegen diese vertikale Stadtverwilderung zu sein, blieb die Rolle des Turm-Laboratoriums dem leidgeprüften Frankfurt überlassen.

Auch Frankfurt besaß bis zum Fall der gotischen Ringmauer im 19. Jahrhundert sechzig Stadttürme, von denen nur noch vier erhalten sind Beim Bau ihrer modernen Nachfolger hat man seit dem Zürich-Haus von 1966 an der Alten Oper so ziemlich alles falsch gemacht. Erst wurden die Büroblöcke rücksichtslos in Wohngebiete gepflanzt, dann schnitten sie tief in traditionelle Gewerbegebiete ein, und schließlich wollte man sie zur

DG-Bank in Frankfurt am Main, 1992

City-Entlastung entlang von Ausfallstraßen aufstellen, was der Stadt die absurde Fernwirkung eines gebauten Fadenkreuzes gegeben hätte.

Doch allmählich kehrt Vernunft ein. Die Kaltschnäuzigkeiten der Westend-Spekulanten sind überstanden. Durch Zweckentfremdungsverbote und amtliche Kontrollen des Mietniveaus will die Stadt dafür sorgen, daß die Wohnbevölkerung nicht länger vertrieben wird. Und vor allem durch die Erkenntnis, daß Hochhäuser nur im Rudel schön sind, hat man die häßliche Turm-Zerstreuung beendet. Mit einem Konzept zur Nachverdichtung und Massierung der Vertikale wird das Frankfurter Bankenviertel zwischen Altstadt und Bahnhof zum einzigen ablesbaren, fußläufigen und innerstädtischen Business-Bezirk Kontinentaleuropas. Erst seitdem sich die Hochhäuser der „dritten Generation" wieder bemühen, Stadtbild und Straßenleben zu bereichern, darf man von der wahren Amerikanisierung „Mainhattans" sprechen. Der erste echte Wolkenkratzer amerikanischer Prägung wurde mit der 208 Meter hohen Deutschen Genossenschaftsbank an der Mainzer Landstraße fertiggestellt. Zu den vorangegangenen ästhetischen Neuerungen von O. M. Ungers' Torhaus und Helmut Jahns Messeturm, beides markante, aber autistische Monumente am Cityrand, kommen beim DG-Bau jetzt stadtstrukturelle und funktionale Vorzüge hinzu: Nutzungsmischung, Kontextualität, Stadtöffentlichkeit und jede Menge Architektur.

Der Bau war ursprünglich Bestandteil der Hochhausachse entlang der Mainzer Landstraße, die glücklicherweise verworfen wurde. Er steht trotzdem noch so zentral, daß er zur machtvollen Markierung der Mitte beitragen kann. Nicht nur für Frankfurt, sondern auch für die Architekten Kohn, Pedersen und Fox (KPF) aus New York bedeutet der Bau einen Umschwung.

Wie zuvor die Architekten Skidmore, Owings und Merrill in Amerika die minimalistische Formensprache Mies van der Rohes in der Geschäftswelt populär gemacht hatten, so führten KPF die Postmoderne in die Hochhaus-Architektur ein.

Sie übertrugen die vormals nur kleinmaßstäblichen historischen Formspielereien in den großen Maßstab. Weltweit haben sie in den achtziger Jahren Appartement- und Bürotürme zwischen Klassizismus und High-Tech-Gotik geschaffen, die Bindeglieder im zerrissenen Stadtkörper sind. Ihre gigantischen Türme passen sich im Sockel der Straßenrandbebauung an, schießen im zurückgesetzten Schaft mit feingliedriggrafischen Fassaden in die Höhe und krönen sich mit markanten Attiken.

Gegenüber ihren vormals autoritären, auf klare Beherrschung der Stadthierarchie ausgerichteten Turmsymmetrien haben sie in Frankfurt erstmals den Weg zur Kontextualisierung der Vertikale beschritten. Das DG-Haus ist auffällig asymmetrisch und heterogen: eine futuristische Himmelsleiter mit Dornenkrone, die zu jeder Seite hin eine andere Figur macht. Der Bau besteht aus vier eigenständigen, gestaffelten Häusern. Die Granitsockel nehmen die Höhe der Westend-Wohnbebauung auf und steigen vorn auf das Dachniveau der Nachkriegs-Büroblöcke ums Bahnhofsviertel. Der zweigeteilte Turmschaft bezeichnet mit einem 150 Meter hohen Steinquader die bisherige Obergrenze der Frankfurter Hochhäuser. Das gläserne Kreissegment schließlich steigt bis auf 208 Meter empor und zeigt mit einem Dachüberstand zur Altstadt hin. Als Freiheitsstatuen-Kranz, Heiligenschein, Dornenkrone oder gar als Maschikulus-Fries mit den „Pechnasen" mittelalterlicher Wehrtürme ist diese Schirmmütze ebenso vieldeutig interpretierbar wie das gesamte aufgetürmte Huckepack-Haus, das zwischen erschütterndem Baudrama und optimistischer Luftnummer köstlich changiert.

Mit dieser Auflösung des Hochhauses haben die Amerikaner (zusammen mit dem Frankfurter Büro NHT) einen neuen Weg der Gliederung von Großvolumina beschritten. Zuvor verwendeten sie postmoderne Säulen, Erker, Gesimse und Giebel als Maßstabsträger, was jedoch bei Hochhäusern zu grotesken Blow-up-Effekten führte. Jetzt gliedern sie die serielle Fassadenabwicklung nicht mehr dekorativ, sondern bereits in der Baumasse, was enorme visuelle und stadträumliche Energien

freisetzt. Der Turm ist nicht mehr eine Insel, sondern ein Stadt-
baustein, der „in situ" für den Standort entworfen wurde.
Wohltuend ist auch der Versuch, anstelle von Spiegelglas-Fas-
saden wieder Wert auf Volumen und Materialität zu legen.
Aber weil die neuere Bautechnik solche Türme nicht mehr als
Skelettkonstruktion, sondern als massive Doppelröhren mit in-
nerem Installationskern und äußerer Lochfassade errichtet,
bleiben Fassaden vorgehängte Trugbilder. Ob Verkleidungen
aus Stein, Metall oder Glas – unter diesen Überzügen verschwinden Konstruktion und Geschoßteilungen, die früher
durch Fassadendesign und heute durch Massengliederung ab-
lesbar gemacht werden müssen.
Auf diesem Feld haben sich die Architekten von KPF Verdienste
erworben. Sie erfanden in Amerika kassettenartig zurückgesetzte
Fenstersegment und -sprossen, die wenigstens illusionistisch Tie-
fenwirkung erzeugen. Aber bei der monoton und ungerichtet
wirkenden Frankfurter Fassade haben sie auf diesen Kunstgriff
verzichtet. Auch konnten sie die Lochfassadenfenster nicht wie
geplant dreiteilen, sondern nur mit einer vertikalen Sprosse gliedern, was unnötige Quadrat-Langeweile erzeugt.
Aber die Fenster sind sowieso nicht zu öffnen. Der Bau ist hinter seiner aufregenden Großform nur ein herkömmlicher voll-
klimatisierter Brutkasten; auf jedem einzelnen der 55.000
Quadratmeter Nutzfläche müssen 15 Watt Wärmeenergie der
elektronischen Geräte abgesaugt werden. Solche Häuser
brauchen selbst im Winter Kühlung. Deshalb bestehen auch
hier die Fenster aus spiegelndem Reflexionsglas, um die Son-
nenwärme abzuhalten. Solche materialresistenten Glas-Alu-
minium-Fassaden können nicht altern. Eine traurige Ersatzpa-
tina stellen die optischen Verzerrungen durch die Spiegelfen-
ster dar, die alle reflektierten Gegenstände in der Umgebung
welk und schründig erscheinen lassen.
Das Würfelspiel der Sockelzonen rund um den sündhaft
teuren achthundert Millionen Mark Luxus-Turm wirkt durch
Einschnitte, Durchstiche und Pergolen noch unruhiger. Diese
Dekompositions-Ästhetik macht die Konflikte des heutigen
Bau-Kontextualismus deutlich: Die Planer wollen die Zerris-

senheit des Umfeldes im Baukörper aufgreifen und zugleich die Stadt wieder zusammenbinden. Aber immerhin definiert der Sockel klare Blockkanten und spart am Haupteingang sogar einen Vorplatz aus. Das Straßenportal ist mit mächtigen Rundsäulen markiert. In der Lobby wiederholt sich der Dachkranz im Bodenmuster und an der Decke. Das sind zusammen mit einigen sparsamen High-Tech-Verkleidungen glücklicherweise die einzigen Design-Spielereien im Entree, das für die 52 darüber gestapelten Geschosse keine falschen Erwartungen weckt.

Hoch droben können sich die 3500 Angestellten nur durch den Fernblick aus dem Fenster über ihre Legebatterie-Haltung hinwegtrösten. Nicht einmal eine Chefetagen-Skylobby steckt unter dem Attika-Kranz. Doch Kritik, daß wieder einmal Restaurant und Aussichtsplattform fehlen, müßte an deutsche Bauvorschriften gerichtet werden. Weil deutsche Büros maximal 6,50 Meter tief sein dürfen und Tageslicht vorgeschrieben ist, werden hiesige Türme zu Hungerkünstlern, die sich Zusatzfläche für Publikumsverkehr nicht leisten können.

Aber in Amerika gilt ohnehin die Regel, daß nur häßliche Hochhäuser das Publikum durch Turmbesteigungen gewinnen müssen, während gelungene Bauten ihre Erdgeschosse öffnen. Das tut der DG-Bau mit einer Durchquerung des Sockels, die weiterhin als Stadtstraße zwischen zwei Blöcken ausgewiesen ist. Auf 900 Quadratmetern bietet eine 27 Meter hohe Passage zahlreiche Geschäfte und Bistros. In diesem Kunsthain mit Riesenpalmen, Opferschalen-Lampen und Lichtspiegelungen dürfen sich die Besucher fast wie in Gae Aulentis ägyptisierendem Orsay-Museum in Paris fühlen. Daß die umgedrehte Glastonne des Passagen-Daches fernöstlich anmuten, zählt zum neuen internationalen Stil.

Die Forderung der Stadt nach Wohnungen ist auf das Minimum von 1200 Quadratmetern zusammengeschrumpft. Im tiefsten Turmschatten auf der Nordseite wurden durchaus reizvolle Appartements und Maisonettes mit Dachgärten ins konstruktive Raster der darunterliegenden Büros gezwängt, was den betuchten Bewohnern (25 Mark Miete pro Quadratmeter) nur die Unentrinnbarkeit der Bürowelt signalisiert. Das von den Architekten für den Turmfuß vorgesehene Hotel wurde leider als unrentabel verworfen. In Amerika dagegen errichten Kohn, Pedersen und Fox Mixed-Use-Hochhäuser, die bis zur Hälfte Läden, Hotels und Wohnungen enthalten und trotzdem Gewinn abwerfen. Erst wenn diese Denkbarrieren in Deutschland überwunden sind, werden Hochhäuser wirklich stadtverträglich.

Der Bauch von Wien:

Das Haas-Haus von Hans Hollein

Der Bürgermeister, der Erzbischof und sogar der Kardinal von Wien waren gekommen. Denn direkt gegenüber dem Westportal des Wiener Stephansdoms geschah etwas Ungeheueres. Dort wurde ein neuer Profanbau eingeweiht, der sich wie eine geballte Faust den romanisch-gotischen Domtürmen entgegenreckt. Der Bischof las besänftigend aus Timotheus, doch die provokante architektonische Geste im heiligen Bezirk blieb ungesühnt. Denn die glitzernde Fassade des neuen Haas-Hauses von Hans Hollein umhüllt eine Shopping-Mall original amerikanischen Zuschnitts, einen Tempel für Händler mitten in der Altstadt, der selbst Baulöwen wie Donald Trump oder John Portman neidisch machen könnte. So nah an der romanisch-gotischen Kathedrale, so tief im Herzen des Wiener Stadtlebens und so respektlos gegenüber dem Historismus der Altbauten ringsum hat sich weder in Wien noch anderswo ein Architekt ein Denkmal gesetzt. Das Haas-Haus prangt wie eine glitzernde Nuttenbrosche aus den Gassen hervor, und bei der Inneneinrichtung hat Hans Hollein ein neues Kapitel aus der noch zu schreibenden Stilgeschichte der Metro-Goldwyn-Mayer-Ästhetik aufgeschlagen.

Opulent, eklektisch, kitschig, überladen und verspielt, ist das Haus zu einem Bau-Menü mit zwanzig Gängen geworden.

Haas-Haus und Stephansdom in Wien, 1992

Doch wer schon beim ersten Rundgang ein quälendes Völle-
gefühl verspürt, dokumentiert nur, wie sehr er die Haus-
mannskost der zeitgenössischen Gewerbearchitektur verin-
nerlicht hat. Der Holleinbau ist jenseits aller Geschmacksfragen ein Befreiungsschlag, der Tand und Talmi dort baukünstle-
risch bündelt, wo sie hingehören: in der Shopping-Mall, dem
historischen Erben des alten Kaufhauses – wo die Verdauungsorgane des Kollektivs heute verborgen sind.

In den achtziger Jahren waren fast alle Fortschritte der westeuropäischen Architektur auf neue Museumsbauten konzentriert
gewesen. Den hedonistischen Raumzauber und die Material-
schlachten der Ausstellungshäuser, gegen den die präsentier-
ten Kunstwerke nur noch eine schwache Figur abgaben, hat
Hollein in die Alltagssphäre zurückgeholt. Sein jahrelang um-
kämpfter Geschäftsbau, für den sogar die Wiener Bausatzung
ausgehebelt wurde, ist die Spitze eines Eisberges, an dem
künftig auch andere Städte nicht mehr unbeschädigt vorbei-
schrammen werden. Vorläufer wie die Hamburger Hanse-Pas-
sage oder die Düsseldorfer Kö-Galerie waren nur die ersten
Reflexe auf die aus Amerika importierte Renaissance der Einkaufszentren, die schon früh mit architektonischen Zauber-
kunststücken das entlaufene Publikum wieder an zentralen
Plätzen versammelten.

Ausgerechnet im traditonsbeladenen Wien ist jetzt die neueste
Generation jener Einrichtungen zu bestaunen, die früher von
Agora, Forum und Marktplatz verkörpert wurden: Es sind halb-
private Versammlungsstätten einer introvertierten Stadtöffentlichkeit, die sich fast nur noch durch Kauf und Verkehr definiert. Das immer mehr in Mini-Boutiquen und Speziallieferan-
ten aufgefächerte alte Warenhaus bietet jetzt eine nochmals
vergrößerte Oberfläche, multiplizierte Reizrezeptoren für den
Konsum, hinter denen jede Ahnung von der industriellen Herkunft der Dinge verschwindet. Auch die frühere soziale Mischung der Käufer wird verdrängt von einer Hochpreis-Klien-
tel, die allein noch den Weg ins Stadtzentrum findet.

Holleins Luxusschatulle atmet überall den betörenden Hauch
von sinnlicher Entgrenzung. Die „soft-edge"-Rundung zum

sogenannten „Stock im Eisen"-Platz gibt vor, den mittelalterlichen Grundriß des römischen Kastells wiederherzustellen, um den in den sechziger Jahren durch geplante Verkehrsschneisen fast gesprengten Platz zum dynamischen Flaschenhals zu machen. Doch die Käufer fliegen jetzt nur noch geschmeidiger an dieser beschleunigten Stadtecke entlang, um unterhalb der geballten Faust des Runderkers in die Schatzkammer zu schlüpfen. Der wet-look der wie naß glänzenden Spiegelhaut des Vorbaus scheint von Sehnsucht nach Berührung zu vibrieren. Die umbaute Fülle des inneren Atriums, um das sich die Läden kreisförmig in fünf Geschossen versammeln, ist eine hochkant gestellte Piazza d'Italia, ein mittelalterliches Labyrinth aus Festungsmauern, Roll- und Stufentreppen, venezianischen Brücken und futuristisch silbernen Galerien. Das Vorbild dafür ist allerdings wohl kaum in Charles Moores Lückenbüßer in New Orleans, sondern in der vielzitierten neuen Horton-Plaza von San Diego zu suchen, wo ein verwaistes Stadtzentrum mit einer Freiluft-Shopping-Bühne künstlich wiederbelebt wurde.

Typischen Wiener Manierismus praktiziert Hollein in der vollen Breite und Höhe des Innenraumes, den er als Dreiviertel-Kreisbogen konzipierte und mitsamt dem runden Kunstlichthimmel leicht nach hinten wegkippen ließ. Das nicht vorhandene Kreissegment ergänzt sich in den Augen des Betrachters, und die subversive Schräglage der Mittelachse mitsamt Wänden und Treppen bringt die luxuriöse Tropfsteinhöhle zum Tanzen.

Zwanzig Geschäfte, dazu Wiens größtes Phono- und Videohaus, darüber Büro- und Banketagen und oben ein erlesenes Restaurant locken das Publikum in ein Haus, das mit seiner Terrassen- und Dachlandschaft als Sehenswürdigkeit das rostige Riesenrad des Praters in den Schatten stellen wird. Wenn es den Hausbesitzern – einem Banken- und Versicherungskonsortium – gelingt, diese Flanierflächen öffentlich zu halten und auch des Nachts nicht tresorartig zu verriegeln, dann gibt das Haas-Haus der Stadt oben zurück, was es ihr unten in den Interieurs des Handels entzogen hat: Licht, Luft, Treffpunkte und vor allem Blickrichtungen, auf die der Stephansdom jahrhundertelang warten mußte. Hier ergibt sich sinnfällig, was drunten der krampfhaften Anpassung der Gebäudesilhouette an den Kontext nicht gelang: eine Dynamisierung des Stadtraumes. Die geschickt dimensionierten Vorsprünge und Terrassen eröffnen wahre Simultanperspektiven auf Dom, Graben, Kärntnerstraße und vieles mehr.

Überall ist dem Haas-Haus anzumerken, daß Baumeister Hollein tatsächlich fünfzehnhundert Detailpläne für jede noch so kleine Einzellösung gezeichnet hat. Wo der Bau westlich an die vorhandene Zeile im Graben anschließt, signalisiert ein schmales vertikales Fensterband die Dehnungsfuge, die wie mit Damenstrapsen gespannt ist. Dahinter wellt sich die grünlich schimmernde Quarzit- und Marmorfassade wie eine Epidermis, aber das einfältige Lochmuster der toten Fensteraugen macht allen Sinnesreiz zunichte. Zu allem Überfluß treppt sich die Rasterfassade zur runden Gebäudeecke auch noch ab, und selbst der Hinweis auf die Ähnlichkeit der Fensterproportionen zu Adolf Loos' Haus am Michaelerplatz kann weder dem mißglückten Vorbild noch Holleins Replik aufhelfen. Bei soviel Statuarik nützen selbst die gebogenen Straßenlaternen auf dem Trottoir nichts, die sich in die Kurve legen, um das Publikum möglichst schnell zum Prachtstück des silbrigen Runderkers zu geleiten. Die dritte Fassade zur Goldschmiedgasse versöhnt mit kühl-eleganter Fassadengrafik, witzigen Erkernasen und orgelpfeifenartig gestuften Treppenhausfenstern, deren wohltuende Nüchternheit sogar dem pseudosakralen Tempeltürmchen auf dem Dach den diskreten demokratischen Charme eines Freiluft-Containers verleiht.

Als Vorbild für ein vertikal verdichtetes Einkaufszentrum ist Holleins Bau zu einer europäisch assimilierten Weiterentwicklung der amerikanischen Malls geworden. Wenn sich tatsächlich die einstige Dichte, Nähe und Wahlfreiheit im städtischen Leben nur noch in diesen Eingeweiden der Konsumkultur aufrechterhalten lassen, dann ist schon viel erreicht – wenn nur der Bauch der Stadt von Hans Hollein entworfen wird.

Piranesi im Lunapark:

Ladengalerie von Rüdiger Schramm in Frankfurt

Als die amerikanische Woolworth-Kette im November 1992 erwog, ihre deutschen Niederlassungen aufzugeben, kündigte sich damit auch ein Schlußstrich unter eine Konsumepoche an. Die Großkaufhäuser, die ganz im Wachstumsgeist der Nachkriegszeit die Waren tausendfach unter einem Dach aufgehäuft hatten, aber zugleich jede lebendige Konkurrenz einzelner Anbieter ausschalteten, trafen nicht mehr den Geist der Zeit. Der hat sich vom egalitären Massenkonsum verabschiedet: Was früher vor allem die Existenz erhalten sollte, muß heute auch der Identitätsstiftung dienen.

So sind auch die Handelskonzerne längst auf ein anspruchsvolleres Käuferverhalten eingeschwenkt. Sie nehmen immer mehr Fachgeschäfte in ihre Großraumetagen auf und entwickeln sich nach dem Shop-in-shop-Prinzip zur Sammelstelle assoziierter Filialen und Einzelhändler. Die Zellteilung innerhalb der einstigen Kathedralen des Kommerzes hat ganz neue Handelsformen hervorgebracht. Die ersten innerstädtischen Passagen und Shopping-Zentren entstanden in den achtziger Jahren zuerst in Hamburg, Düsseldorf und Köln. Jetzt haben sie auch die Bastion der kommerziellen Megastrukturen erobert, die bundesweit größte Ansammlung von Kaufhäusern auf der Frankfurter Zeil. Hier hatten 1968 Andreas Baader und Gudrun Ensslin im Kaufhaus Schneider Feuer gelegt, was den Kommunarden Fritz Teufel zu der bekannten Losung inspirierte, es sei immer noch besser ein Warenhaus anzuzünden als eines zu betreiben. Wenige Meter neben der einstigen Feuerstelle ist die Vertikalpassage „Les Facettes" eröffnet worden.

Eingeklemmt in eine nur sechzig Meter breite Baulücke zwischen Kaufhof und Hauptpost, stemmt dieses Labyrinth eine Kaufpromenade von 750 Metern Länge in die Höhe. Rolltreppen schaufeln die Besucher bis ins Belvedere unter dem Dach. Auf schrägen Ebenen mit einer Neigung von sechs Prozent trudeln die Kunden dann mit sanfter Gravitationsgewalt an den offenen Glasfronten von siebzig Einzelhändler-Parzellen wieder ins Parterre hinab. Nach oben gelangen sie in Windeseile, hinunter brauchen sie zu Stoßzeiten eine halbe Ewigkeit – eine perfekte Zentrifuge zum Auspressen von Kaufkraft. Vertikalerschließungen in Schraubenform gehen zurück auf Kaufhaus-Entwürfe von Friedrich Kiesler in den zwanziger Jahren, die erstmals Frank Lloyd Wright mit seiner Guggenheim-Spirale in New York verwirklicht hatte und die Ingeborg Kuhler in ihrem Mannheimer Technikmuseum 1990 glänzend weiterentwickelte.

In Frankfurt haben die Architekten Rüdiger Kramm und Axel Strigl aus Darmstadt, bekannt bislang nur als Wohnungsbauer und Spezialisten für schwierige Grundstückszwickel, die mit acht Etagen höchste Einkaufspassage Deutschlands errichtet. Diese „Mall" ist ihren amerikanischen Vorbildern durch maximale Stapelung und Verdichtung überlegen. Sie erinnert an kommerzielle Turmbauten in Tokio, die wegen Flächenknappheit und unerschwinglichen Bodenpreisen auf winzigen Grundstücken den Angebotsreichtum einer kompletten Miniaturstadt übereinanderschichten.

Das Organisationsprinzip historischer Markt- und Passagenhallen kehrt hier wieder, nur mit dem Unterschied, daß nicht die Selbsttätigkeit des Basargeschehens, sondern ein übergeordnetes „Projektmanagement" für die wohlkomponierte Zusammensetzung der einzelnen Branchen sorgt. In der Zeilgalerie gibt es nur fünf Filialen internationaler Handelsketten, der Rest sind örtliche Einzelhändler. Erstaunlicherweise ist die Anlage keine Hochburg der neuen Üppigkeit geworden, sondern eine intelligente Mischung aus Geschäften des alltäglichen Bedarfs zu erschwinglichen Preisen.

Statt teurer Reiseaccessoires, Seidenunterwäsche oder Juwelenglanz gibt es Läden für Heimwerker- und Fotobedarf, Tee- und Phonohandlungen, Porzellan- und Kleidershops, Reisebüros und Radiostudio, Restaurants, Bars und Cafés – und das zu Mietpreisen zwischen 130 und 200 Mark, die deutlich unter dem Goldgräber-Niveau auf den Claims der benachbarten Fußgängerzonen liegen. Damit Kinder nicht die Kauflust hemmen, bieten die Betreiber einen eigenen Kinderhort an. Es ist eine fast autarke Kleinstadt in der Stadt, die sich mit ähnlich großzügigen Dachterrassen krönt wie das Haas-Einkaufszentrum von Hans Hollein in Wien.

Zwar besitzt der Eigentümer die uneingeschränkte Kontrolle über die Pseudo-Öffentlichkeit in seinem Privatbau, wofür zusätzlich fünfzehn Wachmänner und dreißig Hostessen sorgen. Dafür hat er im siebten Stock ein halböffentliches, vermietbares Kongreß-, Musik- und Medienzentrum eingerichtet, das als Restbestand städtischer Versammlungsplätze wenigstens den Anschein von freier Verfügbarkeit aufrechterhält.

Architektonisch setzt sich das Frankfurter Labyrinth vom Marmorglanz der neueren Konsum-Mausoleen ab. Die transparente Konstruktion besteht aus einem offenen Stahlskelett: durch das rechteckige Atrium fällt das Himmelslicht bis ins Tiefpaterre. Große bewegliche Hohlspiegel auf dem Dach folgen zusätzlich der Sonne und leiten die Strahlen wie in Norman Fosters Hongkong-Bank über Lichtschaufeln ins Atrium. Zur Steigerung des konsumistischen Reizklimas wurden alle Baudetails extrem fragmentiert und überinstrumentalisiert: zerbrochene Glasfronten und Spiegelwände, technizistisch zergliederte Geländer und Sprossen, ein Feuerwerk aus Spotlights, das mit Reflektoren noch hundertfach zerstäubt wird, dazu das Mobile der Glasaufzüge und die Menschenfracht auf den Rolltreppen. Überwältigt vom Sicht-, Licht- und Raumerlebnis in dieser Mischung aus Lunapark und Piranesi-Kerker, stolpert man hier über die eigenen Füße.

Die Außenfassade wurde als Kunst-am-Bau-Objekt zur Medienmembran geadelt. Weil die Stadt die Traufhöhe unnachgiebig auf 25 Meter beschränkt hatte, schiebt sich ersatzweise wie bei Hollein eine vorwitzige konvexe Rundnase plastisch in den Straßenraum: darüber stoßen dekonstruierte Dachtonnen wie Teleskopgebisse gefräßig nach. Nebenan entwickelt sich hinter einer gefalteten Filterwand aus Lochblechen abends ein kinetisches Farbspiel von changierenden Lichtwasserfällen. Daß die Impulse seismographisch und akustisch vom Straßengeschehen aufgenommen und medial von innen auf die Fassade projiziert werden, dürfte aber nur den versonnensten Blicken auffallen.

Das regelmäßig unerträgliche Gedränge auf den schmalen Laubengängen wie in einer Justizvollzugsanstalt zeigt, daß das Erfolgskalkül von Betreiber und Architekten aufgegangen ist. Draußen war die Zeil-Fußgängerzone vor zehn Jahren hilflos mit Pflastermosaiken und Kiosken zur Ersatz-Ramblas aufpoliert worden: Zusammen mit dem in Betonkuhlen erbärmlich vor sich hin vegetierenden Platanenwald wurde hier jedes stadträumliche Erlebnis mutwillig zerstört. In der Zeilgalerie ist jetzt ein Stück Urbanität künstlich konstruiert worden. Zwar handelt es sich wiederum nur um die amerikanische Version des gedeckten Stadtraumes, die sich trotz ganz anderer klimatischer und soziologischer Entstehungsbedingungen hierzulande einer fast gespenstischen Beliebtheit erfreut. Aber der Rückzug von der Stadtoberfläche und die Introversion der Handelsfunktion entwickeln auf kleinstem Raum reichlich Eigendynamik: Was diese Anlage nach außen der Stadt an Vitalität entzieht, gibt sie ihr innen komprimiert zurück.

Man steht vor einer in Europa ungekannten Konfiguration des kollektiven Konsums. Gegenüber den monolithischen Großkaufhäusern lassen solche Anlagen die zerstörte organische Eigenständigkeit der einzelnen Anbieter künstlich wiedererstehen. Diese Bauten ignorieren das Umfeld, entwickeln immer aufwendigere Interieurs, so daß der Bauch der Stadt in einer Art inversem Kubismus eine gewaltige innere Oberflächenvergrößerung erfährt. Solche Verdauungsorgane der Stadtgemeinschaft ergeben fast fraktal zergliederte Reizflächen und Anlagerungspunkte – wie in einem Magen mit seinen Faltungen und Darmzotten.

Den Übergang von der traditionellen Freiluftstadt zum Stadtkörper ohne Außenseite, zum Eingeweide des Kollektivs, mag man als Verarmung und Differenzverlust beklagen. Aber die luftig-provokante Arte-povera-Ästhetik der Zeilgalerie hält den Besucher, anders als neuere Prachtpassagen, in einem Schwebezustand zwischen Gängelung und Eigeninitiative. Solche Bauten sind nicht die Antwort auf die überkommenen Großkaufhäuser, sondern auf eine viel gefährlichere Herausforderung: die riesigen Verbrauchermärkte vor den Toren der Städte. Schon heute ziehen sie fast die Hälfte des privaten Konsums an sich, was die aussterbende Spezies der innerstädtischen Händler zu verzweifelten Rettungsversuchen antreibt. Denn nicht sie sind die Erbfolger des ungastlichen, billigen Großkaufhauses, sondern die Containermärkte an der Peripherie, die sich wie Krebsgeschwüre ausbreiten und nichts als eine Verwüstungsspur von Müll hinterlassen. Dem Kaufhaus alter Prägung, das noch Einzelbaustein, aber nicht Passagen-Ersatz von Stadt war und erst recht noch nichts von deren Auflösung am Rand wußte, wird man eines Tages vielleicht doch noch Tränen nachweinen.

Denkmal des Transitorischen:

Der Bundestag von Günter Behnisch in Bonn

In der Antike gehörten Gesetzgeber und Architekt noch in die gleiche Berufskategorie. Mit der Umgrenzung des öffentlichen Stadtraumes wurde auch der Erscheinungsraum der politisch Handelnden bestimmt. Für Aristoteles waren Gesetzgeber und Architekt Handwerker, die mit dem Bau der Stadt auch das Zusammenleben ordneten, dessen innere Struktur das Gesetz war. Von dieser fundamentalen Auffassung des politischen Charakters von Stadt und Architektur ist heute wenig übriggeblieben. Jahrhundertelang waren Staatsbauten keine Bühnen des Gemeinwesens, sondern Schauplätze autokratischer Herrschaftsentfaltung. Heutige Demokratien sind in das andere Extrem verfallen, aus Angst vor dem staatlichen Machtanspruch ihre Regierungshäuser zu Behelfseinrichtungen für Verwaltungsakte zu machen. Nirgends zeigt sich der Niedergang der öffentlichen Kunstformen in diesem Jahrhundert so deutlich wie in der Unfähigkeit der Architektur, repräsentativen Demokratien auch repräsentative Bauformen zu geben.

Daß die jüngste Ausbauplanung des Bonner Parlamentsviertels mehr als zwanzig Jahre gedauert hat, rührt weniger von der Einflußnahme des ständig wechselnden politischen Personals her als vielmehr von dessen grandiosem Desinteresse an Architekturfragen. Zu Beginn von Willy Brandts Ostpolitik hatte sich das Regierungsprovisorium am Rhein erstmals zu einer dauerhaften Ausgestaltung seiner Bundeshäuser entschlossen. 1972, als der Grundlagenvertrag mit der DDR entstand, wurden die ersten Bauwettbewerbe ausgeschrieben. Nach knapp zehn Jahren Planungsgerangel verwarf das Parlament 1981 aus rezessionsbedingtem Geldmangel die große Lösung für eine komplette Neubaulandschaft rund um den „Langen Eugen". Mit der Wende 1982 begann die jahrelange Suche nach Kompromissen. Erst sollte der alte Plenarsaal von 1949 renoviert, aber die umgewandelte Pädagogische Akademie von 1933 in großen Teilen abgerissen und neu gebaut werden. Herausgekommen ist trotz gleichbleibender Regierungsmehrheit schließlich das genaue Gegenteil: Der Plenarsaal von Hans Schwippert wurde geschleift, aber die Akademie von Martin Witte mitsamt Anbauten der fünfziger Jahre teilweise erhalten. Und jetzt ist dieser schwierigen Baugeburt nur eine Lebenszeit von etwa sieben Jahren vergönnt, bis das Parlament nach Berlin umzieht und die Bonner Hülle in eine Aula, Konzert- oder Kongreßhalle umgewandelt wird.

Drei Kanzler, sechs Bauminister, elf Staatssekretäre, sieben Bundestagspräsidenten, vier Bundesbaudirektoren und Tausende wechselnder Abgeordneter haben an dem Projekt mitgewirkt. Daß bei einer derart komplizierten Bauherrenschaft heute überhaupt etwas Greifbares entstanden ist, muß als Wunder gelten. Jetzt kann sich die dritte deutsche Republik zum ersten Mal einen rundum gültigen Spiegel ihrer baulichen Selbstdarstellung vorhalten. Und sie schaut auf ein kantiges Glashaus aus schußsicherem Panzerglas mit fliegenden Ebenen und aufgelösten Tragwerken, mit abfallenden Terrassen und offenem Dachhimmel, in dem der Blick sich nicht verfängt, sondern nach allen Seiten hinein- und wieder hinausgeht und einen Ruhepol nur im breiten Bett von Vater Rhein findet.

Alles fließt im neuen Bundestag der Stuttgarter Architekten Behnisch und Partner. Nirgendwo ist dem Haus die Verkrampfung seiner Entstehung anzusehen, weder die zahlreichen politisch motivierten Umplanungen noch der Streit um die Sitzordnung oder gar der Protest der Denkmalschützer, als 1987 der alte Saal und damit das wichtigste Baudokument der Nachkriegsdemokratie fiel. Der Neubau ist schlank und hell, luftig und weit. Er steht nicht auf einem Ehrenpodest, sondern rutscht in abschüssiger Hanglage zum Rhein hinunter, wo der Plenarsaal den tiefsten Punkt der Anlage bildet. Bürger, Abgeordnete und Präsidentin schreiten von der Görresstraße – wo früher die Turnhalle der Akademie lag, die spätere Wandelhalle des Bundestages – durch egalitär nebeneinandergestellte Eingänge in ihr Volkshaus. Mit sanfter Einladungsgeste werden die Besucher von einer geschwungenen Trennscheibe abgedrängt und auf die Emporen geleitet. Die Halle wird durch ein heiteres Empfangsgewitter aus dekonstruktivistischen Freitreppen, Balustraden, Metall- und Glassplittern atmosphärisch aufgeladen.

Chromblitzende Industrie-Ästhetik, Metallverkleidungen und nackter Betonboden strahlen besten deutschen Gewerbefleiß aus. Das kühle Bodenmaterial geht beim weiteren Eintreten in Kunststein und im Plenum in Parkett über – eine simple, aber überzeugende Dramaturgie von Annäherung und Wärme. Der Plenarsaal wurde als freier gläserner Schrein in das Langhaus gestellt und die Lobby ganz um ihn herumgeführt, was die Transparenz der äußeren Hülle noch steigert, aber für Lobby-Geschäftigkeit zu exhibitionistisch ist. In elf kreisrunden Stufen fällt das Plenum wie ein Amphitheater zur Mitte ab. Die 54 Sitze für die Regierung und den Bundesrat sind nur horizontal in ihren Kreissegmenten separiert, stehen aber vertikal auf dem gleichen Boden wie das Parlament. Von oben herab abkanzeln geht hier nicht. Die hintere Wandscheibe des Plenums schwebt im Saal wie die Leinwand eines Autokinos. Ihr Illusionismus paßt zu ihrer Funktion als Trophäenwand für erledigte Symbole. Daß erst der alte Bundesadler zerstört werden mußte, um nach Protesten jetzt als fast originalgetreue Reproduktion dort wieder aufzutauchen, zeigt die totale Aversion in diesem Hause gegen Bildwirkungen. So wird auch die Integration der 4,4 Millionen Mark teuren Ankäufe für die „Kunst am Bau" schwierig. Nicola de Maria malt das Bundestagsrestaurant zum knallbunten Fresken-Sternenhimmel aus, Mario di Suvero läßt eine Großplastik in den Rhein hineinragen, Sam Francis gestaltet einen hinteren Treppenhausturm. Dazu gibt es Werke von Joseph Beuys, Olaf Metzel und Rebecca Horn. Spät kam der Entschluß, mit einer Plastik von Hermann Glöckner auch ostdeutsche Künstler einzubeziehen. Als Mitte der achtziger Jahre der Streit darüber entbrannte, ob die Abgeordneten mit einer linearen, ovalen oder konzentrischen Sitzordnung eine bessere Politik machen, konnte man sich an einen fernen Glaubenskrieg vor fünfhundert Jahren erinnert fühlen. Damals gingen die italienischen Kirchenbauer der Renaissance daran, die kreuzförmigen Kirchenschiffe durch Zentralbauten zu ersetzen. Sie wurden als Heiden beschimpft, weil im Kirchenrund der Hauptaltar und Klerus nicht deutlich genug von der Gemeinde geschieden waren. Konzentrische „heidnische" Sitzordnungen gehen auf antike Zirkus-, Theater- und Kultbauten zurück und prägen bis heute den protestantischen Kirchenbau Nordamerikas. Oberste Verkörperung dieser Gemeinschaftsrotunden ist das Amphitheater des Kongresses im Capitol von Washington. Die Bonner Parlamentsbühne schließt erstmals den Kreis auf 360 Grad. Statt auf Konfrontation setzt diese Parlaments-Manege auf „herrschaftsfreie" Kommunikation mit einem Zug ins Spielerische. Eine Würdeform ist diese Konfiguration nur zuallerletzt. Die Abgeordneten führen einen Tanz um eine leere Mitte auf, in der kein großer Wille steht, sondern nur das Pult der Protokollanten.

Auf zwölfhundert Quadratmetern bietet der Saal jedem der 662 Abgeordneten einen überaus geräumigen Sitzplatz. Statt auf egalitären Bänken wie in historischen Parlamentshäusern thront jeder Abgeordnete auf einem blauen Erster-Klasse-Polstersessel, Marke Intercity-Design. Man fragt sich, wie im damaligen Berliner Reichstag 589 Abgeordnete mit nur 638 Quadratmetern ausgekommen sind und wie es im britischen Unterhaus 651 Abgeordnete auf wenig mehr als 300 Quadratmetern aushalten. Hier täuscht die Architektur ganz entgegen ihrer antirepräsentativen Haltung eine Fülle vor, die zur Leere verdammt ist. Nur an wenigen Tagen im Jahr ist der Bundestag bis auf den letzten Platz gefüllt. Ein dichteres und gerichteteres Plenum wäre weitaus arbeitsfähiger. Das Gegenbild dazu ist das lebendigste Parlament der Welt, das britische Unterhaus, das mit seinen zwei gegenüberliegenden Tribünen eine herrliche Kampfordnung des parlamentarischen Streits abgibt. Vielleicht läßt sich für den Umbau des Berliner Reichstags eine dynamischere Form finden, die nicht so spannungslos ist wie diese sphärische Unendlichkeit. Von der banalen Bestuhlungsfrage könnte man leicht den Bogen zu einer Neustrukturierung des Parlaments schlagen. Wenn man vergleicht, daß 253 Millionen Amerikaner von lediglich 535 Senatoren und Abgeordneten vertreten werden, wäre in Berlin auch eine Verschlankung des Bundestages zu wünschen.

Als extrem geöffneter Tageslichtsaal atmet das Plenum eine Transparenz, die in Berlin nur schwer zu erreichen sein wird. Wäre nur die Bonner Oberlichtdecke nicht so unnötig kompliziert und mit Glasschotten abgehängt, die an Eiswürfelbereiter aus dem Kühlschrank erinnern. Hier wird der Zwiespalt der Architekten deutlich. Sie wollen jedes historische Pathos von Zentralkuppeln vermeiden, das diesem Flachbau vielleicht gutgetan hätte, aber dennoch baukünstlerische Akzente mit Technikformen setzen, die banal wirken.

Im hinteren Trakt der Bundestagspräsidentin und im Präsidialpalais im Garten nebenan reibt man sich die Augen. Das ist nicht mehr die klassische Architektursprache von Mies van der Rohes Nationalgalerie oder Sep Rufs Bundeskanzler-Bunga-

low, sondern die Inkunabel der Architekturmoderne schlechthin: Es ist der Katsura-Palast des japanischen Kaisers in Kyoto.
Shoji-Schiebewände, die zwar nicht mit Reispapier, sondern
mit Plexiglas bezogen sind, umlaufende Veranden, modulare
Wandelemente und viel helles, gerastertes Holz ergeben eine
fernöstliche Atmosphäre gediegenster Sparsamkeit. Daß die
Architekten es geschafft haben, gegen den eher am Marmorglanz von Landeszentralbanken orientierten Baugeschmack
mancher Politiker diese radikalmoderne Askese durchzusetzen, bleibt eine Meisterleistung.
Doch statt geschichtlichen Formen huldigt der Bau nur formalen Schichtungen: Wandscheiben, die nirgends zu einem geschlossenen Volumen zusammentreffen, Brüstungen und Son-
nenblenden, die arbeitsteilig in eine größtmögliche Zahl selb-
ständiger Elemente zergliedert sind. Kein Handlauf, der nicht
aus mehreren Teilen zusammengesetzt wurde, kein Raumab-
schluß, der zugleich tragende Funktion hat. Alles verweigert
sich plastischer Verformung, überall gilt die Sperrigkeit auto-
nomer Details als Signum von Ehrlichkeit und Freiheit. Der
Monofunktionalität der Teile entspricht die Disparität des
Ganzen. Solch ein Übermaß an analytisch zergliedernder
Form- und Materialästhetik geht auf Kosten sinnlich-syntheti-
scher Wahrnehmbarkeit. Es fällt schwer, nach dem Besuch
dieses Hauses einen bleibenden Eindruck davon zu behalten,
welche Gestalt die Heimstätte des deutschen Volkssouveräns
hat. Die Architekten sind, wenngleich auf oberstem Niveau,
wieder zur Nachkriegs-Poesie des Pavillons zurückgekehrt, zur
Ästhetik des Durchgangsquartiers. Selten wurde der Mythos
des neugeborenen, unschuldigen Deutschland so überzeu-
gend in Szene gesetzt wie auf diesem luftigen Präsentierteller,
der nur von neuem die „tabula rasa" schafft, auf der er entstanden ist.
Was diesem Bundestag fehlt, ist jeder Anflug von Geschicht-
lichkeit. Es stellt immer noch das rein Transitorische der alten
Bundesrepublik dar und bietet wider Willen das ideale
Sprungbrett für den Umzug nach Berlin. Die Entwurfsphiloso-
phie dieser Architektur betont die Prozeßhaftigkeit der Ge-

staltfindung und die ewige Unfertigkeit des Produkts, was in urdeutscher Romantik wurzelt. So sympathisch die lässige Selbstdarstellung des Parlaments ist, so gefährlich nachlässig wird diese gebaute Improvisationskunst, je stärker rechte Sammlungsbewegungen derzeit mit ganz anderen Identifikationsangeboten auf einen anderen Staat hinarbeiten.

Schauer des Erhabenen:

Aldo Rossis Opernhaus in Genua

Lange Jahre, als die Metall- und Hafenindustrie noch florierte, stand die 1943 ausgebombte Kriegsruine der Oper wie ein Mahnmal des Niedergangs mitten in Genua. Heute dagegen, da Hafen und Stahlwerke schließen und die Arbeitslosenquote die höchste in ganz Norditalien ist, erstrahlt das Opernhaus „Teatro Carlo Felice" in neuem Glanz. Solche Widersprüche haben Methode. Früher war wirtschaftliche Prosperität die Voraussetzung kultureller Blüte; heute wachsen kulturelle Ambitionen, wenn alte Ökonomien schwinden.

Extrem zeigt sich dieser Postindustrialismus in den großen Hafenstädten am Mittelmeer. Barcelona, Marseille, Genua und Neapel leiden ähnlich unter dem Absterben alter Industrien. Überall gibt es urbanistische Neuplanungen zur Rückkehr der abgedrängten Städte an die Hafenfronten, an denen zeichenhafte Kultur-, Sport- und Kongreßbauten entstehen. Als Vorreiter dieser Erneuerung macht sich Barcelona die Olympischen Spiele 1992 zunutze. Ähnlich will die Kolumbus-Stadt Genua von der kleinen Weltausstellung „Colombo '92" profitieren, mit der sie parallel zur Expo 1992 in Sevilla den 500. Geburtstag der Entdeckung Amerikas feiert.

In Genua hatte einst Nietzsche die glücklichsten Tage seines Lebens verbracht. Die Stadt zählt nicht zu den Touristenzielen Italiens. Wie ein zerklüftetes Felsennest steigt sie an der ligurischen Küste empor. Das dunkle Labyrinth der mittelalterlichen

Altstadt – die größte Europas – ist ein bewohntes Museum voller unschätzbarer Alltagsdenkmäler. Die ältesten Häuser stammen aus dem zwölften Jahrhundert und sind von nachfolgenden Generationen wie Bienenwaben weitergebaut worden. Mit seinen winzigen Gassen und himmelhohen Häusern stellt Genua selbst Neapels berüchtigtes „Spanische Quartier" aus dem 16. Jahrhundert in den Schatten.

Laufende Genueser Neuplanungen zeigen exemplarisch, wie zielstrebig sich eine museale Stadt neu orientieren kann. In den Industriegebieten bei Cornigliano kauft die Kommune große Flächen auf, reißt die zumeist staatlichen Metallwerke ab und bietet Investoren erschlossene neue Fabrikationsstätten an. Ein großer Containerhafen entsteht bei Voltri, wodurch allerdings, als habe man aus der Vergangenheit nichts gelernt, ganze Stadtteile von der See abgeschnürt werden.

Auch im Zentrum geht die Kommune pragmatisch vor. Nach dem Bau eines Fußballstadions von Vittorio Gregotti zur Weltmeisterschaft entsteht derzeit eine Zentralbibliothek und eine Kulturmaschine nach Art des Pariser Centre Pompidou im renovierten Dogenpalast „Palazzo Ducale". Zudem verwandelt der Genueser Architekt Renzo Piano den alten Hafen in einen Ausstellungs- und Kongreßstadtteil.

Mit 2002 Plätzen ist das „Teatro Carlo Felice" nicht nur eines der größten Musiktheater Europas. Es zählt auch zu den umstrittensten Nachkriegsbauten Italiens und dürfte zu den derzeit wohl extremsten Manifestationen der europäischen Gegenwartsarchitektur zählen. Vierzig Jahre lang hatte der Streit um den Wiederaufbau der 1827 von Carlo Barabino erbauten und 1943 von alliierten Bombern zerstörten Oper gedauert, von der nur der Säulenportikus und die Außenwände stehengeblieben waren. Der 1959 prämierte modernistische Entwurf von Paolo Chessa wurde nach einem Gerichtsstreit verworfen: Carlo Scarpas differenzierterer Aufbauplan von 1963 scheiterte nach fünfzehn Jahren fruchtloser Debatten am Tod des Architekten.

Aldo Rossi, Pritzker-Preisträger, und der italienische Altmeister Ignazio Gardella griffen von 1981 an Scarpas Pläne wieder auf. Obwohl sie die Oper Ende 1990 nach tausend Tagen Bauzeit für knapp 190 Millionen Mark kosten- und termingerecht fertigstellten, – ein italienisches Unikum –, wird sie voraussichtlich erst im kommenden Oktober eröffnet, weil der Stadt das Geld fürs Personal fehlt. Das gewaltige, historisch-moderne Architekturzitat von Rossi und Gardella bewahrt den Grundriß des alten Baus und stellt sogar die tempelartige Vorhalle mit Säulen, Fresken und Giebelfeldern wortwörtlich wieder her. Nahezu doppelt so hoch dagegen ließen die Architekten den Bühnenturm auf 63 Meter Höhe klettern. Wer jetzt von der Altstadt kommt und an der Piazza Ferrari, der Grenze zur klassizistischen Neustadt, zum erstenmal auf den Riesenturm trifft, fühlt sich wie in einem Meskalinrausch. Nagelneu funkelt die Oper zwischen der historischen Substanz hervor und scheint doch steinalt zu sein. Das Volumen des Opernturms sprengt derart rücksichtslos den Kontext der Stadt, daß man hier fast die Naturgewalt des Erhabenen vor sich wähnt,

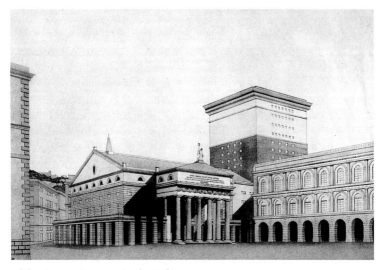

Aldo Rossi, Opera Carlo Felice, 1988

wie Kant sie beschrieben hatte: „Das Gefühl des Erhabenen ist ein Gefühl der Unlust aus der Unangemessenheit der Einbildungskraft in der ästhetischen Größenschätzung zu der Schätzung durch die Vernunft", wodurch „Schreck", „Grausen" und „heiliger Schauer" hervorgerufen werde.

In der Oper hat der Stadtanalytiker Rossi seine gesamte geschichtsträchtige Bautheorie verwirklicht, in deren Mittelpunkt die Dauerhaftigkeit, ja Erhabenheit der gebauten Form gegenüber der Wechselhaftigkeit ihrer jeweiligen Funktionen steht. Strikt antifunktionalistisch hat er den Bau nicht von innen heraus den Zwecken folgend nach außen entworfen. Er zwingt umgekehrt die Nutzer, sich der rigiden, ihren Bedeutungsgehalt verschleiernden Großform anzupassen; so hat er die Verwaltung in luftiger Turmhöhe über dem Schnürboden untergebracht. Zudem lassen sich Rossis zentrale Begriffe – Typus und Analogie – deutlich an der Anlehnung des Bühnenturmes an die Typologie des Stadtpalastes und die analoge klassische Fassadengliederung ablesen – nur daß alles gigantisch überzeichnet ist: die simulierte Rustika-Basis aus Gußbeton – sie bezeichnet die Höhe des früheren Bühnenturms von Barabino –, darüber die schmale Geschoßzone des „Piano Nobile" mit allzu klein geratenen Fenster-Schießscharten und schließlich die Attika mit dem monumentalen Heiligenschein ihres Kranzgesimes aus Kupfer.

Ohne Rücksicht auf Faschismus-Vorwürfe betont Rossi die Monumentalität der Architektur. Damit meint er Bauleistungen für das kollektive Gedächtnis, die nicht bloß groß sind, sondern symbolische Orientierungspunkte der Stadt bilden. Doch die Genueser Oper wirkt – erstaunlicherweise ohne bildhaften Zierat, sondern allein durch Proportionierung – weniger wie ein historischer Erinnerungsort, sondern wie eine völlig Neuschöpfung.

„Carlo Felice" tendiert unweigerlich ins Groteske. Trotz des respektierten historischen Grundrisses bäumt sich das Haus unter gewaltigen Blow-up-Effekten auf. Als hätten amerikanische Pop-Architekten Hand angelegt, wuchern die klassischen Elemente, die nicht nur rekonstruiert, sondern neu gebaut wurden – Podeste, Säulen, Architrave – wie in einem Comic Strip ins Überzeichnete aus. Der riesenhafte Turm läßt an landwirtschaftliche Kornspeicher oder an Michael Graves' postmodern-hypertrophe Schatztruhe des Humana-Gebäudes in Louisville (Kentucky) denken.

Charakteristisch für diesen Architektursaurier ist jedoch sein klar konturiertes Großvolumen, das sich trotz aller Einwände städtebaulich als Segen erweist. Sein Wagemut hebt sich wohltuend von der ängstlichen architektonischen Spitzenklöppelei ab, mit der andere Entwürfe heute reale Volumina auf ein „menschliches Maß" bringen wollen. Daß solche Trivialbauten jedoch völlig unerhaben sind und im Sinne Kants niemals „die Seelenkräfte über ihr gewöhnliches Mittelmaß erhöhen", dieses Unvermögen wiegt bei öffentlichen Häusern um so schwerer. Der Vorzug des „Carlo Felice" fällt erst im Vergleich zu neuen Musiktheatern auf, etwa Wilhelm Holzbauers Stadtoper in Amsterdam oder Carlos Otts Pariser Bastille-Oper. Beidesmal wird die Baumasse abgerundet, verniedlicht, „demokratisiert", aber dadurch grobschlächtig gemacht: mit simulierten Grachtenhaus-Giebeln in Amsterdam oder abgetreppten Fassadenkulissen in Paris. Genuas Oper dagegen scheint stumm und herrisch die Umgebung totzuschlagen und bündelt in Wahrheit städtische Energie durch Konzentration von Masse. Das gleicht dem Effekt physikalischer Gravitation.

Obwohl die Opern-Beispiele in Paris und Amsterdam städtebaulich eher Grauen erregen, versöhnen sie, vor allem Paris, mit gediegenen Interieurs und dynamisch bewegten Raumformen. In Genua dagegen kehrt sich die Qualität des Hauses im Innern völlig um. Gelungen ist einzig die geöffnete Säulenvorhalle. Sie verlängert eine seitlich angrenzende Einkaufspassage – die alte Galleria Mazzini – quer durch den edlen Theatervorbau zur Piazza Ferrari hin. Und senkrecht durch die etwas zu niedrig ausgefallenen drei Geschosse des Foyers sticht eine spitze, kegelförmige Laterne, ein Lichtschacht, der Tageslicht vom Dach bis in die öffentlichen Fußgängerzone herunterführt und an Türme von Gaudí erinnert.

Der große Saal wurde, inspiriert von Freilufttheatern wie in Aix-en-Provence oder von Palladios perspektivischer Bühne im Teatro Olimpico zu Vicenza, als italienischer Stadtplatz hergerichtet, allerdings mit starr gestaffelten Rängen ohne Halbkreis- oder Hufeisenform. Dieser interiorisierte Außenraum schmückt sich mit Real-Kulissen: hohen Kolossalsäulen, simulierten Fenstern, Balkonen und Balustraden. Das Publikum soll in dieser starren Freilicht-Szenographie mitspielen, ganz wie in den historischen Theatern, wo der Hofstaat immer schon Teil der Inszenierung war. Doch hier entsteht unter sternglitzerndem Lichterhimmel eher eine Jux-Atmosphäre zwischen Festzelt und Wienerwald – fehlt nur noch der Regen aus der Sprinkleranlage.

„Carlo Felice" wendet sich völlig von der Gegenwart der modernen, zerrissenen Stadt ab und versucht, die Geschichte umzukehren. Daß dieses Experiment gelungen, aber kaum übertragbar ist, liegt an den fast laborähnlichen Idealbedingungen eines historischen Stadtkörpers wie Genua. Als mustergültiges Manifest des heutigen Klassizismus macht dieser Bau das Wesen postmoderner Architektur noch einmal deutlich – als Darstellung des Schweren, im Natursinne Erhabenen, das den Anschein erwecken möchte, als sei es schon immer dagewesen. Diesen bewahrenden Kräften steht die intellektuelle Gegenposition des architektonischen Dekonstruktivismus eher hilflos gegenüber; sie will das Flüchtige, Zerbrechende und Verschwindende im heutigen Stadtleben thematisieren und Formen schaffen, die das Neue, noch nie Dagewesene verkörpern. Wer das Bauen noch ernst nehmen will, der muß sich klar entscheiden: entweder für die riskante Ästhetik der Abwesenheit oder aber für die übermächtige, versöhnliche Präsenz eines „Carlo Felice". Alles andere sind schlechte Kompromisse.

Tempel der Arbeit:

Das Mannheimer Technikmuseum
von Ingeborg Kuhler

Selbst Verfechtern des Museumsbooms der vergangenen zehn
Jahre ist mittlerweile die unverhohlene Enttäuschung darüber
anzumerken, daß in den sagenhaften neuen Ausstellungshäu-
sern meist nur Bilder hängen. Kaum hat sich der fast gründer-
zeitliche Baufuror der musealen achtziger Jahre gelegt, da
wird ausgerechnet in Mannheim noch ein weiteres Ausstellungshaus eröffnet, das wider Erwarten der Architektur- und
Kulturdebatte eine neue Richtung weisen könnte. Das Landesmuseum für Technik und Arbeit pflügt nicht nur wie ein
architektonischer Eisbrecher durch die Topographie des ausfransenden Mannheimer Stadtrandes. Das Museum reißt zugleich auch verkrustete kulturwissenschaftliche Konzepte auf,
die die Einrichtung von immer neuen Detailsammlungen als
angemessene Traditionspflege sehen.
Obwohl das Mannheimer Haus ein Nachzügler ist, überflügelt
es spielend die neo- und postmodernen Bauexperimente der
jüngsten Museumsepoche. Zudem vereinigt es die auseinan-
derstrebenden Disziplinen der Kultur-, Technik- und Sozialge-
schichte, die in Hobbykollektionen oder in den Seitenkabinet-
ten der historischen Museen eher ein Schattendasein fristen.
Das streng durchkomponierte Ausstellungshaus erweist sich
als ideale Paßform für das Konzept eines „arbeitenden Museums". In der räumlichen Konfrontation von Werkzeugen, Maschinen und Alltagsgegenständen zu lebensnahen, funktions-
fähigen „Environments" stellt dieses Museum eine Vivisektion
der Industriegeschichte dar.
Diese neue Generation der technischen Museen gründet auf
einer ganz unmusealen Tradition. An ihrem Ursprung standen
die Landesgewerbe- und Weltausstellungen, deren ehrgeizige
Produktpräsentationen für das allgemeine Publikum noch die
Zukunftshoffnung eines von Mühsal und Mangel befreiten Le-

bens verkörperten. Doch mit den immer destruktiveren Folgen des Fortschritts hat die Anziehungskraft der Massenausstellungen nachgelassen. Heute dominieren die rein ökonomisch motivierten Verkaufsmessen für die Industrie, während den Konsumenten eine verharmloste tote Technik in den Asservatenkammern der Naturwissenschafts-, Industrie- und Firmenmuseen vorbehalten bleibt.

Die Industriegesellschaft definiert sich durch den unaufhörlichen Wandel ihrer Produktionsmittel. Doch weil der Innovationsdruck sämtliche Hervorbringungen der Technik ständig revidiert und zerstört, kann die Gesellschaft ihrer eigenen Tradition nicht mehr gegenständlich habhaft werden. So wird das Sichten und Sammeln von Technikresten zu einer immer wichtigeren Strategie der gesellschaftlichen Selbstvergewisserung.

Zu den großen historischen Technikmuseen sind immer mehr kleinere Häuser hinzugekommen: in Rüsselsheim, Hamburg, Berlin, Nürnberg wie auch im Ruhrgebiet. Auch Frankfurt plant ein „Museum für die Geschichte der Moderne". Doch viele Häuser konzentrieren sich bislang zu sehr auf die Apparate, was zur materiellen Verstopfung führt. Und was die Authentizität von Originalstücken angeht, so ist die erste Dampfmaschine genauso schwer herbeizuschaffen wie das Schwert Karls des Großen. Diesem doppelten Dilemma wollen viele neuere Häuser mit dem sozialgeschichtlichen Kunstgriff entgehen, die menschliche Arbeit in den Mittelpunkt der Präsentation zu stellen.

Das Mannheimer Landesmuseum, obwohl es an die riesige Sammlung des Deutschen Museums in München noch nicht heranreicht, verspricht jetzt mit einem Schlag zu einem neuen Zentrum der Industriegeschichtsforschung zu werden. Die jahrelang in unzugänglichen Depots angesammelten Objekte stammen sämtlich aus der Tradition der schwäbischen Tüftler und Technikpioniere, aber auch von modernen Großbetrieben Baden-Württembergs. Doch der Gefahr einer regionalen Bornierung entgeht das Haus durch seine themenübergreifende Darbietung, die sich stets am Produktionsprozeß orientiert.

Vollmundig verspricht das Museum, eine „Raum-Zeit-Spirale"
durch die Stationen der Industriegeschichte im deutschen
Südwesten zu legen. In der Tat beginnt die Reise in kleintei-
ligen Kabinetten und endet in mächtigen Sälen. Am Anfang
stehen nostalgische Reminiszenzen an vorindustrielle Wissen-
schafts- und Gewerbeförderung des Mannheimer Kurfürsten
Carl Theodor. Der Zusammenhang der geometrischen Künste
in Schloß- und Gartenarchitektur, in Astronomie und neuen
Meßtechniken wird mit Originalinstrumenten in begehbaren
Modellen nachempfunden, funktionsfähige Musteranlagen
zeigen frühe Manufakturen wie Textil- und Papierfabrikation.
Die aufkommende Lesekultur wird in der original eingerichteten Stuttgarter Druckerei Cottas thematisiert. Der Besucher
geht an Treidelschiffen im Maßstab eins zu eins vorbei, an
sprühenden Wasserrädern und heulenden Turbinen der be-
ginnenden Elektrifizierung, an Getreidemühlen und ersten
Drehbänken. Auf einem Dachgarten wird nebenbei Dreifel-
der-Landwirtschaft praktiziert.
Es folgen proletarische „Environments" aus den Anfängen der
Verstädterung: Arbeiterwohnungen mit Kneipe und Hinter-
hof, verlassene Odenwälder Bauernhütten in Lehmbauweise,
daneben Bahnhofsperrons und Straßenbahnwaggons. Ein
ganzer Saal aus den Fundstücken mitsamt authentischem Interieur ist der Stuttgarter Landesgewerbeausstellung 1896 gewidmet.
Während man plötzlich vor einer Dampflokomotive des Typs
„Eschenau", Baujahr 1896, steht, die fauchend das gesamte
Erdgeschoß des Museums durchfährt, eröffnen immer größere
Säle die Phase der Hochindustrialisierung und Massenproduktion. Die Herrschaft der Mechanisierung und Großtechnik,
der Fließbandfertigung bis hin zur Atomenergie und Compu-
terisierung entfaltet zur Gegenwart hin auch räumlich ihren
Machtanspruch. Krönung der trichterartig sich weitenden
Ausstellungslandschaft sind die gewaltigen Maschinenhallen.
Dort arbeiten Kolbendampfmaschinen vom Ausmaß eines
Einfamilienhauses, komplette Montagestationen für Autoka-
rosserien, Forschungsreaktoren, vollautomatische Industrie-

roboter, CNC-Drehbänke, Chemieöfen und schließlich, in gespenstischer Stille, ein gläserner Clean-Room zur Herstellung von Computerchips.

Ganz nebenbei hat der Besucher einen Museumsparcours von 3,5 Kilometern Länge abgeschritten. Die Glanzleistung räumlicher Organisation stammt von der Berliner Architektin Ingeborg Kuhler, die in acht Jahren Planungs- und Bauzeit ein lichtdurchflutetes Ausstellungslabyrinth von zauberhafter Transparenz entworfen hat.

Der weiß und bläulich schimmernde Bau liegt am Rhein-Neckar-Schnellweg vor dem östlichen Stadtentree am Mannheimer Friedensplatz. Bei aller aristokratischen Strenge wirkt das Haus, das auch das Landesstudio des Süddeutschen Rundfunks beherbergt, von außen trotz der gigantischen Ausdehnung von zweihundert Metern Länge eher überdifferenziert und verkantet, als sei hier Dekonstruktivismus als Selbstzweck praktiziert worden. Leichte Kakophonie verbreiten die horizontalen und vertikalen Fensterbänder mit ihrer an Mondrian erinnernden Flächenrhythmik. Auch die Fassadengliederung mit Backstein-Lisenen, Sprossen und Gittern ist überinstrumentiert. Dabei gründet die Baugestalt auf dem genial einfachen Anthropomorphismus eines dreigeteilten Körpers. Zur Stadtseite hin bäumt sich der Kopfbau für Verwaltungs- und Bibliotheksräume auf, der in die Hals- und Rückenpartie der langen Ausstellungssäle übergeht und im breit auflagernden Bauch mit Depots und Werkstätten endet.

Von einer der Urformen der Technik – Keil und Rampe – leitet sich die schräge Großform her, die zum Leitmotiv der gesamten Raumorganisation wurde. In der Vertikale fällt der Bau um 35 Grad nach Osten ab und verbreitet sich in der Horizontalen ebenfalls um den gleichen Winkel. Der Besucher wird in einem gläsernen Aufzug-Lichthof, der den Vergleich mit Jean Nouvels brillantem Arabischen Institut in Paris nicht zu scheuen braucht, bis unters Dach befördert. Das interne Wegesystem erinnert an das Kinderspielzeug einer Murmelbahn. Die schrägen Rampen zwischen den Stockwerken ziehen den Besucher einzig durch Gravitation bis in die

Kellersäle. Die Durchstiche zwischen den Geschossen bieten spannende Ausblicke auf stets mindestens zwei Ebenen, was auch programmatisch die Ungleichzeitigkeit technischer Entwicklungen hervortreten läßt. Zwei Stützensysteme – das der geradlinigen Hauptachse und das des leicht gedrehten, an der Fassade ablesbaren Rampenkörpers – überschneiden sich: eine lautlose Kollision, eine wundervoll sanfte Irritation des Raumempfindens. Sie erzeugen ein Klima, in dem die sonst so quälende Museumsmüdigkeit erst gar nicht aufkommt.

Wie Ausleger oder Tragflächen sind dem Bau beidseitig die gewaltigen Maschinenhallen angegliedert, die in Form einer „liegenden Acht" aus dem Slogan der „Raum-Zeit-Spirale" tatsächlich architektonisch Ernst machen. Wer diese ausschwingende Bewegungsfolge absolviert hat, kann Richard Meiers Spielrampen im Frankfurter Kunstgewerbemuseum oder Alexander von Brancas Klosterparcours in der Münchener Pinakothek nur noch belächeln. Daß die Architektin die Galerie-Rundgänge um die Hallenausleger zudem noch mit einem maurisch anmutenden Kreuzrippengewölbe gekrönt hat, das an M. C. Eschers Illusionsarchitekturen erinnert, ergibt eine fast surreale Traumbegegnung von technischen Urformen und avancierter Maschinenästhetik.

Von den 27.000 Quadratmetern Nutzfläche dient zwar nur ein Drittel als reine Ausstellungsfläche. Doch das ganze Haus, auch Depots und Werkstätten, ist öffentlich. Denn das Konzept des „arbeitenden Museums" macht selbst die Archivierung und Restaurierung der Objekte zum Ausstellungsgegenstand. Eine neue Grenzüberschreitung bietet die ausgestellte Kfz-Werkstatt, in der das Massenhobby der Autobastler in den Rang eines konservatorischen Studienobjekts gehoben wird. Dutzende von Handwerkern und Vorführtechnikern im ganzen Haus bedienen die Maschinen, und manche der Fertigkeiten, die im Alltag längst ausgestorben sind – etwa Papierschöpfen, Bleisetzerei, Schnitzkunst oder Strick-Manufaktur –, werden hier wie in einem Biotop der menschlichen Arbeit am Leben gehalten.

So huldigt das Museum der Quelle allen gesellschaftlichen Reichtums, der lebendigen Arbeit, indem es das „aufgeschlagene Buch der menschlichen Wesenskräfte" noch einmal vor- und zurückblättert. So hatte Marx einmal das Wesen der Industrie definiert. In dem Museumswunder von Mannheim hat sie jetzt endlich ihren Tempel geweiht bekommen.

Kampf um die Macht:
Der Moskauer Sowjetpalast 1931 – 33

Als Walter Benjamin Ende 1926 Moskau besuchte, fand er eine Gesellschaft im „Rauschzustand" vor: „Diese Neuformung einer ganzen Herrschaftsgewalt macht das Leben hier so außerordentlich inhaltsreich. Es ist so in sich abgeschlossen und ereignisreich, arm und voller Perspektiven, wie das Goldgräberleben in Klondyke. Es wird von früh bis spät nach Macht gegraben." So wie Intellektuelle in Rom die Antike, in Paris die Aufklärung und in London die Industrialisierung gesucht hatten, so wurde Moskau für sie zur Pilgerstätte einer neuen Gesellschaftsordnung.
Noch Anfang der dreißiger Jahre, als Kollektivierung und stalinistische Säuberungen unzählige Menschenleben gekostet hatten, schwärmte der Heros der europäischen Architektur: „Heute erleuchtet die UdSSR die ganze Welt mit einer neuen Morgenröte. Alle Herzen gehören euch, das ist der Sieg." Es war Le Corbusier, dem am 13. Mai 1932 an den sowjetischen Kulturkommisar Lunatscharski schrieb: „Die Menschheit soll in der Architektur des Sowjetpalastes einen unbeirrbaren Ausdruck des Volkswillens erblicken."
Die Menschheit hat dieses Bauwerk nie erblickt, und Le Corbusier wandte sich schließlich mit Grauen von dem preisgekrönten Entwurf ab. Dennoch ist der sagenumwobene Wettbewerb um den Sowjetpalast 1931 bis 1933 ein Bauereignis von einzigartigem Rang, das den Architekturstil einer ganzen

Epoche und eines ganzen Kontinents geprägt hat. So wie Vasari einst die Epochenschwelle zur Renaissance auf das Jahr 1401 datierte, als Ghiberti und Brunelleschi ihre Wettbewerbsentwürfe für die Bronzetüren des Baptisteriums von Florenz einreichten, so bildet im 20. Jahrhundert der Ideenstreit um das sozialistische Monument den Schlußpunkt der konstruktivistischen Kunst- und Bauavantgarde.

Das Moskauer Projekt übersteigt noch die beiden anderen stilprägenden Bauwettbewerbe der zwanziger Jahre. Für das Hochhaus der Chicago-Tribune 1922 hatten weltweit 204 Architekten die phantastischsten Turmvisionen der Neuzeit eingereicht. Aber gebaut wurde ein Entwurf der Amerikaner Hood und Howells, der die amerikanische Architektur lange auf einen neugotischen Beaux-Arts-Stil verpflichtete. Beim Völkerbund-Wettbewerb in Genf 1927, der zugleich Heraus-

Palast der Sowjets.
Entwurf von Jofan, Stschuko, Gelfreich, 1933

forderung für das sowjetische Projekt war, gab es 377 Einsendungen. Gebaut wurde ein strenger, antikisierender Gemeinschaftsentwurf von Nénot, Broggi, Flegenheimer, Lefévre, Vago. Er nahm Speers düsteren Schinkel-Klassizismus und Stalins folkloristische Monumentatlität vorweg.

Gewaltige Hoffnungen richteten sich damals auf den Sowjetpalast. Seine Entstehungsgeschichte war Anfang 1993 in Berlin in einer spektakulären Ausstellung der Berlinischen Galerie und des Moskauer Architekturmuseums zu sehen. Bereits 1922 war die Errichtung eines „Palastes der Arbeit" in Moskau als „Stabsquartier der Weltrevolution" geplant, aber erst 1931 wurde das gigantisch übersteigerte Bauprogramm ausgeschrieben. Es sollte eine völlig neue Mischtypologie von kultureller und politischer Versammlungsstätte sein, von Denkmal und Gebrauchsobjekt, von Kongreßzentrum und säkularer Kirche, von Stadtkrone und Nationalsymbol. Unter den 272 Einsendern befanden sich 24 westeuropäische und amerikanische Architekten sowie 112 sowjetische Laiengruppen. Für die Beteiligung des Volkes hatte das Baukomitee des Sowjetpalastes alle Betriebe aufgefordert, Wettbewerbsteilnehmer von der Arbeit zu befreien. Das war für das Architekturmonopol des Hitler-Staates undenkbar.

Trotz der Niederlage der linken Opposition 1927 waren in der Kultur die russischen Konstruktivisten, Kubofuturisten, Dynamisten und Suprematisten noch tonangebend. Sie kamen aus der Malerei und suchten in der Architektur die Verbindung von Kunst, Bildhauerei und Ingenieurstechnik. Sie entwickelten utopische „Fliegende Städte" (Chlebnikow), „Städte auf Stoßdämpfern" (Lawinskij), „Wolkenbügel" (El Lissitzky), „Raumspiralen" (Tatlin) und wollten sogar Kräfte wie elektrische Spannung, radioaktive Strahlen und magnetische Felder erfahrbar machen.

Der Sowjetpalast sollte zwei Riesensäle für fünfzehntausend und sechstausend Menschen umfassen, dazu Club- und Gesellschaftsräume, Bibliotheken und Lesehallen, Theater und Musiksäle und Hunderte von Arbeitsräumen. Den Konstruktivsten ging es anfangs nicht um ein statisches Objekt, sondern um eine Architektur der Ereignisse, wie sie in den zwanziger Jahren in unzähligen provisorischen Bauten wie Podesten, Revolutionszeichen, Tribünen und Dekorationen für Festumzüge entstanden war. Sie träumten von einem neuen Stadtraum, der die Bewegung der Menschenmassen innerhalb und außerhalb des Palastes sichtbar machen sollte. Wie Vektorenlinien entwarfen sie Prozessionsrouten, die die Menschen in und durch das Gebäude hindurch leiten (so der Entwurf der Brigade WOPRA), aufklappbare Kugeldächer für Hubschrauberlandeplätze (Ladowski) oder Doppelarenen mit beweglichen Trennwänden für Kriegsspiele und Aufmärsche (Dodiza). Aber so weit es die Quellen erkennen lassen, nahmen weder Melnikow, der überall Arbeiterclubs und Gemeindebauten errichtete, noch der Hochschullehrer Leonidow an der Konkurrenz teil, von Leitbildern wie Tatlin oder El Lissitzky ganz zu schweigen. Vielleicht hatten sie die Eiszeit geahnt.

Schon das Wort „Palast" hätte die Teilnehmer hellhörig machen müssen. In Majakowskis Poesie 1920 war „Palast" noch Inbegriff der Reaktion und Gegenpol zur „Fabrik". Mit Stalin wurde „Palast" zum Triumphzeichen der neuen Staatsordnung. Der Rückgriff auf den Despotismus und die Überredungskunst des Ancien Régime begann.

In vier Überarbeitungsstufen knickten selbst fortschrittliche Planer ein. Die Brüder Wesnin hatten anfangs einen großen, allseitig gerichteten Zylinder mit umlaufenden Glasgalerien und expressiven Vorsprüngen entworfen, der heutige Kulturmaschinen wie die Pariser Bastille-Oper oder die Amsterdamer „Stopera" deutlich vorwegnahm; ihr Schlußentwurf schließlich war ein steifer, symmetrischer Ehrentempel mit Säulengängen. Der Architekt Alexei Stschussew, dem 1930 mit dem Moskauer Lenin-Mausoleum eine Synthese von modernistischer Strenge und Klassizismus gelungen war, plante für den Palast anfangs eine ganze Stadt aus Corbusierschen Hochhausscheiben, Fabrikriegeln und maschinenartigen Versammlungshallen; sein Schlußentwurf war eine Art Westminster mit Big Ben. Und der mit dem ersten Preis ausgezeichnete Architekt Boris M. Iofan wäre leer ausgegangen, hätte er sein

Anfangsmodell – einen Newton-Kenotaph wie weiland
Boullée mit großem Ehrenhof – nicht revidiert.

Iofans Siegerentwurf wurde zu einem Baudelirium, das alles in
der Architekturgeschichte bisher Dagewesene aufgriff und zugleich in den Schatten stellte. Der Palast wollte mit 415 Metern das höchste Haus der Welt werden. Der Architekt wollte
sein Bauwerk mit einer Riesenplastik des „befreiten Proletari-
ers" krönen; daraus wurde später eine über 75 Meter große
Lenin-Statue, deren Zeigefinger sechs Meter gemessen hätte.
Der Sockel türmte die Tempelstufen eines mesopotamischen
Zikkurats auf, die sich teleskopartig verlängerten, ging dabei
von einem quadratischen Grundriß in Zylinderform über, vereinte in der Vertikalen Elemente der Renaissance, der Gotik
und des Art deco und nahm in der Gesamtsilhouette das
Traumbild der gefrorenen Fontäne nach dem Vorbild amerikanischer Hochhausentwürfe der zwanziger Jahre auf. Die Le-
nin-Figur als sowjetische Freiheitsstatue reduzierte den gesamten Kolossalbau zum Piedestal für den Volksheiligen. Der un-
gebaute Bastard wurde zum Ideensteinbruch für den gesamten Baustil in Stalins Riesenreich.

Statt der Synthese von Kunst und Ingenieurstechnik war eine
Monumentalskulptur herausgekommen, die nicht mehr dem
Kollektivwillen, sondern dem Personenkult diente. Es war ein
Ausdruck des sozialen Status aller, Zeichen eines Reichtums
für alle, der bildlich vorweggenommen werden sollte. Man
warb in den folgenden Jahren Arbeiter an, die auf die Herstellung gigantischer korinthischer Kapitelle spezialisiert waren,
schulte Brigaden in der palladianisch-ionischen Ordnung und
sprengte auf dem Bauplatz am Moskwa-Ufer nahe des Kreml
die majestätische Erlöserkirche, die einst Nationalsymbol für
den Sieg über Napoleon war. Dort begannen noch in den
dreißiger Jahren die Bauarbeiten, die Chruschtschow 1957
einstellte. Die Baugrube wurde zum größten Freibad Mos-
kaus.

Die westlichen Architekten waren entsetzt. In einem Brief an
Stalin protestierten sie gegen die „Verhöhnung des Geistes der
Revolution und des Fünfjahresplanes". Der internationale Ar-

chitektenkongreß CIAM sagte sein für 1932 in Moskau einberufenes Treffen ab. Statt dessen schifften sich die modernen Planer in Marseille nach Athen ein und entwickelten auf der Überfahrt – vielleicht aus anti-reaktionärem Trotz – jenes denkwürdige Manifest, das als „Charta von Athen" 1933 fortan die folgenschwere moderne Zonentrennung des Städtebaus begründete.

Die eingereichten Arbeiten von Hans Poelzig, Erich Mendelsohn, Walter Gropius und Le Corbusier waren technisch und organisatorisch ausgereifter als die der Russen und stellten Meisterwerke einer rationalistischen Moderne dar, die ihre expressionistischen Wurzeln noch nicht verleugnete. Der Bauhaus-Gründer Gropius entwarf einen in Segmente zerlegten Kreis wie einen explodierten Stern, der im Mittelpunkt frei durchschritten werden konnte. Gropius beschrieb seinen Entwurf als einen „einzigen gewaltigen, mit einem Blick erfaßbaren Raumkörper über dem Kreis als dem Symbol der Bindung der Volksmassen zu einer menschlichen und politischen Großeinheit". Erich Mendelsohn schob mit ungekannter Reduktionsästhetik zwei elegante Halbschalen an einen Bühnenturm. Le Corbusier entwickelte seinen gescheiterten Entwurf für den Völkerbundpalast mit Säulenperistyl und Scala Regia axialsymmetrisch weiter. Damit schuf er zugleich das wohl konstruktionsbetonteste Bauwerk seiner Laufbahn: außenliegende Bögen und Masten wie Schwebebalken.

Der zweite Preis des jungen Amerikaners Hector Hamilton wirkte wie eine Stilsynthese der Wettbewerbe für die Chicago-Tribune und den Völkerbund: eine mächtige klassische Palastanlage im Art deco. Daß Hamilton innen Aufzüge vorsah, was für Massendurchmärsche völlig ungeeignet war, bewies, daß es dem Staat nicht um eine funktionstüchtige Versammlungsstätte, sondern um Selbstdarstellung ging. Die Phantasmagorie von Stschuko und Gelfreich – Dogenpalast mit Trajanssäule – gefiel der Jury so gut, daß sie den Auftrag bekamen, mit Iofan das Esperanto des Siegerentwurfes auszuarbeiten.

Die Arbeit des russischen Bildhauers Naum Gabo sah gegen-
übergestellte selbsttragende Schalen in Muschelform vor. Sie
wirken wie eine Röntgenaufnahme vieler anderer Konkur-
renzentwürfe, jedoch befreit von wulstigen Fassaden. Gabo
hatte das Prinzip seiner Plastiken, Raum aus Flächen zu schaffen, zu einem bautechnischen Deckenfaltwerk aus pyrami-
denförmigen Hohlkörpern weiterentwickelt. Nicht mehr die
Masse des Volumens, sondern die Leere wurde zum plasti-
schen Mittel – Prinzipien, wie sie Buckminster Fuller und Louis
Kahn fortführten.

Die Kehrtwendung des siegreichen Sozialismus zur Antike und
Renaissance hatte der oberste Kulturkommissar Lunatscharski
1932 mit dem Symbolvakuum der Moderne begründet. Der
Funktionalismus wolle nur vom wahren Ausdruck der herr-
schenden Klasse ablenken: „Die imperialistische Bourgeoisie
hat keine anständige Weltanschauung und scheut sich, für
ihre Krokodilsweltauffassung extra noch Reklame zu machen." Dagegen habe schon Marx die Kunst der antiken De-
mokratie und Renaissance bewundert, in der die Bourgeoisie
noch „jung und progressiv" war. Für die Sowjetunion blieb
eine folkloristische Antike bis zum Tode Stalins 1953 die einzige ästhetische Alternative zur westlichen Industriemoderne.

Fast gleichzeitig hatten Stalin und Hitler ihre Kampagnen gegen die „formalistische Verzerrung" und „Entartung" der Kunst
begonnen. Ihre monumentalen Architektur- und Kunstord-
nungen standen im Kampf um Macht und Masse. Den herauf-
ziehenden Konflikt zwischen Individuum und Kollektiv, zwischen Führern und Verführten hatte Walter Benjamin schon
1926 gespürt, als er sich mitten im Moskauer Konferenz- und
Versammlungsgedränge die Frage stellte, „ob man im feindli-
chen, unwirtlichen und zugigen Zuschauerraume aushalten
oder seine Rolle auf der dröhnenden Bühne hinnehmen will".

Architekten:

1. Plankton der Vorstädte. Der holländische Architekt Rem Koolhaas, in: SPIEGEL 47/1994
2. Zu wahr, um schön zu sein. Der Wiener Architekt Peter Eisenman, in: F.A.Z.-Magazin v. 19. 3. 1993
3. Bauen auf Biegen und Brechen. Die Wiener Architekten Coop Himmelblau, in: F.A.Z.-Magazin v. 28. 4. 1989
4. Revolution auf dem Zeichenbrett. Die irakische Architektin Zaha M. Hadid, in: F.A.Z.-Magazin v. 8. 4. 1988
5. Sonnenschein im Nebelland. Der amerikanische Architekt Frank Gehry, in: SPIEGEL 38/1994
6. Bauen wie Boxen. Der japanische Architekt Tadao Ando, in: F.A.Z.-Magazin v. 19. 6. 1992
7. Der gebaute Urschrei. Der Schweizer Architekt Mario Botta, in: SPIEGEL 11/1995
8. Lernen von Disneyland. Das Werk des amerikanischen Architekten Charles Moore, in: F.A.Z. v. 29. 6. 1987
9. Technik als Kunst am Bau. Der deutsche Bauingenieur Stefan Polónyi, in: F.A.Z. v. 28. 1. 1987
10. Rädelsführer der Moderne. Der Schweizer Kunsthistoriker Sigfried Giedion, in: F.A.Z. v. 16. 2. 1989
11. Sehnsucht nach dem neuen Babylon. Der italienische Futurist Antonio Sant'Elia, in: F.A.Z. v. 12. 2. 1992
12. Traumbild einer Zukunftsstadt. Das Lebenswerk des Paris-Planers Georges-Eugène Haussmann, in: F.A.Z. v. 15. 11. 1991
13. Geisterfahrer der Geschichte. Die gebauten Privatutopien des Bayernkönigs Ludwig II., in: SPIEGEL 34/1995

Orte:

14. Die verschwundene Stadt: Atlanta, in: F.A.Z. v. 7. 7. 1990
15. Das geordnete Chaos: Tokio, in: F.A.Z. v. 16. 11. 1991
16. Die Vernichtung des Raumes: Hongkong, in: F.A.Z. v. 6. 11. 1993

17. Der Clean-Room des Urbanen: Sophia Antipolis, in: F.A.Z. v. 16. 12. 1992
18. Türme, Trutzburgen, Steinbuletten: Berlin, in: SPIEGEL 8/1995
19. Die Metropole der Mieter: Wien, in: F.A.Z. v. 22. 1. 1994
20. Ort ohne Eigenschaften: Frankfurt, in: F.A.Z. v. 13. 2. 1992
21. Öko-Modellstadt: Schwabach, in: F.A.Z. v. 23. 6. 1993
22. Das Versailles der Lüfte: Großflughafen München, in: F.A.Z. v. 16. 5. 1992
23. Das kontinentale Wasserspiel: Der Main-Donau-Kanal, in: F.A.Z. v. 26. 9. 1992
24. Die Straße als Gummizelle: Über Verkehrsberuhigung, in: F.A.Z. v. 22. 7. 1992
25. Stadtverschandelung: Über Kunst am Bau, in: F.A.Z. v. 19. 5. 1992
26. Las Vegas bei Leipzig: Einkaufszentren in Ostdeutschland, in: SPIEGEL 52/1994

Häuser:

27. Bauen im Schweinezyklus: Wider die architektonische Monokultur, in: SPIEGEL 39/1995
28. Raum, Zeit, Geschwindigkeit: Das erste Haus von Zaha M. Hadid, in: F.A.Z. v. 14. 6. 1993
29. Bewohnbare Fabrik: Das Verlagshaus Gruner + Jahr in Hamburg, in: Jahrbuch für Architektur, Hamburg 1991
30. Weißer Elefant: Richard Meiers Stadthaus in Ulm, in: F.A.Z. v. 3. 11. 1993
31. Wandelbares Monument: James Stirlings Fabrikbau in Melsungen, in: F.A.Z. v. 19. 3. 1992
32. Sterbensmachtwörtchen: Münchens neue Staatskanzlei, in: F.A.Z. v. 10. 5. 1993
33. Leuchtender Grabstein: Helmut Jahns Frankfurter Messeturm, in: F.A.Z. v. 24. 5. 1991
34. Vogelfrei im Atrium: Norman Fosters Century-Tower in Tokio, in: F.A.Z. v. 3. 1. 1992

35. Dornenkrone: Die DG-Bank von Kohn, Pedersen und Fox in Frankfurt, in: F.A.Z. v. 3. 5. 1993

36. Der Bauch von Wien: Das Haas-Haus von Hans Hollein, in: F.A.Z. v. 18. 9. 1990

37. Piranesi im Lunapark: Ladengalerie von Rüdiger Schramm in Frankfurt, in: F.A.Z. v. 25. 11. 1992

38. Denkmal des Transitorischen: Der Bundestag von Günter Behnisch in Bonn, in: F.A.Z. v. 21. 10. 1992

39. Schauer des Erhabenen: Aldo Rossis Opernhaus in Genua, in: F.A.Z. v. 9. 4. 1991

40. Tempel der Arbeit: Das Mannheimer Technikmuseum von Ingeborg Kuhler, in: F.A.Z. v. 28. 9. 1990

41. Kampf um die Macht: Der Moskauer Sowjetpalast 1931–33, in: F.A.Z. v. 2. 1. 1993

Foto-Nachweise

Michael Mönninger, Berlin: Seite 8
Sanne Peper, Amsterdam: Seite 15
Isabel Mahns-Techau, Hamburg: Seite 23
Gerald Zugmann, Wien: Seite 34
Isabel Mahns-Techau, Hamburg: Seite 45
Michael Mönninger, Berlin: Seite 106
John Portman, Atlanta: Seite 121
Barbara Klemm, Frankfurt: Seiten 142, 143
Michael Mönninger, Berlin: Seite 155
Michael Mönninger, Berlin: Seite 174
Gerald Zugmann, Wien: Seite 175
Werner Hennies/FMG, München: Seite 195
Michael Mönninger, Berlin: Seite 237
Gruner + Jahr, Hamburg: Seite 243
Ines Baier, Berlin: Seite 249
Waltraud Krase, Frankfurt: Seite 255
Deutsche Genossenschaftsbank, Frankfurt: Seite 273
Wonge Bergmann, Frankfurt: Seite 279
Aldo Rossi, Mailand: Seite 295
Museum für Architektur, Moskau /
    Berlinische Galerie, Berlin: Seite 305

Die Statement-Reihe:

S 1 Hans Platschek: Fetzen – 109 Aufzeichnungen zur Kunst (ISBN 3 – 92997000 – 7)

S 2 Jean-Christophe Ammann: Bewegung im Kopf – Vom Umgang mit der Kunst (ISBN 3 – 929970-01 – 5)

S 3 Franz Erhard Walther: Denkraum – Werkraum – Über Akademie und Lehre (ISBN 3 – 929970-02 – 3)

S 4 FLATZ: Strategien – Über Kunst und Gesellschaft (ISBN 3 – 929970-04-X)

S 5 Veit Loers: Aus…stellung – Die Krise der Präsentation (ISBN 3 – 929970-05 – 8)

S 6 Heiner Stachelhaus: Nicht nur Verrisse! – Plädoyer für die Kunstkritik (ISBN 3 – 929970-06 – 6)

S 7 Manfred Schneckenburger: Aushäusig – Kunst für öffentliche Räume (ISBN 3 – 929970-09 – 0)

S 8 Wulf Herzogenrath: Mehr als Malerei – Vom Bauhaus zur Video-Skulptur (ISBN 3 – 929970-10 – 4)

S 9 Harald Szeemann: Zeitlos auf Zeit – Das Museum der Obsessionen (ISBN 3 – 929970-11 – 2)

S 10 Walter Vitt: Künstler-Träume – Nächtliche Begegnungen (ISBN 3 – 929970-12 – 0)

S 11 Rosemarie Schwarzwälder: Klares Programm – Galerie-Arbeit heute (ISBN 3 – 929970-13 – 9)

S 12 Peter Ludwig: Offener Blick – Über Kunst und Politik (ISBN 3 – 929970-14 – 7)

S 13 Fritz J. Raddatz: Süchtig nach Kunst – Bekenntnisse zur Figuration (ISBN 3 – 929970-15 – 5)

S 14 Gabriele Henkel: Augenblicke – Interviews – Reviews – Views (ISBN 3 – 929970-18-X)

S 15 Jochen Gerz: Gegenwart der Kunst – Interviews 1970 – 1995 (ISBN 3 – 929970-19 – 8)